ns INVENÇÕES DA HISTÓRIA

FUNDAÇÃO EDITORA DA UNESP

Presidente do Conselho Curador
Herman Jacobus Cornelis Voorwald

Diretor-Presidente
José Castilho Marques Neto

Editor-Executivo
Jézio Hernani Bomfim Gutierre

Conselho Editorial Acadêmico
Alberto Tsuyoshi Ikeda
Áureo Busetto
Célia Aparecida Ferreira Tolentino
Eda Maria Góes
Elisabete Maniglia
Elisabeth Criscuolo Urbinati
Ildeberto Muniz de Almeida
Maria de Lourdes Ortiz Gandini Baldan
Nilson Ghirardello
Vicente Pleitez

Editores-Assistentes
Anderson Nobara
Fabiana Mioto
Jorge Pereira Filho

STEPHEN BANN

AS INVENÇÕES DA HISTÓRIA

ENSAIOS SOBRE A REPRESENTAÇÃO DO PASSADO

Tradução de
Flávia Villas-Boas

Copyright © 1990 by Stephen Bann
Título original em inglês: *The inventions of history*.
Essays on the representation of past.

Copyright © 1994 da tradução brasileira:
Editora Unesp, da Fundação para o Desenvolvimento
da Universidade Estadual Paulista (Fundunesp)
Praça da Sé, 108
01001-900 – São Paulo – SP
Tel.: (0xx11) 3242-7171
Fax: (0xx11) 3242-7172
www.editoraunesp.com.br
www.livrariaunesp.com.br
feu@editora.unesp.br

Dados Internacionais de Catalogação na Publicação (CIP)
(Câmara Brasileira do Livro, SP, Brasil)

Bann, Stephen
    As invenções da história: ensaios sobre a representação do
passado / Stephen Bann; tradução de Flávia Villas-Boas.
São Paulo: Editora da Universidade Estadual Paulista,
1994. – (Biblioteca básica)

    ISBN 85-7139-071-1

    1. Historiografia   I. Título   II. Série.

94-3523   CDD-907.2

Índice para catálogo sistemático:
1. Historiografia 907.2

Aos historiadores que trabalharam
no passado, no presente e no futuro.

Outras bandeiras tais, ou o que são chamadas Ocorrências, e Fenômenos
simbólicos negros ou luminosos irão pairar pela Imaginação Histórica;
estes, um após o outro, notemos, com extrema brevidade.

Thomas Carlyle, *A Revolução Francesa*

SUMÁRIO

9   Prefácio e agradecimentos

13   Introdução: As invenções da história

27   A história e suas irmãs: direito, medicina e teologia

51   Analisando o discurso da história

87   Eternos retornos e o sujeito singular: fato, fé e ficção no romance

109   Os borrões de tinta de Victor Hugo: indeterminação e identificação na representação do passado

129   Clio em parte: sobre antiquariado e fragmento histórico

153   Visões do passado: reflexões sobre o tratamento dos objetos históricos e museus de história

181	Vivendo em um país novo
207	O estranho no ninho: narrativa histórica e a imagem cinemática
239	A verdade em cartografia
263	A história da arte em perspectiva
289	Índice onomástico

PREFÁCIO E AGRADECIMENTOS

Os ensaios reunidos neste volume foram originalmente publicados nas fontes listadas a seguir e incorporam não mais que pequenas revisões. Todos eles, entretanto, beneficiaram-se do interesse de amigos e colegas, que fizeram sugestões úteis num estágio em que minhas ideias ainda estavam se desenvolvendo ou me deram o estímulo necessário de um conjunto de condições preexistentes. Sinto-me particularmente feliz por reconhecer a importância de uma série de palestras e seminários inestimáveis a que pude assistir durante os últimos seis anos. Ackbar Abbas e seus colegas do Departamento de Literatura Comparada da Universidade de Hong Kong forneceram não apenas uma locação ideal como também debatedores excepcionais como David Halliburton, Fredric Jameson e Elinor Shaffer, com quem, em dezembro de 1983, pude pôr à prova minhas ideias sobre a ficção histórica. Tony Vidler, presidente do programa de Estudos Culturais Europeus na Universidade de Princeton, trouxe com ele Carl Schorske, Natalie Zemon Davis, Lionel Gossman e Stanley Corngold para ouvir uma versão inicial de "Clio em parte", em janeiro de 1985. A palestra sobre "A representação de eventos históricos", organizada pelos editores de *History and Theory* em Bad Homburg, em agosto de

1985, ofereceu um vívido confronto entre diferentes estilos de análise historiográfica, da qual me alegro em recordar as colocações apropriadas de Hans Kellner, Sepp Gumbrecht e Hayden White.

A destacada influência de Hayden White também ficou evidente em duas ocasiões posteriores: na Universidade de Durham, onde Irving Velody e seus colegas inauguraram o jornal *History of Human Sciences* com uma estimulante palestra em setembro de 1986; e na Universidade de Stanford, onde Carolyn Springer convidou também Michel Serres, Linda Orr e Richard Terdiman para uma discussão em torno da "História e memória no Romantismo europeu", em abril/maio de 1987. A Introdução de Hayden White para os documentos publicados com base nesta palestra (*Stanford Literature Review*, 1989) recapitula sucintamente o estágio que o conhecimento alcançou nesta área, ao mesmo tempo em que fornece um trampolim (talvez eu devesse dizer "uma prancha") para pesquisas ulteriores.

Sou especialmente grato a John Banks, pelo seu entusiasmado apoio como editor. Sem a sua opinião, eu teria me mostrado mais acanhado quanto a submeter esta coletânea de ensaios à publicação. Jim Styles e John West, da Biblioteca da Universidade de Kent, corresponderam animadamente às minhas descabidas exigências de fotografias impressas.

Ofereço detalhes da primeira publicação dos ensaios e reconheço, agradecido, os editores, casas editoras e periódicos mencionados.

"A história e suas irmãs: direito, medicina e teologia", *History of Human Sciences* , v. 1, n. 1, maio de 1988.

"Analisando o discurso da história", *Nottingham Renaissance and Modern Studies*, edição especial em "Estruturalismos" (1983).

"Eternos retornos e o sujeito singular: fato, fé e ficção no romance" em M. A. Abbas e Tak-Wai Wong (Ed.), *Rewriting Literary History*, Hong Kong, University Press, 1984.

"Os borrões de tinta de Victor Hugo: indeterminação e identificação na representação do passado", *Stanford Literary Review*, v. 6, n. 1, primavera de 1989 (publicado para o Departamento de Francês e Italiano, Universidade de Stanford, por Anma Libri, Saratoga, Califórnia).

"Clio em parte: sobre antiquariado e fragmento histórico", *Perspecta: The Yale Architectural Magazine*, v. 23, setembro de 1987.

"Visões do passado: reflexões sobre o tratamento dos objetos históricos e museus de história (1750-1850)", em Gordon Fyfe e John Law (Ed.), *Picturing Power*: Visual Depiction and Social Relations, *Sociological Review*, monografia 35 (1988).

"Vivendo em um país novo", em Peter Vergo (Ed.), *The New Museology*, Londres, Reaktion Books, 1989.

"O estranho no ninho: narrativa histórica e a imagem cinemática", *History and Theory*, Beiheft 26, "A representação de eventos históricos", 1987, p. 47-67 (*Copyright* Wesleyan University).

"A verdade em cartografia", *Word & Image*, v. 4, n. 1, abril de 1988.

"A História da Arte em perspectiva", *History of Human Sciences*, v. 2, n. 1, fevereiro de 1989.

S. B.
Canterbury, outubro de 1989.

INTRODUÇÃO:
AS INVENÇÕES DA HISTÓRIA

Existe um debate em andamento sobre os usos da história. Ele pode tomar a forma de uma disputa estritamente definida sobre o papel que a história deveria desempenhar em um currículo escolar oficial. Ou pode, por outro lado, fazer um movimento em direção aos atuais temas da preservação. Críticas à "indústria da herança" e ao modo pelo qual um órgão público como o National Trust concebe sua função de guardião das casas e jardins históricos assumiram, nos últimos anos, proporções enormes. Estas duas áreas de discussão têm, é claro, uma relevância especial para a Inglaterra contemporânea. Mas seria um erro ignorar o fato de que elas tiveram uma ampla ressonância internacional. Os advogados da "Nova História" não estão confinados àqueles professores desorientados que (na visão de Robert Skidelsky) tentaram desajolar as disciplinas tradicionais do estudo histórico das escolas secundárias inglesas.[1] Na França, eles poderiam ser identificados com a fundação do grupo *Annales*, nos anos 20, e com o crescimento progressivo da historiografia francesa a uma posição de prestígio inigualável nas últimas duas décadas. A "Nova História da Arte", sua epígrafe, pode ter chegado mais tarde à cena. Mas agora ela já não é menos internacional em suas ramificações.

Como podemos dar conta deste disseminado e interligado fenômeno cultural? Em termos muito gerais, os desenvolvimentos no método histórico têm sido o resultado de uma produtiva fertilização cruzada entre correntes que anteriormente haviam sido mantidas afastadas. Peter Gay observou como, na tradição intelectual alemã, a própria força da linha hegemônica de historiografia rankiana preservou-a de contato com ciências sociais emergentes, como a sociologia de Max Weber.[2] Como observou Marc Ferro, o projeto da escola *Annales* foi precisamente reparar esta omissão pela incorporação da metodologia das ciências sociais na sua pesquisa histórica.[3] Mas, a longo prazo, o efeito deste passo decisivo foi o de ressuscitar, em vez de rejeitar, os instrumentos e conceitos tradicionais da escritura histórica; ressuscitá-los, por assim dizer, com uma nova autoconsciência quanto a seu *status* cultural e sua relevância. O objetivo da "meta-história", para usar o prático termo de Hayden White, tem sido o de chamar a atenção para os códigos e convenções da historiografia, com a mensagem implícita de que estes também devem ter a sua história.

É neste sentido que o debate interno, dentro da profissão histórica – que também é um debate sobre a aplicabilidade e o valor das técnicas de ciência social –, reúne-se à preocupação mais pública com os usos, e abusos, da história. A "História Narrativa" não é exatamente um tesouro cultural, como uma grande casa de fazenda ou um jardim histórico. Mas ela pode ser considerada como parte da mesma matriz cultural e submetida aos mesmos exames. Estas são as questões relevantes. Como certas formações de discurso, que podem ou não focalizar uma cena concreta, desempenham um papel privilegiado na mediação de nossa percepção do passado? Quais são os traços particulares que poderiam ser descritos como mistificatórios, no que distorcem ou enfraquecem as respostas da imaginação histórica? Como podem estes ser eliminados de modo a que a visão histórica possa estar alinhada, mais uma vez, com nossa percepção das necessidades atuais e com as possibilidades do futuro?

Esta aspiração confessamente nietzschiana pode ser tomada como uma intervenção no debate público ao qual me referi previamente, mesmo que o seu efeito seja questionar alguns dos termos da presente discussão. Skidelsky é fatalmente dualista quando cita "a visão de que história é o estudo de textos, não de fatos", e toma isto como um repúdio à "famosa visão de Leopold Ranke, de que a tarefa do historiador era 'simplesmente mostrar como isto realmente era'".[4] Ele também é um tanto petulante quando rejeita, como um truísmo, o fato de que a história é "socialmente construída". E foi precisamente a fim de fugir do debate ideológico estéril caracterizado por esta Introdução que escolhi para meu título a expressão "as invenções da história". A história narrativa de Ranke era, de fato, uma invenção, no sentido de que atraiu consideráveis recursos estilísticos e reservas de força criativa para criar um novo idioma histórico. Foi muito mais do que isso, já que seu agudo senso crítico contribuiu para o estabelecimento de uma meticulosidade na avaliação e discriminação de fontes até então sem precedentes. Mas a sua própria inventividade é o que o novo idioma partilhou, em seu contexto histórico, com outras formas de representação, como o romance histórico, a pintura histórica e o museu histórico.

Quais são as implicações desta visão interdisciplinar da representação histórica? A meu ver, é somente reconhecendo e identificando os códigos através dos quais a história foi mediada, e ligando-os aos atos criadores de indivíduos em determinadas circunstâncias históricas, que podemos ter a esperança de evitar uma separação definitiva entre o mundo circunscrito do historiador profissional e a generalizada moda de espetáculo na qual todas as formas de representação popular se arriscam a ser assimiladas. O museu histórico é um exemplo. Numa palestra recente sobre "A nova museologia", Philip Wright contou a história de ter chegado a um grande museu americano, onde a classificação de objetos de arte era brilhantemente original e característica, apenas para descobrir que os curadores não tinham qualquer noção de quem, entre seus predecessores, havia tido a iniciativa de rearrumar as coleções e por que razões.[5] A coleção falava ao visitante, sem dúvida, em seu modo característico, mas não estava aberta à investigação. Sua história era um vazio.

Este exemplo faz lembrar minha própria experiência com o que foi provavelmente o primeiro de todos os museus históricos, o Museu de Cluny, em Paris. Em um artigo que mais tarde foi incluído em meu estudo, *The Clothing of Clio*, analisei os mecanismos específicos por meio dos quais o colecionador e antiquário Alexandre du Sommerard transformou a antiga casa urbana dos abades de Cluny em um museu que oferecia uma vívida experiência do passado.[6] Visite o Museu de Cluny hoje e você irá descobrir que o papel de Du Sommerard é reconhecido apenas numa grande quantidade de classificações para consulta, e numas poucas passagens do guia oficial, que se refere condescendentemente a suas atribuições equivocadas. A circulação do Museu foi completamente alterada, o que de fato era de esperar. Mas em lugar algum na atual disposição existe qualquer relato sobre as características que tornaram o Museu de Cluny original tão revolucionário. Mesmo a impressionante documentação visual do próprio Du Sommerard, que mostra efeitos tais como a combinação de objetos de uso doméstico a trabalhos de arte e armaduras no "chambre de François I" (ver Figura 15), absolutamente não é utilizada.[7]

Seria esperar demais que os prédios e ambientes que constituem (apreciem os seus mantenedores ou não) complexas mediações do passado para o público contemporâneo devessem cultuar e expressar sua própria história? Uma pergunta semelhante poderia ser dirigida ao National Trust, na Grã-Bretanha, já que ele foi atacado, com alguma justificativa, por perpetuar uma visão atemporal da casa de campo inglesa que surge das fantasias de sua própria equipe, no período imediato do pós-guerra, em lugar de uma diversificada visão adequadamente histórica. Marina Adams fez recentemente uma crítica semelhante a respeito da administração do National Trust sobre jardins históricos. Ela recomenda a diversificação: "Já que o consórcio (National Trust) se tornou o proprietário/curador de 250 propriedades em variados estágios de restauração, o que ele deveria fazer era dividir-se em 250 proprietários diferentes, como era antes". Mas a chave para este processo reside em um tratamento histórico:

> Existe uma forte questão pela seleção de certos jardins ... para que sejam tratados, plantados e mantidos no estilo de um determinado período histórico ... o que é urgentemente necessário é um levantamento e uma coleta de dados para os parques e jardins do National Trust, que irá lidar com o desenvolvimento histórico de cada um.[8]

Eu diria que esta coletânea de ensaios é altamente relevante para o debate sobre os usos contemporâneos da história que foram mencionados aqui – se esta é uma questão do "novo" contra o "tradicional", ou da necessidade de historicizar os museus, casas e jardins e deste modo evitar a suavidade sintética de uma exposição desinformada. Mas obviamente eu não me proponho a solucionar qualquer aspecto deste debate. Minha abordagem foi mais no sentido de concentrar atenção sobre o que poderia ser chamado de arqueologia da história: as estruturas e conexões que tornaram possível, durante os dois últimos séculos, a emergência de um modelo integrado de representação histórica. Por exemplo, no primeiro ensaio, não estou preocupado prioritariamente com o crescimento da profissão histórica, nem com a relevância do que poderia ser chamado de historiografia normativa para a questão de como a história deveria ser ensinada nas escolas. Em vez disso, olho para as fronteiras em mutação entre a história profissional e os protocolos das veneráveis profissões do direito, da medicina e da teologia, sugerindo os modos pelos quais elas contribuíram para definir o espaço disciplinar no qual a história emergiu. Em meu ensaio de conclusão, olho para a mais recente e problemática área disciplinar da história da arte. Pode a arte ter uma história? Nenhum dos influentes porta-vozes que escolhi como representantes de dois significativos pontos de vista contemporâneos veria esta pergunta como merecedora de uma resposta simples. Se meus três primeiros ensaios (interessados nas relações entre a história e outros materiais textuais) enfatizam a importância dos registros trocados e partilhados, os três últimos abordam, assim, o *status* histórico da imagem. A descrição semiótica da imagem é utilizada, mas não de modo a excluir o investimento subjetivo do indivíduo.

Este breve resumo torna para mim necessário dizer uma ou duas coisas sobre método. Em meu trabalho anterior, *The Clothing of Clio*, estava tentando caracterizar, através do conjunto de representação no século XIX, o que poderia ser denominado de uma poética histórica: isto é, uma série de procedimentos retóricos que ajudaram a dar conta do prodigioso desenvolvimento da conscientização histórica durante este período, assim como de algumas dificuldades que foram experimentadas quando os códigos foram submetidos a uma irônica segunda visão. Nesta coletânea, esta abordagem não é repudiada. Mas outras questões vêm nitidamente ao primeiro plano e alteram o equilíbrio da discussão. Por exemplo, em meus estudos anteriores, a questão da subjetividade foi claramente levantada, em relação à fundação do Museu de Cluny por Du Sommerard ou em relação à construção de Abbotsford por Scott, por exemplo. Mas os aspectos arriscados e efetivamente obsessivos, aspectos de sua preocupação com os vestígios do passado, foram em grande parte menosprezados, à luz de seu sucesso público. Nos ensaios que se seguem, um tema recorrente é a sensibilidade do antiquariado. Embora esta tenha sido desautorizada há muito tempo pelo historiador profissional, ela é obviamente crucial se quisermos compreender distintivamente as formas materiais que a representação histórica adquiriu durante o século XIX. Uma figura como Bryan Faussett, que inscreveu a história dos objetos desencavados por ele em textos claros de latim sobre as paredes do seu "pavilhão", torna-se um precursor, no século XVIII, dos pioneiros do museu histórico. E, em termos sincrônicos, os intrigantes croquis de castelos medievais que Victor Hugo produziu numa idiossincrática mistura de mídia, tornam-se os veículos para seu interesse e identificação com a história da França.

É possível antever a objeção de que alguns destes ensaios, de qualquer modo, dão uma guinada forte demais na direção do registro de caprichos da excentricidade. Os críticos podem argumentar também que existe um conflito entre a análise retórica do discurso (e, de maneira mais geral, a abordagem semiótica dos códigos), por um lado, e, por outro, a preocupação com sujeitos individuais, como Faussett ou Du Sommerard, cujos nomes recorrem frequentemente nestas páginas. Eu contra-argumentaria que este é um estágio necessário no desenvolvimento da teoria de que ambas as dimensões deveriam estar presentes aqui e que nenhuma das duas deveria receber privilégios indevidos. De fato, a tensão dialética entre elas é o que eu, particularmente, desejaria ter atingido. O ensaio final, sobre história da arte, justapõe a leitura semiótica (efetivamente estruturalista) de Hubert Damisch sobre o desenvolvimento da pintura ocidental desde o Renascimento à exploração confessadamente não histórica e psicanalítica de Richard Wollheim sobre uma boa parte deste mesmo campo. Esta justaposição poderia ser vista como irônica. Mas a ironia é um meio legítimo de entender um tema multiforme e de muitas camadas.

As invenções da história são, portanto, para mim, decididamente plurais. Ainda assim, as mudanças de perspectiva e método que emprego são planejadas, em última instância, para indicar, como um fenômeno unificado, as diversas expressões e representações da imaginação histórica que pairam, uma após a outra, nestas páginas. Seria agradável se esta coletânea pudesse ter assumido a mesma forma poética unificada do encantador estudo de Anne Cauquelin, *L'invention du paysage*;[9] que também é escrito tanto como uma exposição de códigos quanto como um relato de um investimento psicológico pessoal. Entretanto, embora as ramificações culturais do conceito de paisagem sejam muito amplas, elas não podem se comparar com a nebulosa e ainda assim penetrante presença da história, como ela se filtrou através de um número quase infinito de instituições e representações nos dias de hoje. O único modo, parece-me, de demonstrar uma origem unificada – o surgimento mítico de uma preocupação histórica na era que originou e compilou a Revolução Francesa – é admitir a pluralidade e heterogeneidade de suas formas derivadas.

Ainda assim, esta coletânea de ensaios com certeza difere efetivamente de uma coletânea de gênero semelhante, publicada com um título parecido, que é bastante familiar aos leitores ingleses. *The Invention of Tradition* , publicada por Eric Hobsbawm e Terence Ranger, é um livro inteiramente benfeito, até brilhante.[10] Seus seis autores colaboradores trazem um notável nível de conhecimento e discernimento para abordar um fenômeno que certamente é paralelo às minhas próprias considerações: a criação do folclore regional e nacional para sustentar as identidades coletivas da Escócia, de Gales, da Índia britânica e da África inglesa no século XIX. Dito isto, a estratégia destes ensaios diverge significativamente da minha própria. Implícita em sua abordagem está a visão de que a "tradição" incorpora uma espécie de falsa consciência. Ela foi "inventada", no sentido pejorativo do termo, quer dizer, saiu do nada para servir a propósitos estritamente funcionais – como os *kilts* axadrezados que (faz-nos lembrar o esplêndido ensaio de Hugh Trevor-Roper) foram imaginados por um quacre inglês, Thomas Rawlinson, para vestir seus trabalhadores escoceses de maneira barata e eficiente.[11] Contra esta tradição "inventada", ou história falsificada, o discurso dos colaboradores situa-se evidentemente como história no sentido adequado: a história que discrimina magistralmente entre o que está certo e o que está errado.

Minha noção de "invenção" – e meu senso da abordagem histórica exigida para lidar com este tipo de fenômeno – é menos prescritiva do que esta. Em primeiro lugar, sem dúvida, é uma questão de tom. Dos colaboradores para *The Invention of Tradition*, talvez apenas Hugh Trevor-Roper tenda a abandonar seu fascinante compromisso com as vidas dos próprios inventores e consiga assim personalizar suas conquistas. Como condiz com o biógrafo de um notório mitômano (e, por algum tempo, a desafortunada vítima do falsificador dos "Diários de Hitler"),[12] Trevor-Roper ao menos acha necessário se pronunciar sobre a fraudulência ou, de outro modo, sobre seus sujeitos e avaliar seus caráteres. Macpherson, o autor de *Ossian*, era, a seu ver, "um fanfarrão sensual cuja meta ... era riqueza e poder". Por outro lado, os extravagantes Sobieski Stuart, autores do imensamente influente *Costume of the Clans*, eram "homens amáveis, ilustrados, que ganharam adeptos pela sua inocência transparente; eles eram *fantaisistes* mais do que falsificadores".[13]

Numa certa medida, eu aceitaria a distinção que Trevor-Roper faz aqui como, de modo geral, válida. Charles Julius Bertram, o autor da crônica inventada cujo nome irá aparecer recorrentemente nestes ensaios, foi possivelmente mais um Sobieski Stuart do que um Macpherson. (Embora para decifrar a mensagem que ele confia ao uso possa exigir, como eu sugiro, a decodificação semiótica em lugar da análise de caráter.) Victor Hugo é, entretanto, segundo a opinião geral, uma figura mais considerável e as categorias de Trevor-Roper não irão enquadrar facilmente suas fantasias genealógicas ou os elaborados trabalhos de arte que foram criados (a meu ver) como uma consequência da mesma necessidade essencial. A questão é que, no caso de Hugo, as fantasias medievais estavam integralmente relacionadas às suas opções práticas e políticas, assim como à sua vida criativa. Visto que Hayden White formulou a tese do meu ensaio sobre Hugo exata e concisamente, vou citá-lo:

> Hugo parece ... ter reconhecido que era menos uma questão de chegar a termos com "o passado" do que de usar as contradições da historicidade para recriar o passado individual em termos harmônicos, com um desejo de uma reconciliação futura do indivíduo com a nova sociedade que toma forma no presente. Sua tentativa consciente de substituir a fantasia de um "corpo histórico" reagrupado, e, assim, redimido, por qualquer desejo de saber "o que realmente aconteceu" no passado, alimentou a visão consistentemente utópica de estados, nações e classes finalmente reconciliadas na ordem social que tomava forma diante dele.[14]

Se a lição da relação dialética de Hugo com uma "história" fantasiada for trazida à atualidade, então para onde isso nos leva? Eu com certeza não tenho respostas para a questão do consumo de massa contemporâneo de "história" pela indústria da herança e de outros canais menos respeitáveis, exceto sugerir uma certa cautela ao criticá-lo e satirizá-lo. No ensaio "Vivendo em um país novo", tento deliberadamente chamar a atenção do leitor contra o fato nu e cru do investimento do indivíduo na história, sem convertê-lo completamente ao meu modelo de crítica. Em resposta ao alegre reclamo de que a Austrália é, ou foi, uma terra sem história (e a Europa, ao contrário, não seria mais do que um "grande museu"), considero também a excepcional criatividade com a qual o Estado da Austrália do Sul montou uma série de museus históricos, todos eles clara e efetivamente adaptados às condições do desenvolvimento social e econômico desse Estado.

Finalmente, eu deveria dizer algo sobre o estilo destes ensaios e particularmente sobre os que, como o último mencionado, usam deliberadamente transições abruptas e justaposições. Acho difícil aceitar a visão complacente de Skidelsky de que existe uma espécie de historiografia normativa que, como o *Old Man River*, simplesmente continua se difundindo enquanto o educador se desgasta e a "Nova História" queima como um foguete apagado.[15] Da mesma maneira, não estou completamente feliz com a implicação, presente nos ensaios publicados por Hobsbawm e Ranger, de que a "história representa a *ultima ratio* que irá desmistificar as extravagantes invenções da "tradição". Foi destacado por Hegel que o sentido dual da história, tanto como *res gestae* quanto como o relato escrito destes eventos, escondia a importante verdade de que a história, realmente, só veio a existir quando houve uma possibilidade de escrevê-la.[16] Mesmo assim, nós não estamos suficientemente alertas para as consequências deste julgamento. Colocada cruamente, a questão é que a experiência estilística poderia ser a única maneira de conceber e compreender uma história que não está limitada pelos protocolos tradicionais, e, portanto, por expectativas ou ordem preestabelecidas. Hans Kellner fez-me a lisonja de usar como subtítulo para seu último livro a frase "buscando a narrativa distorcida", que usei em um debate numa palestra sobre "História e Teoria".[17] Retribuirei o elogio citando a passagem de encerramento de seu sensível "Prefácio":

> Se alguém concorda com Huizinga que a história é o modo pelo qual uma cultura lida com seu próprio passado, então a compreensão histórica

é empreitada cultural vital e a imaginação histórica uma importante, ainda que negligenciada, faculdade humana. Porque as fontes da história incluem num sentido primordial a prática humana fundamental da retórica, não podemos esquecer que nossos modos de entender a história devem enfatizar o *fazer*. Buscar a narrativa distorcida é compreender que a retidão de qualquer narrativa é uma invenção retórica e que a invenção de histórias é a parte mais importante da autocompreensão e da autocriação humana.[18]

É ao longo destas linhas que se pode argumentar em favor da importância vital de uma historiografia contínua, autocrítica, que esteja atenta tanto à plasticidade da imaginação histórica quanto à imensa variedade de formas nas quais ela pode adquirir manifestação concreta. Seria um tal historiador um membro reconhecível da profissão? Posso apenas me referir mais uma vez à distinção que fiz, no ensaio de conclusão, entre o historiador "centrífugo" e "centrípeto". Georges Didi-Huberman sugeriu-me que, no caso da história da arte particularmente, uma defesa da visão "centrífuga" é favorecer o jogo do opositor. É fácil demais para o historiador "centrípeto" torcer as palavras e dizer que ele, pelo menos, está preocupado com arte e não com epistemologia ou antropologia, ou qualquer que seja o campo teórico que sua contrapartida escolha explorar para sua hipótese particular.[19] O importante, como destaca Didi-Huberman, é deixar claro que esta metáfora de centro e periferia tem suas limitações. Só se chega ao centro do problema tomando um atalho. Assim, o centrífugo é algo que também toca o cerne da questão. Aceito completamente a correção.

Notas

1. Ver Robert Skidelsky, "Battle of Britain's past times", *The Independent*, 22 de agosto de 1989. Um fundamentado argumento contra o princípio do currículo de história nacional para escolas é oferecido em "Teaching British history the Chinese way", *Financial Times*, 26 de agosto de 1989.

2. Ver Peter Gay, *Weimar Culture*, Harmondsworth, 1974, p. 93-4: "O que [os historiadores alemães dos anos 20] poderiam ter aprendido da sociologia e da ciência política era a distância crítica da estrutura social e política na qual eles tão

24 STEPHEN BANN

confortavelmente viviam. Mas então toda a energia do pensamento histórico de Ranke havia estado afastada da crítica e voltado para a aceitação solar do poder".

3. Ver p. 34.

4. Skidelsky, op. cit., 1989.

5. A maioria dos oradores nesta conferência (Design Museum, Londres, 7 de outubro de 1989) foi de colaboradores para a útil coletânea de ensaios *A nova museologia*, Peter Vergo (Ed.), Londres, 1989.

6. Ver Stephen Bann, *The Clothing of Clio*: A study of the representation of History in nineteenth-century Britain and France (Cambridge, 1984), p. 77-92. É feita referência às realizações de Du Sommerard nesta coletânea (p. 171-8).

7. Existe uma referência indiferente a esta instalação no atual "Chambre de la vie seigneuriale" do Museu, que, entretanto, resulta meramente num quarto com uma tapeçaria mostrando numerosas "cenas da vida senhorial" na Idade Média (ver p. 76).

8. Marina Adams, "A spirit that needs to be recaptured", *Financial Times*, 26 de agosto de 1989.

9. Anne Cauquelin, *L'invention du paysage*, Paris, 1989. Cauquelin liga a "invenção" da paisagem ao desenvolvimento da teoria perspectiva do Renascimento em diante (p. 29 ss.). Ver-se-á que a teoria perspectiva é também altamente relevante para as "invenções" da história descritas aqui (ver p. 46-7).

10. Eric Hobsbawm e Terence Ranger (Ed.), *The Invention of Tradition*, Cambridge, 1984.

11. Idem, ibid., p. 21-2.

12. Refiro-me é claro à biografia de Trevor-Roper, *A Hidden Life*: The Enigma of Sir Edmund Backhouse (Londres, 1976). Um dos ensaios nesta coletânea foi escrito no tempo em que a autenticidade dos "Diários de Hitler "ainda estava sendo debatida, e ele ainda conserva um traço desta *cause célèbre* (ver p. 84).

13. Hobsbawn e Ranger (Ed.), *The Invention of Tradition*, p. 41. A caracterização de Macpherson por Trevor-Roper foi, no entanto, desafiada em um ensaio particularmente refletido e investigativo: "'Ossian': towards a reabilitation", de Howard Gaskill, em E. S. Shaffer (Ed.), *Comparative Criticism*: A Yearbook, v. 8, p. 112-46, 1986. Gaskill observa com sabedoria: "Mas parece que uma visão diferenciada do procedimento de Macpherson não é fácil de ser alcançada: a falsificação como uma transgressão que não admitirá gradação." (p. 130).

14. Hayden White, Introdução a "History and memory in European romanticism", Carolyn Springer (Ed.). *Stanford Literature Review*, v. 6, n. 1, p. 12, primavera de 1989.

15. Skidelsky termina seu breve ensaio com um dos mais velhos clichês do ramo. Os historiadores ingleses não estavam atentos às incursões da "Nova História": eles

AS INVENÇÕES DA HISTÓRIA   25

"estavam ocupados demais fazendo história para notar o que estava sendo dito sobre ela pelos educadores" (*The Independent*, 22 de agosto de 1989).

16. Hegel, *The Philosophy of History*, trad. J. Sibree, Nova York, 1956, p. 60: "Esta união de dois significados nós devemos olhar como de uma ordem mais alta do que o mero acidente exterior; devemos supor que as narrações históricas apareceram contemporaneamente aos feitos e eventos históricos".

17. A conferência, sobre "A representação de eventos históricos" teve lugar em Bad Homburg em agosto de 1985. Hans Kellner descreve divertidamente a origem de "Buscando a narrativa distorcida", em *Language and Historical Representation* (Madison, 1989), p. 3-4.

18. Idem, ibid., p. xi.

19. A própria notável contribuição de Georges Didi-Huberman para o número "The New Art History" de *History of Human Sciences* (ver p. 264-5) foi adiada para a edição seguinte por motivos de espaço. Ver "A arte de não descrever: Vermeer – o detalhe fragmento", trad. Anthony Cheal Pugh, *History of Human Sciences*, v. 2, n. 2, p. 135-69, junho de 1989.

A HISTÓRIA E SUAS IRMÃS:
DIREITO, MEDICINA E TEOLOGIA

Seria um exercício interessante mapear o desenvolvimento das ligações entre a profissão histórica, como ela se desenvolveu nos últimos dois séculos na Europa, e as formas institucionalizadas de poder no Estado moderno. No princípio mesmo do século XIX, Chateaubriand ainda podia retratar o historiador como uma espécie de anjo vingador que iria sobreviver e finalmente denunciar o tirano. Escrevendo no *Mercure* em 1807, ele comunicou sua desilusão com Napoleão através de uma alusão clássica nitidamente clara: "Quando, no silêncio da abjeção, nenhum som pode ser ouvido, salvo aqueles das correntes dos escravos e da voz do delator ... o historiador aparece, encarregado da vingança das nações. Nero prospera em vão, porque Tácito já nasceu dentro do Império."[1] A profecia de Chateaubriand é mais que um mero gesto retórico; na verdade, pode-se dizer que ela transmite precisamente o relacionamento entre o considerável poder do escritor singular no período romântico e as técnicas ainda imperfeitas de coerção investidas da nova burocracia do Estado napoleônico. Bem depois, no mesmo século, essa nota continua a não destoar, em ambos os lados do Canal, embora lorde Acton seja, talvez, o único a sustentar com firmeza, e simultaneamente à nova visão, de influência alemã, o conceito do historiador como membro de uma casta profissional e a convicção de que apenas a testemunha histórica pode revelar de maneira mais precisa a equivalência das relações de poder no Estado moderno em direção à liberdade para o indivíduo.

O quadro é, até certo ponto, claro e compreensível. A despeito de Acton, o historiador do gênero antigo, investido da autoridade moral da tradição clássica e herdeiro do Iluminismo, rende-se inevitavelmente ao historiador do novo tipo, cuja autoridade deriva da integração em um grupo profissional que supervisionou seu treinamento e o admitiu em seu quadro de membros. Em seu cuidadoso estudo *The Amateur and the Professional*, Philippa Levine destaca a diferença desde o início, quando explica seu fracasso em lidar com as talvez mais célebres figuras da historiografia britânica do século XIX, em seu levantamento do crescimento da profissão histórica. Nem Carlyle nem Macaulay, insiste a autora, "nenhum dos dois jamais fez parte da ampla comunidade histórica, mas encontraram seus companheiros e amigos, preferencialmente, em círculos políticos e literários de um tipo mais geral". Carlyle e Macaulay, que pertenciam a "uma tradição mais antiga de ensaístas e críticos", mantiveram distância da cada vez maior comunidade de historiadores profissionais e deliberadamente abstiveram-se de aderir às instituições recém-fundadas.[2]

Evidentemente havia uma razão para este retraimento. Tanto Carlyle como Macaulay conheciam seu público, que transcendia de longe o de qualquer setor profissionalizado, por mais meritório que fosse. Na medida em que a profissão histórica se distanciava da comunidade mais ampla de escritores e leitores, ela também se privava do direito de falar diretamente a uma grande plateia e de justificar seus produtos pela simples medida da demanda de mercado. Permanece ainda um dilema, embora possivelmente frutífero, não resolvido na cultura histórica: continuar a dirigir-se à comunidade de historiadores diplomados ou irromper decididamente no mercado popular que pode, teoricamente, ser capturado sem qualquer perda nos padrões críticos. Eu arriscaria aqui uma larga generalização, ao dizer que a profissão histórica francesa dos dias de hoje fez a ruptura decisiva, enquanto sua contrapartida inglesa não teve a mesma inclinação. O crescimento nas vendas de trabalhos históricos na França durante os últimos vinte anos foi extraordinário, e há rumores até de que os historiadores diplomados dominam a maior parte das listas de não ficção nas principais editoras. Ao contrário, os historiadores britânicos talvez tendam, em um tempo de crise, a jogar com cartas diferentes; não é tanto seu acesso ao público quanto seu discreto e privilegiado direito de ingressar nos corredores do poder que traz essa convicção. Uma reunião convocada por historiadores britânicos "em defesa da História" teve lugar na Câmara dos Lordes, e revelou o interessante fato de que há mais afinidades entre os historiadores profissionais do que em qualquer outra disciplina.

Minha análise foi confessamente superficial até este ponto. Mas eu espero que ela tenha servido para mostrar uma tensão verdadeira que está subjacente ao desenvolvimento da história profissionalizada. Desde o tempo em que os editores do recém-fundado *English Historical Review* determinaram que seus colaboradores não deveriam receber pagamento por seus artigos,[3] foi dada uma certa sanção à visão de que a escrita histórica era essencialmente não comercial – de que ela era uma atividade de valor intrínseco, cujos custos deveriam ficar, em último recurso, a cargo do Estado. Mas esta decisão, que era, claro, simplesmente uma indicação significativa do modo no qual a profissão havia começado a se movimentar muito antes da fundação do EHR, acarretava um possível risco. O perigo é bem delineado por Frederick Olafson em sua ampla investigação sobre *History and Humanities*: o de que a história devesse se apresentar como "alguma entidade burocrática permanentemente estabelecida, majestosa demais para ter de se justificar demonstrando sua continuidade com interesses humanos mais vastos".[4] Aquele grupo de historiadores afins, reunindo-se na Câmara dos Lordes, poderia levar um comentarista adversário a ver as instituições da história conforme a acepção de Olafson, por mais que seus pronunciamentos públicos reiterassem a relevância da pesquisa histórica para "interesses humanos mais amplos". Em contrapartida, o espetáculo dos historiadores franceses, abrindo caminho num mercado que desabrocha para a não ficção, poderia convencer os especialistas em contabilidade cultural contemporânea de que uma necessidade está sendo atendida, e remunerada.

Entretanto, minha intenção não é continuar esta muito vasta apresentação dos dilemas da história em um mundo inamistoso; é, sim, atentar apenas a um aspecto da análise da história, enquanto instituição que chegou à frente da cena recentemente – bastante significativamente, nas publicações audaciosas dos "novos historiadores" franceses. Os leitores talvez tenham notado que, nas páginas anteriores, a palavra "profissão" e suas derivadas soam como uma espécie de litania. Um libelo de fé no especialista contemporâneo em pesquisa histórica é o fato de assumir que antes de 1800 já havia, de fato, historiadores, mas só após aquela data torna-se possível e necessário falar do historiador *profissional*. No entanto, uma coisa é ver aquele desenvolvimento crucial em termos da eventual separação do "profissional" e do "amador", como faz a doutora Levine com minuciosidade, trazendo a conhecida antítese entre entusiasmo não instruído e capacidade técnica, entre escrever para um mercado e escrever pelo bem da ciência, que podemos aceitar sem qualquer dificuldade. Mas é absolutamente uma outra coisa ver a questão do *status* profissional como se ele fosse tangencial – ou seja, procurar saber se a profissionalização da história acarretou um empréstimo das convenções e procedimentos de outras profissões já existentes. A doutora Levine reconhece a existência desta questão quando mapeia o número de clérigos envolvidos em sociedades históricas e quando observa a intrigante coincidência em Stubbs entre um ideal científico imparcial e uma visão providencial do propósito histórico de Deus. Mas eu sugiro que seu pleno significado só pode ser apreciado se adotarmos uma escala de tempo muito mais ampla e colocarmos o tema do profissionalismo em primeiro plano.

Antes de tudo, é necessário relembrar que, se os historiadores só reclamaram *status* profissional em tempos relativamente recentes, existem vocações profissionais que o alcançam bem antes, remontam às origens da moderna cultura ocidental. Um dicionário de 1654 classifica a medicina, a jurisprudência, a teologia e a Filosofia como as quatro profissões existentes. Dentre estas, as três primeiras, de qualquer modo, têm existido por vários séculos dentro de um enquadramento institucional seguro, admitindo seus membros de acordo com critérios claramente definidos e reivindicando um monopólio, ou pelo menos uma consciência privilegiada de um tipo particular de conhecimento. O historiador francês Marc Ferro vê o desenvolvimento da medicina profissional como concessor de uma correlação particularmente próxima à da profissionalização na história. Mas, este argumento não leva em conta um terceiro ponto de identificação, que é relevante tanto para a medicina quanto para a história: é a administração do governo por uma classe política crescentemente separada e autoconsciente. Assim, a história pode ser vista como uma seguidora dos passos da medicina, mas somente na mesma medida em que a medicina oferece um modelo administrativo para a classe política, o político profissional, no Estado moderno. Ferro, na verdade, enceta uma hipótese. Ele apresenta a noção de que

> para se fazer autônoma em relação ao poder do Príncipe e à ideologia, a ordem "científica" adotou modelos de funcionamento que são similares em atividades tão distanciadas como a análise histórica, o pensamento político, as ciências sociais, a pesquisa médica; confrontadas com o poder, a ordem médica, a ordem científica e a ordem histórica conduziram-se de maneiras semelhantes que resultaram, ao mesmo tempo, na institucionalização de uma profissão e no estabelecimento de uma disciplina.[5]

De acordo com esta hipótese, que é bastante consoante com a visão do século XIX de Acton, o processo de particularização e diferenciação ocorre *em oposição* à ameaça de poder estatal. Ainda assim, Ferro realmente discute um ponto bem diferente, qual seja, o de que a profissão autodefinida fornece um paradigma para a classe política nascente, e ao final se revela simétrica ao poder estatal em sua concessão de um conhecimento para o qual nenhuma resposta adequada pode ser dada pelos cidadãos privados. Lenin, sugere ele, gostava de repetir que puros amadores querendo "curar a sociedade de seus males" estavam na mesma posição dos que proclamavam serem capazes de curar um homem doente "sem ter estudado medicina".[6] Diante do político contemporâneo, o "cidadão privado não tem mais direito de falar do que um paciente perante seu médico". Exatamente como o médico, o político converte mensagens elementares de lamento ("Isso dói"; "Meu salário é baixo demais") numa linguagem ensinada à qual ele tem um acesso privilegiado: o que aparece é o diagnóstico latinizado de uma doença, ou a litania do político sobre taxas de inflação, modelos de crescimento e valor excedente.[7]

Onde exatamente entra a história nisso? Ferro retrata a musa Clio "entre Marx e Dr. Knock" – o último é o médico criado pelo romancista Jules Romain que viu o "triunfo da medicina" no fato de que o homem profissional, e não o paciente, agora tinha de tomar a decisão quanto ao paciente estar bem ou não. Ele vê a analogia fundamental entre a medicina profissionalizada e a história situando-se, antes de tudo, neste fluxo irreversível de conhecimento diagnóstico – com o historiador diagnosticando, por assim dizer, a doença do corpo político –, mas, também, no tipo particular de relacionamento que ambas as profissões nutrem para com suas auxiliares. Assim, a medicina pretende falar em nome das descobertas de disciplinas científicas mais especializadas, como a bioquímica, e assimilá-las, do mesmo modo com que a história coloca em uso as ciências auxiliares da paleografia, da numismática, e assim por diante – do mesmo modo com que a história gostaria de compelir a seu serviço as "ciências sociais" em proliferação. Talvez, para Ferro, a definição de uma profissão, como oposta a uma disciplina ou a uma ciência, resida essencialmente neste fato: o de que a profissão não define meramente suas próprias normas, mas busca converter descobertas adjacentes em sua moeda corrente. Assim, ele cita o comentário de Michel de Certeau sobre a abordagem histórica: "ela vê a si mesma como um discurso nobre que oblitera o traço de suas auxiliares".[8]

Este aspecto particular da abordagem histórica necessitará de discussão posterior em um estágio mais avançado. Por enquanto, vale registrar, como faz Ferro, que as comparações entre o método da medicina e o da historiografia têm sua própria localização histórica no mundo antigo. Políbio comparou a prática do historiador à do médico, no sentido de que ambos os tipos de especialistas estavam preocupados em coletar sinais, interpretá-los e arrumá-los em ordem cronológica. Ele também sugeriu que o historiador era capaz de exercer, como o médico, um papel terapêutico; ao lidar com a sociedade, ele estava destinado, como o político, a oferecer um discurso que interpretava e validava o sentido de finalidade coletiva.[9] Sem dúvida, Políbio estava recordando conscientemente o exemplo de Tucídides, cuja afinidade com o lendário fundador da prática médica, Hipócrates, foi frequentemente observada. De fato, Tucídides oferece, em seu famoso relato do desenvolvimento da peste em Atenas, não apenas um diagnóstico extraordinariamente claro dos estágios da terrível moléstia, como também acompanha seus efeitos insidiosos sobre o comportamento moral e social dos cidadãos de Atenas. Tucídides é, como coloca um comentarista moderno, o historiador do *pathos*, em oposição a Heródoto, o historiador do *ethos*. E, num sentido geral, isso implica o mesmo tipo de ligação entre Tucídides e o historiador dos dias de hoje, assim como existe entre o escritor médico antigo e o moderno pesquisador médico.[10]

Ferro tem alguns outros pontos a destacar sobre os paralelos entre o desenvolvimento da medicina e o da história nos dois últimos séculos. Ele observa o declínio no prestígio da medicina geral e o correspondente crescimento dos especialistas, do século XIX em diante. A cultura histórica, e especificamente a corrente de pesquisa associada à escola *Annales*, tomou o mesmo caminho. Ao tentar uma especialização cada vez mais rigorosa, ela reteve seu tradicional papel diagnóstico e, na medida em que também lida com a *longue durée*, pode-se dizer que tem uma capacidade limitada de prognose. Mas qualquer finalidade terapêutica que ela possa ter tido está agora deliberadamente mantida nos bastidores, pelo menos na sociedade ocidental, como um indicador da independência intelectual do historiador. Em última instância, Ferro parece estar culpando o historiador por sua desconfortável, e provavelmente inconsciente, cumplicidade no casamento profano de Marx com o Dr. Knock. No início do século XX,

> o corpo social e o corpo humano eram investidos simultaneamente com o duplo poder da medicina e da política; eles eram enquadrados e reduzidos a números e curvas ... Bem, foi exatamente nesta época, durante os anos 20 precisamente, que a Nova História foi criada pela escola *Annales*. Seu programa era usar a metodologia das ciências sociais para promover a um só tempo a história econômica e a análise da organização das sociedades.[11]

Contra esta acusação, o protesto de que tal pesquisa especializada é promovida simplesmente no interesse do saber e de que a independência intelectual é um valor autoevidente, vem a parecer um tanto vazio. Em outras palavras, o caráter autodefinido do corpo profissional o impede de apreciar exatamente o que, na visão de Ferro, é seu papel social objetivo; ele deixa de reconhecer o relacionamento entre o saber e o poder, não estando alerta para o fato de que a docilidade do cidadão comum diante do especialista é o traço que liga seus procedimentos aos do médico e do político.

A provocativa análise de Ferro nos mostra a análise de Foulcault sobre as relações de poder atravessando o arco da escola *Annales*. Mas ela não oferece muitas pistas sobre os modos particulares com os quais a profissão histórica se desenvolveu e refinou seus métodos ao longo dos dois últimos séculos. Aqui, Paul Veyne, um historiador francês do mundo clássico, parece ir direto ao ponto quando delineia as ligações entre a metodologia histórica e o controvertido aparato da jurisprudência. Se existe um único princípio que os historiadores modernos assumem como seu emblema de profissionalismo, este é a técnica de *Quellenforschung*, que repousa essencialmente na fundamentada discriminação entre fontes primárias e secundárias. É tão forte o magnetismo desta noção que um célebre historiador como o falecido Arnaldo Momigliano irá buscar a sua pista na historiografia do mundo antigo, como ao elogiar Eusébio por incorporar documentos a seu relato histórico. Ainda assim, Paul Veyne sem dúvida está certo em recear se a prática de Eusébio efetivamente acrescenta algo como um "novo valor atribuído a documentos". A Técnica de *Quellenforschung* pode ser muito mais convincentemente representada como uma técnica literária que tem seus precedentes no período anterior a Eusébio, e somente mediante uma espécie de ilusão retrospectiva pode ser levada a exibir discriminação crítica do gênero moderno.

> Eusébio transcreve não exatamente suas fontes, mas extratos; compila "relatos parciais", como ele mesmo coloca nas primeiras linhas de sua história. Venerando fragmentos preciosos e poupando-se do trabalho de escrever a história por si próprio, copia seus predecessores: longe de prestar testemunho a uma nova atitude, Eusébio confirma a "objetividade absoluta", no termo de Renan, com a qual a Antiguidade contempla o livro de história. O método de retomar grandes extratos já pode ser encontrado em Porfírio ... e Eusébio também o pratica em sua *Preparação*.[12]

Esta discussão em particular não está, é claro, interessada em determinar qual dos dois historiadores pode demonstrar o mais vasto conhecimento de Eusébio e seus predecessores. Ela trata de um modo determinado de comportamento profissional. Momigliano está simplesmente fazendo o que inúmeros historiadores do século XIX fizeram, por exemplo, com Tucídides: ele está atravessando os séculos para saudar um irmão e, ao fazer isso, confirma a confiança e a autoestima do historiador moderno. (É uma prática ligeiramente reminiscente da incorporação por parte da Igreja católica dos "pagãos virtuosos" – os que viveram antes da revelação de Cristo – ao rebanho dos redimidos.) Veyne não vê necessidade de adotar esta atitude. Para ele, as distinções epistemológicas da historiografia moderna não têm lugar no período antigo.

Por esta razão, Veyne é um comentarista particularmente crítico da tradição da historiografia; ele se recusa a transformar o método de crítica moderno em um fetiche e, como resultado, indica o quão longínquos estão seus conceitos do contexto contemporâneo do relato histórico, até onde ele pode precisar. Um exemplo muito revelador de sua abordagem é dado pelo historiador francês Etienne Pasquier, que publicou suas *Recherches sur la France* em 1560. Segundo G. Huppert, Pasquier fez circular seu manuscrito entre os amigos antes da publicação e recebeu uma condenação geral por seu hábito de fazer referências frequentes às fontes que estava citando. A objeção a esta prática tão proveitosa era a de que ela parecia ser reminiscente dos mestres medievais e de modo algum adequada a um trabalho de história. Pasquier realmente precisava confirmar "o que ele estava dizendo pela referência a algum autor antigo".[13] Se ele desejava conferir autoridade a seu trabalho, teria de esperar pelos lentos processos do tempo para que endossassem sua mensagem. Afinal, como afirmavam os amigos de Pasquier, os trabalhos dos antigos não estavam bloqueados de referências e eles haviam resistido à prova do tempo!

O exemplo de Veyne é fascinante, já que ele chama a atenção para uma conjuntura cultural completamente crível, na qual o sistema de referências do historiador – tão indispensável para ele desde o século XIX – parece ter-se mostrado levemente suspeito, como maneira de reivindicar uma autoridade que o texto (*son dire*) não justificava. Na verdade, ele vai adiante e sugere que a expectativa colocada sobre os textos históricos naquele tempo deveria ser muito mais aparentada com o que nós atualmente trazemos para o jornalismo do que propriamente com a história. Nós certamente não esperamos que um bom jornalista investigativo especifique suas fontes, do mesmo modo que faz um historiador. Damos crédito ao texto jornalístico em parte porque sabemos que ele pode ser desafiado (em um periódico corrente, ou nas "Cartas ao Editor"), mas também, por outra parte, porque podemos testá-lo no que diz respeito a uma espécie de plausibilidade e suficiência intrínsecas, que estão ligadas ao nosso reconhecimento de que o jornalista é, ele próprio, um profissional. Evidentemente, nos dias de hoje o "jornalismo" é implicitamente confrontado com a história e deste modo tem as conotações de um ponto de vista limitado e efêmero, corrigido pelo historiador a longo prazo. Para registrar adequadamente a analogia de Veyne, devemos imaginar o teste para o bom jornalismo aplicado em circunstâncias nas quais aquela oposição binária ainda não existia.

Mas, se as referências de Pasquier não conseguiram impressionar seus amigos como pertinentes ao método histórico, por que a citação de autoridades se tornou parte inseparável da apresentação do historiador? A resposta de Veyne a esta pergunta é muito relevante para nossos propósitos, já que ele sustenta que o historiador toma suas indicações da controvérsia legal e teológica. O uso consistente de referências surge, pelo menos no contexto francês, no caso de trabalhos históricos que são, eles próprios, de natureza controversa, como a *Histoire des variations des Églises protestantes*; ele é corroborado, na visão de Veyne, quando o surgimento da universidade francesa nos séculos XVII e XVIII desenvolve a possibilidade de um tipo mais formal de polemização, que só havia existido anteriormente para o foro judicial ou para o púlpito.

Surge aqui um interessante ponto de vista. O controvertido texto histórico não pode ter o mesmo propósito imediato e prático que o discurso em tribunal (ou o mesmo propósito redentor que o sermão do púlpito). Mesmo que o modo de demonstração seja semelhante – no sentido de que as autoridades são citadas especificamente –, o objetivo não é uma absolvição ou uma condenação, e sim um texto histórico autorizado. Assim, o "julgamento" final fica suspenso indefinidamente. Como se deu com Pasquier, a anuência conferida pelo público acadêmico durante um longo período é, enfim, o único critério de legitimação. Pode-se argumentar que este é um traço comum a textos históricos por um longo período, desde Tucídides e sua determinação de criar uma "possessão para todos os tempos" em sua história da Guerra do Peloponeso, à mais sofisticada publicação contemporânea. Mas, ao mesmo tempo, é com certeza significativo que, no período em que o historiador profissional dos tempos modernos estava emergindo, esta oposição entre o resultado imediato e o efeito a longo prazo poderia ser apresentada em termos das diferentes expectativas colocadas sobre a história e o direito. Em 1670, o historiador francês Pellisson-Fontanier anunciou, em seu *Projet de l'histoire de Louis* XIV, a intenção de escrever "não como um advogado [*avocat*] mas sim como um historiador". Se Pellisson-Fontanier reconheceu esta diferença específica e a viu como indicação de seu projeto histórico, também é evidente que os historiadores do século seguinte, quando as disputas sobre as origens das instituições francesas adquiriram um forte alcance político, tacitamente suprimiram a diferença entre historiador e advogado. Um levantamento recente da historiografia francesa neste período descreveu o *Discours sur l'histoire de la France*, de Moureau, como "uma defesa histórica da monarquia, um esboço para uma súmula judicial".[14]

Eu deveria enfatizar neste momento que não estou defendendo uma noção trans-histórica de "objetividade", que foi possível para Pellisson-Fontanier no século XVII, mas impossível para seu sucessor no período que conduziu à Revolução Francesa. O que me parece mais merecedor de atenção é a mera proximidade da função do historiador com a do advogado – dadas as conotações controversas do sistema de citar autoridades – e a simultânea necessidade de o historiador aderir a alguns protocolos do direito, enquanto afirma seus intermitentes desacordos com os objetivos deste. É esta estrutura de cumplicidade e de repúdio que parece estar implícita no desenvolvimento da historiografia profissional, no modo como ela se define por suas práticas e instituições. O estudo de Philippa Levine é uma mina de informações a este respeito, particularmente quando considera o desenvolvimento do English Public Record Office, que ela vê como o responsável por nutrir o primeiro grupo verdadeiramente profissional de historiadores ingleses. A autora observa que o próprio termo "registro" foi tradicionalmente definido, no sentido legal de admissibilidade, como a prova num tribunal.[15] Quando o Public Record Office abriu suas salas de pesquisa pública em 1866, aplicou a regra de que "pesquisadores literários" deveriam ser admitidos gratuitamente, enquanto "pesquisadores legais" teriam de fazer um pagamento. "Argumentou-se que enquanto o pesquisador legal buscava provas em registro para a solução de questões de lucro pessoal, os estudiosos literários estavam se entregando a um princípio acadêmico dissociado do ganho material."[16]

Como sugere a doutora Levine, é importante compreender que as práticas benevolentes do Public Record Office implicavam uma distinção entre pesquisadores "legais" e "literários"; embora a justificativa para esta distinção resida na diferença entre os objetivos "acadêmicos" e os envolvidos com "ganho material", não há menção específica a uma profissão histórica, autorizada por sua convocação para ter acesso livre e desimpedido aos registros. Por mais próximos que eles possam ter sido na prática, os pretendentes "literários" e os potenciais requerentes "históricos" devem ser diferenciados nesta nossa discussão. Ser classificado como "literário" era ser credenciado como membro de um grupo grande e amorfo de "homens de letras", cujas atividades não tinham uma expectativa de lucros tão imediata quanto as das pesquisas legais (embora elas devam claramente ter tido *alguma* expectativa de lucro, se alguma publicação eventual era considerada). A fim de guardar a esfera de ação do historiador dentro das vastas áreas de publicações acadêmicas, era sem dúvida necessário definir um determinado tipo de escrito e perpetuá-lo com a concessão de um tipo específico de órgão para sua publicação. Foi isso o que transpirou quando o *English Historical Review* foi fundado em 1886. E embora a política imediatamente introduzida pelo jornal de não pagar seus colaboradores fosse assumida de modo geral por conta da necessidade financeira, ela também podia ser justificada como atestado de um tipo especial de pureza quanto às metas e às conquistas do historiador profissional que escrevia para o órgão – uma espécie de *maná* que os chamados jornais acadêmicos contentaram-se em difundir até os dias de hoje.

Esta divisão gradualmente introduzida entre a profissão histórica e a comunidade dos "homens de letras" obviamente tem sua relação com a que eu estava aludindo anteriormente neste ensaio, quando fiz o comentário mais amplo quanto à profissão histórica francesa parecer ter sido exercitada no palco da publicação de não ficção, enquanto os historiadores britânicos preferiram enfatizar seu acesso aos corredores do poder. Por mais impressionista que possa ser este julgamento, vale a pena justapô-lo à premissa sobre a qual se baseia o estudo da doutora Levine – qual seja, a de que um relato do surgimento do historiador profissional na Inglaterra do século XIX deve omitir toda a referência aos dois escritores que esmagadoramente influenciaram a consciência histórica do público vitoriano, pelo menos nos meados do século. Repetindo a ideia da doutora Levine, "nenhum dos dois jamais fez parte da ampla comunidade histórica, mas encontraram seus companheiros e amigos, preferencialmente, em círculos políticos e literários de um tipo mais geral". Macaulay e Carlyle podem ter escrito "grandes e influentes trabalhos históricos", mas eles deliberadamente se distanciaram das "instituições históricas" como as sociedades e os clubes tipográficos.[17] O paradoxo é apenas aparente. Nem Macaulay nem Carlyle, mais do que Hume ou Gibbon, pensaram no historiador falando embasado em qualquer outro terreno que não fosse o terreno central da cultura literária, onde as barreiras profissionais eram inoperantes. Isso não significa que eles estivessem desatentos para uma significativa diferença entre literatura e história; na verdade Macaulay gastou grande parte de seu ensaio juvenil sobre história explicando que a tarefa do historiador era assumir e derrotar sir Walter Scott com suas próprias cartas! Mas isso não significa que eles estivessem propriamente competindo nas mesmas balizas de outros praticantes literários. Correspondentemente, eles tinham pouca tolerância para com a autodestruição rankiana diante das fontes, que iria se tornar um protocolo da historiografia profissionalizada. É impossível imaginar que um colaborador do *English Historical Review* fosse perder tempo em uma nota, como faz Macaulay, para rotular seus materiais-fonte como "um palavrório nauseabundo".[18]

Se Macaulay é o exemplo mais claro possível de um historiador que desdenhou das disciplinas do profissionalismo, há um caso revelador de história profissional num ponto da carreira de William Stubbs, indicado como professor régio de História em Oxford no ano de 1866. Por um lado, "ao declarar sua intenção de evitar a pregação política, [ele] estava pagando um tributo a um senso crescente de responsabilidade profissional e proclamando sua dedicação – de maneira que mais tarde se tornaria, até certo ponto, elegante e mesmo obrigatória – à causa da verdade pura". Ainda que renegasse o tipo de papel profético que seus predecessores haviam adotado, Stubbs estava convencido de que o estudo da história era, para usar suas próprias palavras, "completamente religioso".[19] A resposta para esta aparente observância das novas técnicas de *Quellenforschung* ajudou a criar um tipo de escrito histórico que recuperou os trabalhos da Divina Providência, sem se arrogar o papel de juiz superior que pertencia somente a Deus. Burrow coloca habilmente a questão:

> Julgamento para ele significava apreciação criteriosa, um refinado senso da complexidade das coisas e até um devido respeito pelo mistério das obras da dirigente Divina Providência, na qual tão firmemente acreditava. Os filósofos da história pareciam, a ele, desejar circunscrever, por supostas leis, o desígnio histórico do Todo Poderoso. A generalização é um aspecto da nossa imperfeição. Nós não podemos estudar história sem ela, mas Deus, sendo onisciente – é francamente sugerido – é um nominalista.[20]

Mas esta incursão na história intelectual do século XIX nos desvia, numa certa medida, do principal objetivo deste ensaio, que é olhar para os modos particulares com os quais a história emprestou ou assumiu os protocolos de outras práticas profissionais. A alegação de Veyne é a de que a história empresta seu sistema de referências das controvertidas práticas do direito e da teologia. À luz desta asserção, as atitudes de Stubbs e de seus contemporâneos parecem particularmente reveladoras. Os historiadores universitários de meados do século passado encontravam-se inicialmente, gostassem ou não disso, no mesmo barco que os advogados acadêmicos. Em Cambridge, foi estabelecido em 1848 um exame de Ciências Morais que incluía economia política, filosofia moral, jurisprudência, Direito Inglês e história. Em 1867, jurisprudência e história foram simultaneamente eliminadas para constituírem um exame de Direito e História que teve vida curta, antes de o exame de História ser finalmente estabelecido, em 1873, como uma entidade separada.[21] Um padrão semelhante pode ser observado em Oxford, onde mais uma vez um casamento forçado com a jurisprudência teve lugar antes que a independência da Escola de História fosse estabelecida em 1871. Do mesmo modo, nas salas de leitura do Public Record Office, os historiadores e advogados estavam participando das mesmas instituições e usando os mesmos materiais de documentação. Como poderiam os historiadores conquistar e justificar sua independência? A estratégia de Stubbs é certamente o exemplo típico nestas circunstâncias, visto que ele coloca em primeiro plano a necessidade de "julgamento", mas retira do termo conotações que são apropriadas precisamente ao seu sentido legal. Historiadores não são advogados, apelando por julgamento sumário. Seu paciente esquadrinhamento dos documentos do caso, ao final, nunca resultará em condenação ou absolvição, já que este papel pertence apenas a Deus.

Assim, Stubbs, professor régio de História e futuro bispo de Chester, levanta insistentemente a questão última deste ensaio, que diz respeito especificamente à profissão clerical e seus laços com a nascente profissão histórica. Num nível mais abrangente, é óbvio que os clérigos não tinham reputações imaculadas quanto à realização de inquisições justas e imparciais, pelo menos do século XVIII em diante. Na verdade, podia-se dizer que eles haviam se tornado uma alcunha para alegações especiais, pela exclusão da objetividade e da verdade. Montesquieu não pôde pensar em maneira melhor de estigmatizar a capacidade de Voltaire como historiador do que compará-lo a um monge; Voltaire, ele alega, "nunca iria escrever uma boa história: ele é como os monges, que não escrevem pelo bem do sujeito com o qual estão lidando, mas sim pela glória de sua ordem. Voltaire escreve em benefício de seu monastério".[22] É possível argumentar que os monges estavam, de fato, entre os mais escrupulosos historiadores do século XVIII, já que a congregação beneditina de St. Maur compilava destacadas coleções documentares durante o período, com uma refinada desconsideração pelos interesses do monastério. Mas, as realizações dos beneditinos só foram reconhecidas no século seguinte, quando uma profissão histórica mais sofisticada foi capaz de saudar sua erudição simples e colocá-la posteriormente em uso. Mais típicas do século XVIII, sem dúvida, eram as hordas de clérigos ingleses que assaltaram Gibbon com panfletos vituperiosos após a publicação de seu *Decline and Fall of the Roman Empire*, e viram-se às voltas com uma série de golpes devastadores impelidos pelo historiador em sua *Vindication*. Gibbon nos deixa poucas dúvidas de que estes historiadores panfletários estavam escrevendo, se não para suas ordens, pelo menos para seus colegas e na esperança de futuros benefícios; e, pelo menos em um caso, parece que um dos agressores de Gibbon recebeu notável promoção por seus esforços contra o depreciador da antiga Igreja cristã.

Até certo ponto, nós podemos assentar a questão da ligação entre a historiografia e a profissão clerical nestas bases bastante simples e óbvias. A maioria dos que estavam se ocupando com a pesquisa histórica na Inglaterra do final do século XVIII – e início do século XIX – eram clérigos. Entretanto, os clérigos não viviam, e não podiam viver, pela pesquisa histórica e precisavam estar atentos à distinção eclesiástica. Assim, parece razoável supor que os interesses da pesquisa histórica seriam sacrificados, caso se apresentasse uma escolha, às necessidades do sacerdócio prudente e do sectarismo efêmero. Um tal padrão, de fato, enquadra, ao que pareceria, até os raros casos nos quais um clérigo era na verdade capaz de extrair uma receita modesta de suas palestras e pesquisas históricas. Há o exemplo de Edward Nares, reitor de Biddenden, em Kent. Como se achava obrigado a sustentar uma esposa que era a filha de um duque (e com quem ele havia fugido para se casar), Nares conseguiu o interesse do primeiro ministro, lorde Liverpool, e ganhou a cadeira régia de História em Oxford a partir de 1813. Mas, suas experiências em preleções foram decepcionantes e em breve ele viu-se tentado a renunciar. O que o levou a ficar no curso foi a garantia de que "sendo uma indicação da Coroa, isso só poderia se provar como um passo em direção a alguma coisa melhor".[23] Assim, em 1827, ele apresentou sua candidatura à mais lucrativa cadeira de Teologia. Mas estava atrasado neste campo, e teve de se contentar em agarrar-se à cadeira de História.

Neste caso particular, o "professar" da história parece ter sido pouco mais que uma útil atividade complementar numa carreira clerical, a ser prontamente abandonada se uma promoção mais sólida pudesse ser obtida. Mas existe um outro ponto mais sério a ser abordado nas ligações entre a história e a teologia, que vai além de suas formas institucionais para as questões mais centrais do método intelectual. Se o desenvolvimento da historiografia nos séculos XVIII e XIX acarretou comparações próximas do paradigma legal, podemos dizer também que ele envolveu um relacionamento semelhante, ainda que mais desconfortável, com o paradigma teológico. O direito emprestou veladamente seu controvertido aparato, mas a teologia foi capaz de se fazer manifesta como "último recurso" – a *ultima ratio* contra a qual a pesquisa histórica deveria ser vista.

Um exemplo fascinante pode ser tirado do grande período do antiquariato inglês. William Stukeley merece reconhecimento por seu pioneiro trabalho de campo em Avebury. Stukeley labutou muitos anos sobre a interpretação do que ele encontrou em Avebury, e, finalmente, em 1730 estava pronto a revelar suas conclusões a um amigo: "A forma daquele estupendo trabalho ... é um retrato da Divindade, mais particularmente da Trindade, mas mais especialmente daquilo que antigamente eles chamavam de o Pai e o Verbo, que criou todas as coisas."[24] O biógrafo de Stukeley, Stuart Piggot, trata de decifrar o desejo desse arqueólogo pioneiro de "combater os deístas a partir de um ponto inesperado", tornando evidente este notável modelo: na verdade, ele acha particularmente estranho que Stukeley tivesse abandonado suas "excelentes intenções" dos primeiros tempos, quando estava planejando "um trabalho objetivo sobre os círculos de pedra e a pré-história inglesa celta".[25] Stukeley não apenas havia abandonado sua objetividade como também repudiou, num certo sentido, os hábitos mais acadêmicos de outros tempos. "Nós percorremos um longo caminho desde a erudição apurada dos historiadores da Restauração, na tradição de cuja última década Stukeley começou seu trabalho."

Por mais justificado que possa ser tal comentário, ele também pode ser visto, num certo sentido, como um reflexo de nosso ponto de vista formado depois do século XVIII. Tão bem estabelecido é o nosso senso das realizações da historiografia profissionalizada que seu surgimento parece ter sido sujeito a uma lei irreversível, e tais regressões e reveses, como os que o caso de Stukeley coloca em foco, são capazes de parecer estranhos e paradoxais. Mas, ver a questão deste modo é na verdade sucumbir a uma ilusão proléptica. Mesmo no auge do século XIX, os historiadores ingleses não davam grande importância à "erudição apurada", com a exclusão de tudo o mais; na verdade, "erudição apurada" era, num certo sentido, estabelecida apenas enquanto *permitida* por uma determinada visão de mundo religiosa. Philippa Levine infere corretamente que a instância chamada "empírica" dos historiadores do século XIX, como Stubbs, com sua ostensiva defesa da reconstrução detalhada como um fim em si, era na verdade o produto de uma determinada ideologia. "Ao rejeitar – ou, mais precisamente, ao não considerar – a interpretação materialista proposta por Marx, os historiadores estavam afirmando sua adesão a um universo histórico presidido, em última análise, pela Providência."[26] Desde historiadores tais como Ranke e Guizot, da primeira metade do século, até os da própria geração de Stubbs, a noção de Providência habilitou os diligentes pesquisadores a anteciparem-se à controvérsia, na confiança de que qualquer fração de um fato seria compatível com um propósito divino, a qual jamais poderia ser revelada como um todo. Bem ao modo com que Santo Agostinho poupou os historiadores cristãos posteriores da impossível tarefa de justificar a severidade de Deus para com o império terreno de Roma, também a visão providencial da história sancionou a eliminação de todas as teorias e de todo sectarismo de natureza aberta do texto infinitamente particularizado da realidade do passado.

Porém, contrastar a "erudição apurada" com uma visão teológica ou providencial da história desta maneira é estabelecer uma série assintótica. Os dois conceitos não são precisos o bastante para serem comparados ou contrastados, pelo menos no âmbito do texto histórico em si mesmo. Onde começa um e termina o outro? Eu sugiro que pode ser mais revelador pensar em todo o processo de reconstrução histórica, particularmente nos casos dos séculos XVIII e XIX pelos quais temos nos interessado, como o processo de obter um determinado *ponto de vista*. Em outras palavras, o domínio dos materiais históricos é equacionado com o seu estabelecimento numa ordem inteligível que pode ser denominada *perspectiva*. Observe-se que, no caso das investigações de Stukeley em Avebury, seu trabalho de campo só podia ser interpretado por cuidadosos desenhos da forma como os círculos eram vistos de cima. Foi a visão perspectiva (visão geral, a *vol d'oiseau*) que o habilitou a chegar – muito tempo depois de começar a traçar os desenhos – à conclusão de que eles formavam efetivamente "um retrato da Divindade". O exercício de Stukeley corresponde ao exercício vitruviano da "iconografia", que é o uso de régua e compasso para traçar formas como se elas estivessem no chão. Mas o processo técnico, baseado no seu trabalho de campo ao nível do chão (e abaixo dele), conduz inexoravelmente à possibilidade de assumir uma visão dominante de todo o sítio; e, naquele ato de ver, a imagem da Divindade é finalmente revelada. É como se Stukeley fosse capaz de concordar, neste ato final de ver, com o ponto de vista da Divindade cristã, vendo sua imagem escrita sobre a terra.

Esta metáfora da ordenação perspectiva torna-se ainda mais explícita, mesmo que numa forma ostensivamente secularizada, nos escritos de Macaulay. E ela jamais foi tão claramente demonstrada quanto em sua contestação do desafortunado Edward Nares. Macaulay começa sua crítica devastadora das Memórias de Burleigh, publicadas pelo professor régio, com uma evocação do volume e do peso da edição: "Ela pesa sessenta libras *avoirdupois*".[27]* Mas, esta acusação ao tamanho excessivo da edição torna-se mais precisa quando ele estigmatiza os fracassos de Nares em termos quase pictóricos: "Das regras da perspectiva histórica, ele não tem

---

*   Sistema de pesos baseado na libra de 16 onças. (N. T.)

AS INVENÇÕES DA HISTÓRIA

a mais pálida noção. Não há projeção ou base em sua descrição". O argumento final de Macaulay contra Nares é coerente, no nível metafórico, com as acusações geminadas de que a edição é volumosa e pesada demais e de que seus materiais eram desprovidos de ordenamento segundo a perspectiva. O doutor Nares é acusado de ser "tão absolutamente incompetente para organizar os materiais que coletou, que teria feito melhor em deixá-los nos seus repositórios originais".[28] Em sua estrutura, esta discussão altamente reveladora do jovem Macaulay mostra que os fracassos de Nares pertencem exatamente ao extremo oposto do espectro das orgulhosas fanfarronadas de Stukeley. Onde Stukeley transformou, por um poderoso ato de sublimação, a terra bruta de Avebury numa imagem da Divindade, Nares extraiu seus materiais dos arquivos de Burleigh apenas para se deparar com a reclamação de que eles deveriam ter permanecido onde estavam. Uma espécie de tração gravitacional os arrasta de volta à massa não diferenciada, literalmente invisível, de onde seu editor ansiava por resgatá-los. Que Macaulay realmente visualizava os materiais descoordenados de bibliotecas e arquivos com um asco que era quase físico é atestado por seu comentário posterior sobre o "palavrório nauseabundo", que se via obrigado a consultar para sua história social. "Eu fui forçado a descer ainda mais baixo, se é que isso é possível, em busca de materiais", escreve o intrépido historiador – quase como que se desejasse fixar em nossas mentes uma imagem da pesquisa histórica como a tortura do inferno.[29]

Mas nem Stukeley nem Macaulay dão uma imagem tão poderosa da força irresistível da sublimação que alça os materiais de base ao nível da verdadeira visão histórica como faz lorde Acton. Para Acton, na verdade, a tarefa é hercúlea: para conquistar a vitória, Hércules precisa levantar seu rival Anteus da terra onde ele está. Em sua carta aos colaboradores do *Cambridge Modern History*, que começou a ser publicado em 1902, ano de sua própria morte, Acton viu a cooperação internacional entre acadêmicos como o único meio de promover este grande feito. Mas, como recompensa por seus trabalhos, ele ofereceu a tentadora perspectiva de que toda pesquisa histórica posterior tornar-se-ia desnecessária pela natureza definitiva e abrangente da empreitada. "Como os arquivos são feitos para serem explorados e não para serem impressos, nós nos aproximamos do estágio final nas condições do aprendizado histórico."[30] Citando sua proposta original para o trabalho coletivo feita aos administradores da imprensa da Universidade de Cambridge, Acton pinta um quadro devastador da *selva oscura* na qual o "estudante honesto" é obrigado, hoje, a encontrar seu caminho: ele "tem de abrir seu próprio caminho através de múltiplos relatórios, periódicos e publicações oficiais, pelos quais é difícil descortinar o horizonte ou com eles manter-se em dia". Esta evocação vívida de um ponto de vista limitado é, então, transcendida, triunfantemente, em uma passagem onde Acton simultaneamente libera o estudante do futuro do labirinto dos arquivos e da inconveniência de pertencer a um tempo e lugar:

> Por História Universal eu entendo aquilo que é distinto da história combinada de todos os países, que equivale não a um vínculo frágil, mas sim a um desenvolvimento contínuo, e não se trata de um fardo sobre a memória, mas de uma iluminação da alma. Ela se move numa sequência da qual as nações são subsidiárias. Sua história será contada, não pelo seu próprio bem, mas em referência e subordinação a uma série mais alta, de acordo com o tempo e o grau com que elas contribuem para a sorte comum da humanidade.[31]

"O versátil exército de metáforas" de Acton (para adaptar a frase nietzschiana) é aqui passado em revista. Por "História Universal" compreende-se a busca da luz em lugar da escuridão, do leve em lugar do pesado, do alto em vez do baixo e do que é teleologicamente dirigido em lugar do que ocorre ao acaso. E se Acton não descreve, como Stukeley, a Divindade inscrita sobre a Terra após esta festa de distinções metafísicas, ele usa uma imagem impressionante para concretizar seu abandono do ponto de vista etnocêntrico. "Os colaboradores irão compreender que nós estamos estabelecidos não sob o meridiano de Greenwich, mas a 30° W." O ponto a partir do qual a Europa é meramente um conjunto de coordenadas na superfície do globo em rotação é transitoriamente considerado.

Esta breve investigação sobre as relações da história com suas irmãs chega assim a uma volta completa. A medicina nos ajuda a apreciar o relacionamento da história profissionalizada com o poder político, mas oferece poucos paralelos precisos além da afinidade das metas diagnósticas (e talvez terapêuticas). O direito está mais intrincadamente envolvido na autorrealização da profissão histórica: ele partilha com a história o método controverso e a questão do julgamento, de modo que os historiadores tiveram de lutar muito para se dissociarem de seu abraço institucional. A teologia interfere em muitos níveis mais. Se tantos historiadores extraíram seu pão de cada dia do serviço à Igreja, o possível conflito de lealdades não ficou assentado com o advento da casta estritamente profissional, no século XIX. O anjo vingador de Chateaubriand ainda assombra o discurso de lorde Acton, embora ele tenha embainhado a espada e simplesmente dirija para a Terra seu cortante, não sectário, ponto de vista. Existe um ativo resíduo metafórico na combinação de termos que Acton usa para enfatizar a transcendência da "História Universal". Seguramente, seria este o traço persistente que Michel de Certeau detecta quando proclama que a história vê a si mesma como uma *parole noble* "que oblitera o traço de suas auxiliares"? O que nós precisamos perguntar sobre a nobreza da história hoje é se, neste estágio, ela pode ser algo mais do que um nobiliário vivo.

Notas

1. Chateaubriand mais tarde descreveu seu artigo no *Mercure* como um protesto dissimulado contra a execução do duque D'Engien ordenada pelo imperador em 21 de março de 1804. Ele relata que o imperador reagiu violentamente a esta evocação do papel vingador do historiador. "Chateaubriand pensa realmente que eu sou um idiota, que eu não o entendo ... Vou fazê-lo decapitar nos degraus das Tulherias." Ver Chateaubriand, *Memoirs*, Harmondsworth, 1965, p. 245-7, 254-5.

2. Philippa Levine, *The Amateur and the Professional*, Cambridge, 1986, p. 3.

3. Idem, ibid., p. 174.

4. Frederick A. Olafson, *The Dialetic of Action*, Chicago, 1979, p. 231-2.
5. Marc Ferro, *L'Histoire sous surveillance*, Paris, 1985, p. 115.
6. Idem, ibid., p. 115-6.
7. Ibid., p. 117.
8. Ibid., p. 116.
9. Ibid., p. 117.
10. Ver Adam Parry, "Thucydides' historical perspective", *Yale Classical Studies*, v. 22, 1972, p. 47-61.
11. Ferro, op. cit., 1985, p. 126.
12. Paul Veyne, *Les Grecs ont-ils cru à leurs mythes?*, Paris, 1983, p. 25.
13. Idem, ibid., p. 18.
14. Para Pellisson-Fontanier e Moreau, ver Keith Michael Baker, "Memory and Practice: politics and the representation of the past in the eighteenth-century France", *Representations*, v. 11, verão de 1985, p. 134-64. Baker traça um interessante contraste entre a atitude de Pellisson-Fontanier e a necessidade de arguir um caso histórico específico (p. 152, 163).
15. Levine, op. cit., 1986, p. 101.
16. Idem, ibid., p. 105.
17. Ibid, p. 3.
18. Ver John Hale, *The Evolution of British Historiography*, Londres, 1967, p. 238.
19. J. W. Burrow, *A Liberal Descent*, Cambridge, 1981, p. 100.
20. Idem, ibid., p. 132.
21. Levine, op. cit., 1986, p. 136.
22. Citado em Chateaubriand, *Génie du Christianisme*, Paris, v. I, 1966, p. 445.
23. Ver G. Cecil White, *A Versatile Professor*: reminiscences of the Rev. Edward Nares, Londres, 1903, p. 227.
24. Stuart Piggott, *William Stukeley*, Londres, 1985, p. 104.
25. Idem, ibid., p. 106.
26. Levine, op. cit., 1986, p. 169.
27. Macaulay, *Critical and Historical Essays*, Londres, 1883, p. 220.
28. Idem, ibid., p. 221.
29. Hale, op. cit., 1967, p. 238.
30. Citado em Fritz Stern (Ed.), *The Varieties of History*, Londres, 1970, p. 247.
31. Idem, ibid., p. 249.

ANALISANDO O DISCURSO DA HISTÓRIA

Entre os diversos tipos de material escrito que foram submetidos à análise "estruturalista", a historiografia ocupa um lugar bastante especial. Isso, em parte, pela simples razão de que uma tal análise do texto histórico só raramente tem sido feita de modo comparativo. Julgada ao lado de materiais literários mais tradicionais, que agora estão padecendo da fadiga da "desconstrução", a historiografia ainda continua sendo um campo aberto para o analista. Mas este mesmo fato é uma consequência de complexidades no projeto que continua a fazer da historiografia um campo minado, bem como aberto. Em parte, existem complexidades surgindo das bases institucionais e profissionais dos estudos históricos. Ora, quem deve desempenhar uma tal análise? Um crítico literário? – mas uma tal figura não evitará facilmente a acusação de incompreensão e má interpretação da metodologia do historiador. Um historiador? – mas qual historiador iria se dar ao trabalho de adquirir as ferramentas da pesquisa estrutural ou (o que seria necessário preliminarmente) a atitude mental que legitima tal pesquisa? Uma resposta a este dilema deve ser encontrada, talvez, na convocação de uma figura interdisciplinar especialmente talhada – um historiador *déclassé* ou um *littérateur* historicamente orientado.

Mas uma tal pessoa irá muito em breve deparar-se com as divisões mais profundas que se acomodam sob as fronteiras profissionais. Ela não encontrará simplesmente práticas diferentes, governadas pela persistência de diferentes tipos de material, mas diferentes paradigmas determinando as pretensões cognitivas dos dois tipos de especialista. Tão logo ela atravesse a cerca, arrisca-se a ser presa como um invasor.

A questão é muito bem ilustrada por dois pontos de vista bastante diferentes, os de Gossman e Momigliano, que emergiram do debate sobre historiografia nos últimos anos. Lionel Gossman, um acadêmico e crítico literário, esforça-se para mostrar que os escritos históricos de Augustin Thierry e Edward Gibbon tornaram-se do seu interesse por meio de um processo de desenvolvimento perfeitamente natural:

> Finalmente, por conta do meu interesse em máscaras e códigos, há muito tempo tenho estado intrigado com formas de escrever pelas quais a imaginação literária parece se disfarçar e submeter-se a coerções significativas – crítica literária, historiografia, cultura e erudição, história natural. Enquanto os estudos literários foram dominados pela retórica, o caráter literário de Buffon, Michelet, Carlyle ou Macaulay foi reconhecido e estes autores foram estudados regularmente como modelos de estilo a serem seguidos ou evitados. Quando a retórica deixou de ser o foco de interesse nos estudos literários, tais escritores foram com muita frequência silenciosamente eliminados do cânone literário e abandonados a estudantes de biografia e história cultural. Creio que nós, agora, estejamos prontos para relê-los, reconsiderá-los e, onde for adequado, reintegrá-los. Sabemos agora que não existe nenhuma fronteira sólida separando o literário de outras formas de escrita.[1]

Gossman está fazendo uma dupla asserção. Antes de tudo, está expressando um interesse completamente justificado por formas de escrever "mascaradas", em que a excelência do escritor é, numa certa medida, velada pelo fato de que ele tem responsabilidades informativas ou científicas bastante precisas. Em segundo lugar, ele está sugerindo que existiu uma mudança de longo alcance no caráter dos estudos literários. Agora que a "retórica" deixou de ser um anátema no vocabulário do crítico – agora que a literatura não é mais valorizada especificamente pelas qualidades morais, ou de "valorização da vida", que o romance era forçado a demonstrar –, torna-se lógico anexar territórios inteiros de material escrito que haviam sido abandonados ao especialista: isto é, ao historiador ou ao cientista natural, que com certeza viam Buffon ou Michelet segundo critérios bem diferentes.

Tendo deliberadamente simplificado o argumento de Gossman no interesse da clareza, posso apresentar sem qualquer alegação especial o tipo de objeção que teria sido feita a ele pelo segundo crítico, o falecido Arnaldo Momigliano. Deve-se ter em mente que Momigliano era, ele próprio, um *historiador* muito ilustre da historiografia. Não servia para ele o luxo de todas as "caras pequenas dissertações"[2] de Gibbon, que se preocupavam com o estilo literário do historiador; ele assume como um axioma que a única maneira válida de estimar o valor de um historiador é pela familiaridade com as fontes que tal historiador utilizou e pela habilidade para julgar a solidez de seu método histórico. Qualquer outra estimativa ou descrição da historiografia está fadada a ser perigosamente distorcida, pelo menos porque desfigura completamente a própria concepção do historiador sobre a tarefa na qual está engajado.

Seria possível suspender a discussão neste ponto e declarar uma trégua constrangida. Por um lado, ninguém pode negar que a historiografia é uma forma de escrever e que os críticos literários estão perfeitamente autorizados a lidar com ela à sua própria maneira, se quiserem. Nem mesmo o historiador mais chauvinista poderia alegar que seus colegas venham sendo particularmente assíduos em cultivar os ilustres antepassados da profissão. Por outro lado, ninguém pode negar que existe algo de característico na historiografia. Se um crítico afirmasse que nós devemos julgar George Eliot, acima de tudo, pelo escrupuloso cuidado com o qual ela selecionava seus materiais, e pela integridade profissional com a qual avaliava e transmitia a "verdade" deles, diríamos que um tal ponto de vista era bizarro e, em todo caso, inverificável. Mas sem dúvida faz sentido para Momigliano reclamar atenção para o processo de documentação do historiador e para sua ação de distinguir entre o "verdadeiro" e o "falso". Nós poderíamos ver a esmerada "pesquisa" de George Eliot sobre o Renascimento italiano durante a feitura de *Romola* como, no todo, uma aberração, já que as falhas do livro quanto a enredo e caracterização são evidentes demais e de modo algum vêm contrabalançadas pelo conhecimento do detalhe histórico. Mas certamente não poderíamos tomar como irrelevante o fato de que Gibbon ou Macaulay tenham usado esta fonte em lugar de outra; nem poderíamos dispensar as pretensões de pura exatidão de modo tão descuidado.

Mas, se uma trégua fosse aceitável, haveria pouco sentido em continuar com este artigo. Minha própria alegação é a de que a análise estruturalista, ou, mais genericamente, a retórica da historiografia, não é meramente uma ocupação com a qual os críticos possam se comprazer enquanto os historiadores sérios estão de costas, já que ela é um método que nos leva a fazer perguntas fundamentais sobre o *status* da investigação histórica e a entender que a relação do texto histórico com a realidade é, em si mesma, um problema *histórico* do maior interesse. Talvez seja aí que o imenso aprendizado e a consumada integridade profissional de um Momigliano revelem suas limitações. Porque o historiador de hoje está propenso a vasculhar o passado em busca da prova daquele mesmo método de crítica documental que ele recebeu de Ranke e da escola alemã. Ele sabe que o método não pode efetivamente ser encontrado antes de 1800 e ainda assim dispõe-se de bom grado a descobrir meras indicações de que o espírito crítico do período moderno não era estranho a épocas anteriores. É desta forma que Paul Veyne argumenta (como vimos no ensaio precedente) quando registra o diagnóstico de Momigliano sobre "um novo valor atribuído a documentos" na *Ecclesiastical History*, de Eusébio. Para Veyne, que é ele próprio um ilustre historiador clássico, os trabalhos de Eusébio deixam "uma impressão bem diferente". Longe de ser o pioneiro das técnicas de crítica documental, Eusébio está continuando a prática, que já havia sido utilizada por Porfírio, de compilar extratos dos historiadores precedentes. Este uso está longe de indicar que ele atribui "um novo valor" aos documentos, já que na verdade ele não faz mais do que juntar inúmeros "fragmentos preciosos" e se poupar do trabalho de reescrever esta parte da história.[3]

Este exemplo é revelador, visto demonstrar que a "boa-fé" do historiador pode, em si mesma, levá-lo a ser anti-histórico. A análise crítica da primeira historiografia é, por motivos óbvios, o ponto cego do historiador, uma vez que ele não aceitará prontamente a proposição de que o escrito histórico tenha sido tudo para todos os homens e de que este estilo multiforme é, em si mesmo, um aspecto da história cultural. Já que nós começamos por contrastar a posição de Momigliano com a de Gossman, vale a pena retornar às implicações históricas que estão latentes na tese de Gossman, visto que elas não são, de modo algum, neglicenciáveis. Os estudos literários já foram dominados pela retórica, ele argumenta. Este deixou de ser o caso, mas agora nós estamos aparentemente voltando ao *status quo* anterior. "Sabemos agora que não existe nenhuma fronteira sólida separando o literário de outras formas de escrita." Não é relevante mencionar que o estágio no qual os estudos literários deixaram de ser "dominados pela retórica" foi também o estágio no qual a história adotou o programa de mostrar o passado "como realmente aconteceu" (o *wie es eigentlich gewesen* de Ranke)? Em outras palavras, a história adotou seu paradigma "científico" e aparelhou-se com as novas ferramentas da análise crítica no próprio estágio em que a retórica deixou de ter um domínio soberano sobre os vários modos de composição literária. Um sinal deste processo foi a tendência da própria literatura em adotar o paradigma histórico, como no "romance histórico" ou no romance "realista", ou "naturalista". Produtos indisfarçadamente literários faziam-se passar *como se* tivessem aquela transparência do real que o historiador havia afirmado programadamente.

Gossman está, portanto, falando sobre um desenvolvimento em três estágios. No primeiro, a retórica domina os estudos literários, com a história entre eles. No segundo, a retórica é renegada, e o texto é avaliado por sua capacidade de mostrar uma realidade além de si mesmo. No terceiro, volta a retórica. Estamos, então simplesmente de volta para onde começamos? Seria, com certeza, anti-histórico ao extremo supor que o período interveniente poderia ser riscado e a história voltasse à sua cômoda localização dentro da hierarquia dos gêneros. Em vez disso, devemos contar com um processo de três estágios que é, numa certa medida, dialético. Esta é, de qualquer modo, a implicação da "Introdução" de Michel Charles para uma edição especial de *Poétique* sobre "Le texte de l'histoire". Charles justifica o lançamento desta coletânea, com textos do historiador do século XVIII, Mably, e do crítico contemporâneo Roland Barthes, da seguinte maneira:

> Mably ainda está inscrito em um espaço onde o discurso histórico tem uma dimensão fundamentalmente literária; com Barthes, a nova tarefa é questioná-lo, se não como literário, pelo menos como discurso. Obviamente, entre os dois, as pessoas esqueceram que cada discurso científico poderia *também* ser apreendido como uma ação linguística (é claro que, por outro lado, deve-se estabelecer que Mably parece não ter noção de que a ambição do discurso histórico não seja simplesmente elevar a alma e alegrar o coração). Que as pessoas estejam redescobrindo, e venham fazendo isso há alguns anos, a instância do retórico no discurso científico é, sem dúvida, um fator de grande importância capaz de reorganizar completamente o campo "literário" e a função analítica que carrega o mesmo nome.[4]

Os dois textos de abertura de Charles corroboram sua posição nesta discussão. Aqui está o abade de Mably escrevendo em 1783 sobre "O historiador, o romancista, o poeta". Embora esteja bem consciente de que a história é diferente do romance, ele vê todas as vantagens em combinar as qualidades dos dois gêneros. "Tome o cuidado", recomenda, "de trazer o romance para dentro da história." Evidentemente, para Mably, é a "obra de arte", com seus efeitos prazerosos e moralmente elevados sobre o leitor, o primeiro critério pelo qual uma história deve ser julgada. Consequentemente, ele castiga "os historiadores desajeitados que simplesmente colocam no pé da página, à guisa de notas, o que eles não são artisticamente capazes de incorporar à sua narrativa"[5]. O princípio de que as narrativas deveriam ser uma trama inconsútil tem muito mais valor que, a conveniência, para referência e para comentário, de um segundo nível de discurso no texto. Mas Mably parece bastante insconsciente de que esse segundo nível, no qual o historiador pode especificar e organizar suas fontes, já está se tornando um acessório científico indispensável para a narrativa. Na *Vindication* de Edward Gibbon, publicada em 1776 para responder às críticas hostis a *Decline and Fall of the Roman Empire*, a nova divergência já é aparente. Gibbon comenta especificamente sobre as desvantagens do "método de citação impreciso e geral", e alega ter "cuidadosamente destacado os *livros*, os *capítulos*, as *seções*, as *páginas* dos autores a quem eu me referi, com um grau de exatidão e atenção que poderia reclamar alguma gratidão, já que ela raramente tem sido praticada com tanta regularidade por quaisquer escritores históricos".[6]

Esta antítese é certamente clara. Mably vê a realização "artística" de uma narrativa inconsútil como a meta primeira do historiador. Gibbon já está consciente de que o historiador tem uma responsabilidade cognitiva; de que seu texto deve apresentar seus *titres de noblesse* especificando plenamente as fontes sobre as quais se apoia; de que o leitor não deve meramente procurar o texto por prazer e aproveitamento, mas, sim, deveria receber os instrumentos para reconstruir e criticar os processos de inferência e discussão que o historiador utilizou. Meio século após a *Vindication* de Gibbon, este princípio é incorporado por uma nova geração de historiadores, que aprimoraram os escrúpulos de Gibbon fazendo uma nítida distinção entre fontes primárias e secundárias. Tanto Leopold von Ranke, no famoso Prefácio à sua *History of the Latin and Teutonic Nations*, de 1824, como Augustin Thierry, no Prefácio à sua *History of the Norman Conquest*, de 1825, anunciam com orgulho que seus trabalhos são baseados em documentos originais. É de esperar que este retorno às fontes primárias seja marcado por uma abundância de anotações informativas e demonstrativas. Longe de ver o uso da anotação como um defeito artístico, um historiador como Thierry na verdade explora este segundo nível, a fim de enfatizar a consistente mensagem de sua histórica, que é a de que a narrativa estimula a realidade histórica apenas na medida em que ela absorve e até, num certo sentido, exaure a fonte material disponível. Como Thierry escreve em seu Prefácio: "Não consultei nada além de textos e documentos originais, seja para detalhes das várias circunstâncias narradas, seja para caracteres das pessoas e populações que figuram nelas. Estendi-me tão largamente sobre estes textos que, lisonjeando-me, digo que pouco restou neles para outros escritores".[7]

Estas ilustrações permitem-nos definir mais exatamente o processo em três estágios, ou dialético, que tanto Lionel Gossman como Michel Charles assumiram. Analisar o texto histórico do século XVIII como Mably o teria analisado é uma atribuição retórica tradicional. A história tem seu próprio território e sua própria bateria de efeitos, mas não é vista como diferente, qualitativa ou cognitivamente, de outros tipos de texto. Olhar para uma história de Ranke ou Thierry nos termos que eles próprios dispuseram em seus prefácios é uma questão bem diferente. O texto histórico apresenta-se como uma síntese: isso quer dizer que ele é composto das fontes originais especificadas nas notas e referências, e nesta medida sua particularidade está aberta ao exame minucioso e ao desafio. Mas ele também se apresenta como uma réplica do real. Ranke escreve que, em vez de "julgar o passado, de instruir o presente em benefício das gerações que virão", ele aspira "mostrar apenas o que realmente aconteceu".[8] Thierry também destaca a questão de que esta meta primária deve convencer sua audiência não por meio da argumentação, mas pela realização de uma "narração completa":

> As pessoas disseram que a meta do historiador era recontar e não provar; eu não sei, mas estou certo de que em história, o melhor tipo de prova, o mais capaz de impressionar e convencer todas as mentes, que permite a menor desconfiança e deixa as menores dúvidas, é a narração completa.[9]

A observação de Thierry implica, não menos que a de Ranke, uma ambivalência crucial nos objetivos da nova história. Do ponto de vista científico e cognitivo, estes textos devem se estabelecer como retirados de outro lugar – do abundante repertório de fontes originais que tais historiadores estavam efetivamente abrindo. Do ponto de vista literário e retórico, entretanto, as histórias de Ranke e Thierry devem aparentar transparência. O teste pelo qual a "narração completa" é reconhecida como uma réplica do real não é um teste retórico. "Desconfiança" e "dúvida" foram afastadas por uma espécie de prestidigitação, que é a de fazer do próprio protocolo da narrativa uma prova autovalidativa dos eventos descritos. Como Barthes coloca no parágrafo final de seu artigo sobre "O discurso da história", com referência a Thierry:

> A recusa da história em assumir o real como significado (ou, mais uma vez, em destacar o referente de sua mera asserção) conduziu-a, como entendemos, ao ponto privilegiado de tentar se constituir em gênero no século XIX, de ver na "pura e simples" relação dos fatos a melhor prova desses fatos e de instituir a narrativa como o privilegiado significado do real ... A estrutura narrativa, que foi originalmente desenvolvida dentro do caldeirão da ficção (nos mitos e nos primeiros épicos), torna-se ao mesmo tempo o indício e a prova da realidade.[10]

Por conseguinte, o artigo de Barthes define com exatidão o terceiro estágio – que também é a posição adotada em seu artigo. A análise "estruturalista" da historiografia não é simplesmente o "retorno da retórica" e da análise retórica. É o retorno da retórica sob uma nova roupagem, dadas a maior precisão e a aplicabilidade mais abrangente pelo moderno desenvolvimento da linguística e da semiologia. Mas é mais do que isso. Na medida em que ela expõe as estratégias linguísticas de uma historiografia que se definiu por sua relação privilegiada com o real, esta análise torna--se inevitavelmente uma desmistificação da forma "mítica" da historiografia. Torna-se também, por consequência, uma crítica da historiografia que tem buscado manter, até os dias de hoje, o privilegiado *status* assumido pela nova história do século XIX. Seu papel é sugerir (como que revertendo o antigo conto das "Roupas novas do Imperador") que Clio é de fato uma musa vestida com drapeados e não uma representação da Verdade Nua. Mas uma tal crítica não é, claro, puramente destrutiva. Como destacou Hayden White e como tem demonstrado em seu trabalho pioneiro de análise historiográfica, *Metahistory*, a história tem pouco a perder e tudo a ganhar, em ser arrastada "mais uma vez de volta a uma ligação íntima com suas bases literárias".[11] Analisar os textos de Ranke e Michelet, de Tocqueville e Burckhardt não deve expor um ardil, mas sim descobrir os poderosos talentos poéticos que estão subjacentes à realização histórica e que a garantem.

Existe ainda um outro ponto importante trazido por Barthes em seu parágrafo final, que ajuda a vincular a análise estruturalista ou retórica da historiografia ao complexo desenvolvimento do método histórico atual. Para Barthes, a historiografia não é para ser pensada como se estivesse apegando-se nostalgicamente a um paradigma do século XIX. Novos métodos de pesquisa histórica e novas técnicas de apresentação já derrubaram a "narrativa" de sua preeminência e produziram uma forma de historiografia que atinge seus efeitos por meios mais explícitos. Como coloca Barthes: "A narrativa histórica está morrendo porque o signo da história de agora em diante não é mais o real, mas sim o inteligível" (op. cit., p. 18). Devemos ter em mente que o artigo de Barthes foi publicado apenas dois anos depois de Fernand Braudel compor a "Conclusão" de seu grandioso trabalho sobre o mundo mediterrâneo. Ninguém que tivesse lido o *Mediterranean* de Braudel e estudado a complexa estrutura dos níveis temporais que a "Conclusão" torna explícita poderia duvidar que este era o resultado de uma estratégia deliberada de preferir o princípio da "inteligibilidade" ao da "realidade". Braudel prescinde das formas convencionais de narrativa a fim de destacar mais claramente as diferentes marchas da mudança por todo o mundo mediterrâneo; a vida de Felipe II da Espanha, em torno da qual um historiador mais tradicional poderia ter construído sua animada narrativa, é vista como não tendo significância maior do que a da vida imutável do navegador mediterrâneo – o pescador grego no café, que relembra a legendária odisseia.[12]

Nossa resposta ao problema original das fronteiras, com que este ensaio começou, está portanto amplamente estabelecida. Se a análise da historiografia é ou não feita por um historiador ou especialista literário é uma questão institucional, com pouco significado definitivo. O importante é o fato de que a própria historiografia, como tipificada por Braudel e pela escola *Annales*, seja apreendida no mesmo processo de análise e revisão. Os historiadores estão conscientes de que não existe um único e privilegiado processo para exprimir a realidade do passado. De fato, Barthes parece inferir que esta mesma preocupação com a "realidade" é uma coisa do passado, como se os historiadores tivessem uniformemente adotado o compromisso metodológico da *Archaeology of Knowledge*, de Michel Foucault. Eu mesmo não estou tão certo disso quanto Barthes parecia estar em 1967. Na verdade, suspeito que o próprio Barthes poderia ter modificado sua visão, se tivesse tido a oportunidade de reescrever seu ensaio dez ou quinze anos mais tarde. Mas esta é uma questão que não precisa nos deter no momento, e pode ser deixada para as passagens finais deste ensaio.

Tendo indicado o contexto histórico e prático no qual a análise da historiografia tem lugar, devo obviamente agora proceder a uma análise específica. Isto não é tão fácil quanto a princípio poderia parecer. É um fato revelador que o número de *Poétique* ("Le texte de l'histoire"), ao qual já foi feita referência, resulte como nitidamente pobre em análise precisa. Além das prescrições gerais de Mably e Barthes, existem ainda quatro artigos. Dois deles, entretanto, tratam de aspectos históricos dos textos de Sade e Valéry; um é uma discussão curta e pouco estimulante do contexto intelectual da *História* de Tucídides e apenas o quarto artigo, uma análise de Tocqueville pela acadêmica americana Linda Orr, chega mais próximo de ser um exercício do tipo que Barthes prescreve. Aqui há um problema elementar de definir a unidade de análise. Porque historiadores não se especializam, como os poetas ou escritores de contos, em textos autônomos de tamanho moderado. Na verdade, o próprio caráter "autônomo" do texto literário é desprezado, por razões significativas, pelo tipo especial de escritor que é o historiador. Como o historiador francês observou com referência aos romances históricos de sir Walter Scott: "A beleza da história é ser o elo de ligação em uma corrente ininterrupta. A composição literária encerra suas conclusões em si mesma".[13] Pouco lucro se teria a obter em estudar, como fez Frank Kermode para o romance, o *"Sense of an Ending"* numa escala de histórias características. Porque o historiador, ainda que esteja pronto a definir seu sujeito de acordo com as fronteiras temporais preexistentes de um século, de um reino ou de uma vida individual, deve, na verdade, lembrar que a "cadeia" é "ininterrupta", e qualquer "final" só pode fazer sentido em sua relação com o processo contínuo da mudança histórica.

A *Meta-história* de Hayden White aborda este problema de um modo altamente original. Desejando preocupar-se não simplesmente com um historiador, mas com toda a tela do século XIX, ele traz a noção de Northrop Frye sobre *"emplotment"** para explicar não o caráter "autônomo" do trabalho histórico, mas sua relação com um número limitado de "enredos" arquetípicos, tais como a tragédia e a comédia. Se Ranke insere suas histórias no modo "cômico", não é que ele termine cada uma delas com uma resolução "cômica", mas sim porque sua visão histórica de mundo é moldada por sua participação na ascensão do Estado prussiano, e ele pode esperar uma resolução oportuna do processo histórico na soberana missão da nação alemã (em oposição a Michelet, para quem o evento clímax dos tempos modernos, a Revolução Francesa, assenta-se inelutavelmente no passado e pode apenas ser evocado, ou, do ponto de vista literário, repetido). Se este conceito de enredo permite que White trace comparações muito sugestivas entre as atitudes de historiadores, em estrito senso, e entre as de filósofos da história como Hegel, Marx e Croce, ele deve ser combinado a um instrumento de análise mais preciso para demonstrar o minucioso padrão retórico dos vários textos. Aqui White duplica seus modos de enredo com

---

* O termo não tem tradução. *Plot* significa "enredo", "trama". A aplicação do prefixo e do sufixo poderia resultar, em português, na expressão "enredamento" que, entretanto, tem para nós significado ligeiramente diferente. (N. T.)

AS INVENÇÕES DA HISTÓRIA   63

os quatro efeitos retóricos, ou *tropos*, da metáfora, metonímia, siné-doque e ironia. O enredo global é visto como coerente com a decisão de empregar estas figuras particulares, com a predominância de uma ou outra, na construção da história em um nível textual, específico.

Entretanto, a *Meta-história* de White não é um modelo muito útil para o tipo de análise que pode ser posto em prática aqui. Sua irrefutabilidade depende precisamente da escala e variedade dos materiais que cobre e da visão incomparavelmente abrangente que oferece a respeito da imaginação histórica do século XIX.[14] Um precedente mais relevante é o artigo intitulado "Historicism, History and the Imagination", que White publicou em 1975. No cerne de seu estudo encontra-se uma análise altamente cuidadosa sobre uma passagem curta de história narrativa escrita por A. J. P. Taylor. White responde à possível objeção de que este seja um trecho sem qualquer significação especial, que Taylor escreveu "muito fluente e naturalmente", com uma expressa declaração de método que vale a pena citar *in extenso*:

> A questão é: mesmo o mais simples discurso em prosa, e até aquele no qual o objeto de representação não pretende ser nada além do fato, o próprio uso da linguagem projeta um nível de significado secundário sob o fenômeno, ou por trás dele, que está sendo "descrito". Este significado secundário existe à parte tanto dos próprios "fatos" quanto de qualquer argumento explícito que poderia ser oferecido no extradescritivo, mais puramente analítico ou interpretativo nível do texto ...
>
> Visto assim, o discurso histórico pode ser repartido em dois níveis de significado. Os fatos e sua explicação ou interpretação formal aparecem como a "superfície" manifesta ou literal do discurso, enquanto a linguagem figurativa usada para caracterizar os fatos aponta para um significado estrutural profundo ...
>
> Esta concepção do discurso histórico permite-nos considerar a *história* (no sentido de narrativa) específica como uma *imagem* dos eventos *sobre os quais* a história é contada, enquanto o tipo de narrativa genérico é considerado uma *imagem* sobre a qual os eventos devem ser encadeados a fim de permitir sua concatenação como elementos de uma estrutura reconhecível.[15]

Na análise que segue, pretendo usar o método de trabalho de Hayden White (como foi resumido na passagem anterior) em conjunção com algumas das importantes distinções que Barthes emprega em seu "Discurso da História". Devo argumentar que as duas abordagens são coerentes, embora elas derivem, em última análise, de duas concepções bem diferentes do método "estruturalista" ou semiológico. Em vez de concentrar-me sobre um trecho, como no artigo de White, ou vagar amplamente entre exemplos historiográficos, como faz Barthes, irei usar três passagens curtas de livros de história do século XX que lidam com o mesmo "evento".

I

Terça-feira, 26 de março. Devemos estimar que o inimigo tem *25 divisões ainda na reserva.* Compareci a uma conferência em Doullens às 11 da manhã com Plumer (Segundo Exército), Horne (Primeiro), Byng (Terceiro). Expliquei que meu objetivo é ganhar tempo para habilitar os franceses a virem nos apoiar. Para este fim nós devemos garantir nossas posições, especialmente à direita de nosso Terceiro Exército (perto de Bray), em Somme, onde *não devemos ceder nenhum terreno.* A cobertura de Amiens é de primordial importância para o sucesso de nossa causa; por outro lado, não devo estender nossa linha sobre o inimigo pressionando nosso centro, fazendo-o inchar e assim ampliando nosso *front* de modo a arriscar seu rompimento.

Por volta do meio-dia, tive uma reunião (também em Doullens) com Poincaré (presidente da França), Clemenceau (*Premier*), Foch, Pétain e lorde Milner, general H. Wilson, meu comandante-chefe (Lawrence) e eu. Nós discutimos a situação e ficou decidido que amiens deve ser protegida a todo custo. As tropas francesas, dizem-nos, estão sendo apressadas o mais possível. Eu ordenei a Gough para não ceder terreno à sua esquerda em Bray. Foi proposto por Clemenceau que Foch fosse indicado para coordenar as operações de uma força aliada para cobrir Amiens e garantir que os flancos francês e britânico permaneçam unidos, isto proposto para Pétain e para mim. Em minha opinião, era essencial para o sucesso que Foch controlasse Pétain; assim, recomendei imediatamente que Foch *coordenasse a ação de todos os exércitos aliados na frente ocidental.* Ambos os governos concordaram com isso. Foch escolheu Dury para seu quartel--general (três milhas ao sul de Amiens). Foch parecia seguro e cordato, mas

AS INVENÇÕES DA HISTÓRIA

Pétain estava com um aspecto terrível. Ele tinha a aparência de um comandante aterrorizado, que havia perdido o sangue-frio. Almocei numa cantina em Doullens e voltei de carro a Beaurepaire.

(Robert Blake (Ed.), *Private Papers of Douglas Haig 1914-1919*, Londres, 1952, p. 298)

II

Ao meio-dia Poincaré assumiu a cadeira. Presentes estavam Clemenceau, Loucheur (ministro de Armamentos francês), Foch, Pétain, Haig, Wilson, Milner, e os generais Laurence (comandante de Haig) e Montgomery (pelo general Rawlinson, representante militar inglês em Versailles).

Pétain encontra-se num estado de grande tensão emocional. Haig observa que ele "estava com um aspecto terrível. Tinha a aparência de um comandante aterrorizado, que havia perdido o sangue-frio". Certamente durante a reunião, as visões pessimistas de Pétain foram expressas com um espantoso fervor emocional.

Haig falou primeiro. Ao norte do Somme ele estava confiante em manter seu território. Ao sul, ele não podia fazer nada. Pétain falou em seguida, defendendo suas medidas desde 22 de março. "É evidente", acrescentou, "que todo o possível deve ser feito para proteger Amiens."

À menção de Amiens, o irrequieto Foch não conseguiu mais se conter. Ele explodiu, com frases cortantes, veementes: "Nós devemos lutar diante de Amiens, devemos lutar onde estamos agora. Já que não fomos capazes de deter os alemães no Somme, agora não devemos recuar uma só polegada!"

Este era o momento; Haig o assumiu. "Se o general Foch consentir em me dar seu conselho, eu o seguirei com prazer."

A reunião geral transformou-se temporariamente em discussões particulares entre grupos, após o quê Clemenceau leu em voz alta a minuta do acordo, encarregando Foch "da coordenação da ação dos exércitos francês e britânico no *front* de Amiens".

Isso não era o que Haig queria. "Esta proposta me pareceu bastante inócua", escreveu em seu diário, "já que Foch estaria em uma posição subordinada a Pétain e a mim mesmo. Em minha opinião, era essencial para o sucesso que Foch controlasse Pétain."

Ele propôs então que a autoridade de coordenação de Foch se estendesse a todo o *front* ocidental e a todas as nacionalidades. Isso ficou acertado. Finalmente, após três anos e meio de guerra, os aliados tinham um comandante supremo, pelo menos em embrião. Esta foi a grande conquista da conferência de Doullens. Entretanto, a conferência não nos levou aos resultados mais urgentemente esperados por Haig. Porque Foch, a despeito de sua ostentosa energia e disposição para a luta, não iria concentrar vinte divisões em torno de Amiens o quanto antes (apenas oito no início de abril), não iria – e não poderia – acelerar significativamente o movimento das reservas francesas já ordenado por Pétain. Qualquer que fosse a importância moral do novo comando supremo, nos fatos concretos das divisões e disposições ele fazia pouca diferença para a batalha.

(Correlli Barnett, *The Swordbearers*: Studies in Supreme Command in the First World War, Londres, 1966, p. 358-9)

III

Em 26 de março, enquanto o Quinto Exército Britânico ainda estava recuando, os líderes franceses e ingleses encontraram-se em Doullens. No momento em que Pétain chegou à sala, ele apontou para Haig e sussurrou a Clemenceau: "Há um general que terá de se render em campo aberto, e eu depois dele". Alguns minutos mais tarde, Foch jactou-se, cheio de confiança. Ele disse: "Por que vocês não estão lutando? Eu lutaria sem descanso. Lutaria diante de Amiens ... lutaria o tempo todo". Milner tirou Clemenceau da sala e disse: "Os generais ingleses aceitam o comando do General Foch". Haig concordou avidamente. A decisão foi tomada sem consultar o Conselho de Guerra. A Foch foi confiada "a coordenação dos exércitos aliados". Seus poderes cresceram rapidamente. A 3 de abril foi dada a ele "a direção estratégica das operações militares". Dessa vez, também os americanos aceitaram a autoridade de Foch. Em 14 de abril ele recebeu o título de "comandante-chefe dos exércitos aliados na França". Teoricamente, ele estava acima de todas as autoridades aliadas. Na prática, Clemenceau tentava dominá-lo e algumas vezes foi bem-sucedido. Além de tudo, Foch podia apenas persuadir, não podia compelir. Ele era, em suas próprias palavras "maestro de uma ópera que marca bem o compasso". Na verdade, ele era um pouco mais do que isso: um maestro que tem seu próprio instrumento. Embora não pudesse comandar os exércitos em luta, ele controlava suas reservas e podia decidir quando elas seriam usadas. Anteriormente, cada comandante aliado havia lançado mão de suas reservas de pronto, quando ameaçados por um ataque alemão. Agora, Foch segurava as reservas, a despeito dos gritos desesperados de socorro que vieram primeiro de Haig e depois de Pétain. Quando ele as usava era para um contra-ataque, não simplesmente para tapar buraco. O controle das reservas de Foch vai além para explicar o aparente paradoxo na campanha de 1918. Os alemães fizeram avanços maiores do que nunca e tiveram muito mais ganhos em termos de território; ainda assim, foram abatidos. Permitindo que os alemães avançassem, Foch realmente restaurou a guerra de movimento, que era o único modo pelo qual a guerra poderia ser ganha.

(A. J. P. Taylor, *The First World War*: An Illustrated History, Harmondsworth, 1966, p. 218-20.)

Do ponto de vista puramente convencional, podemos começar a discriminar estes trechos históricos. O primeiro dos diários de guerra de Haig poderia ser denominado uma fonte original, ou primária. O segundo e o terceiro seriam fontes secundárias, baseadas em relatos documentais como os diários de Haig. Obviamente, o modo pelo qual a historiografia de um determinado sujeito evolui se dá segundo a modificação sucessiva não apenas dos significados que podem ser extraídos das fontes primárias, mas também das interpretações que historiadores intermediários possam ter-lhes dado. Mas, neste conjunto de exemplos em particular, podemos desconsiderar a possibilidade de influência recíproca entre Barnett e Taylor, já que ambos os trabalhos foram publicados originalmente no mesmo ano (1963). Ambos, portanto, situam-se aproximadamente na mesma relação para com o texto de Haig, ambos tiveram à sua disposição aproximadamente o mesmo conjunto de materiais primários e secundários sobre a história da Primeira Guerra Mundial. Grande parte dos dados nestes trechos é, por exemplo, tirada da História Britânica Oficial. Ao mesmo tempo, há uma nítida diferença entre as duas fontes secundárias, que poderia ser chamada de *genérica*. O trabalho de Correlli Barnett encaixa-se no gênero de "história militar": seu título e, ainda mais precisamente, seu subtítulo, *Studies in Supreme Command in the First Word War*, preparam-nos para um exercício que é deliberadamente limitado em alcance. Em contrapartida, Taylor está tentando fazer uma história geral da Guerra, que é definida especificamente como uma "história ilustrada". No Prefácio a seu trabalho, ele descreve sua meta sucintamente: "Na Primeira Guerra Mundial, a máquina fotográfica podia registrar a vida de todos os homens. Ela mostra os estadistas e os generais em paradas ou fora delas. Mostra os instrumentos da destruição. As fotografias nos levam às trincheiras e às fábricas de munição" (p. 11). Parece relevante destacar que o trecho citado sobre a conferência de Doullens é interrompido, no texto de Taylor, pela inserção de uma impressionante fotografia de uma operação de guerra de trincheira. A legenda diz: "A ofensiva que perdeu a guerra para a Alemanha".

Numerosas diferenças básicas entre Barnett e Taylor começaram a vir à tona. Seria inexato dizer que *The Swordbearers* foi traçado para um público "sério" e que o trabalho de Taylor preocupa-se em apresentar a guerra essencialmente como uma "Guerra do Povo" – e sua dedicatória do livro para Joan Littlewood, produtora do bem- -sucedido musical *Oh! What a Lovely War*, está bem de acordo com isso. A "todos" será dado um papel central e aos protagonistas necessariamente anônimos das fotografias de campanha será assegurada uma distinção que os "estadistas e generais" não podem usurpar. A capa do livro de Taylor é avivada por uma fotografia, muito reproduzida e profundamente chocante, de um soldado morto, jazendo na lama das trincheiras, com um esqueleto de mão inclinado para trás como para aparar uma rajada contra o crânio. Barnett, cujo texto contém relativamente pouca ilustração fotográfica, usa um desenho de capa para a edição da Penguin no qual um punho fechado numa luva de couro aperta três soldados de brinquedo devidamente armados junto a um peito uniformizado que mal é possível distinguir. A "mensagem" está ali, mesmo antes de abrirmos os dois livros. Taylor sinaliza para a "realidade" silenciosa da fotografia, que tem sua própria mensagem autoevidente e não precisa ser mediada pelo historiador. Barnett usa uma montagem fotográfica especialmente composta, profissionalmente "planejada", que evidencia, de um modo visualmente atraente e irônico, o fato de que o soldado comum é um mero joguete: estes são "Estudos do Comando Supremo".

AS INVENÇÕES DA HISTÓRIA

Até agora estivemos descrevendo as características de duas histórias das quais nossos segundo e terceiro trechos são extraídos. Poderiam ser feitas objeções à análise em vários pontos. Por que nós deveríamos supor que estes dois livros são "da mesma espécie", e que o tipo de desenho ou ilustração de capa escolhido tenha algo a ver com o caráter "genérico" da história? Não seria uma série de distinções binárias, como as que traçamos entre Taylor e Barnett, passível de estabelecer uma divisão enganosa das categorias? Não poderíamos ter demonstrado igualmente as similitudes entre as abordagens dos dois historiadores? A resposta para estas perguntas só pode depender da irrefutabilidade da análise que tiver sido apresentada e que venha a ser continuada. Certamente as observações precedentes seriam condenadas se fossem interrompidas neste ponto, por não nos terem dito nada de essencial sobre os dois textos, ao mesmo tempo em que chamam a atenção para questões relativamente superficiais de apresentação. A passagem previamente citada de Hayden White faz uma asserção muito mais substancial para a análise historiográfica, a saber: que "os fatos e sua explicação ou interpretação formal aparecem como a 'superfície' manifesta ou literal do discurso, enquanto a linguagem figurativa usada para caracterizar os fatos aponta para um significado estrutural profundo". É esta presunção, que postula um "tipo de narrativa genérico" como um "modelo conceitual" para a história, que nós devemos agora tentar testar numa análise mais pormenorizada dos respectivos textos.

Antes de mais nada, precisa ser reconhecido que existe uma impressionante diferença no que poderia ser descrita como uma "encenação" da conferência de Doullens por Barnett e Taylor. Os "fatos" – para os quais o diário de Haig nos serve como um exemplo – não são apenas "explicados" e "interpretados". Eles são apresentados de maneira vívida e eficaz, com o uso de aspas para indicar o discurso direto. E, ainda assim, não é fácil fixar em nossas mentes, enquanto lemos as duas descrições, que estamos, na verdade, acompanhando dois relatos do mesmo evento. Barnett, que está particularmente interessado no exercício de Haig sobre o

1. Primeira capa, A. J. P. Taylor, *The First World War*: An Illustrated History (1963), Penguin Books, 1966.

2. Primeira capa, Correlli Barnett, *The Swordbearers*: Studies Command in the First World War (1963), Penguin Books, 1966.

"comando supremo", concede uma posição privilegiada tanto a Haig enquanto um protagonista da narrativa (ou *diegesis*), como ao diário de Haig enquanto uma fonte. Ele começa, como fez Haig, listando os participantes da conferência, embora complete o relato deste com a menção de personagens adicionais – como o ministro francês de Armamentos, Loucheur (ele mesmo uma fonte importantíssima para o que ocorreu nesta ocasião). Ele dá importância, no relato, aos impressionantes comentários de Haig sobre Pétain, usando aspas e a frase neutra "Haig observa", para dar à observação um sentido de proximidade e precisão documental que dificilmente ela tem no registro original do diário de Haig. No diário, o comentário de Haig vem no final do parágrafo, e seu efeito é um tanto silenciado pelo fato de que o "aspecto terrível" de Pétain está em contraste com um Foch "seguro e cordato".

Barnett trabalhou, assim, para manter Haig no proscênio. Pétain e Foch também estão envolvidos no resultado do debate. Mas, a narrativa é unificada por um estratagema comparável à anáfora retórica: "Haig falou primeiro ... Este era o momento; Haig o assumiu ... Isso não era o que Haig queria ... Ele propôs então ...". À medida que o debate vai e volta, nosso ponto de referência é a reiterada aparição de Haig como sujeito, agindo e refletindo. Em contraste, Taylor faz a condução do debate parecer bem diferente. Haig é apresentado inicialmente como *objeto*, não como sujeito – como o objeto das confidências de Pétain sussurradas a Clemenceau. Em vez de explodir "com frases cortantes, veementes", Foch é descrito como tendo se jactado, "cheio de confiança" (um curioso e sem dúvida não intencional efeito desta frase, não contraditada pela apresentação pouco específica de Taylor para esta reunião, é que Foch realmente parece ter adentrado a sala com este discurso vigoroso, mais do que simplesmente participado do debate!). É claro que o conteúdo da fala de Foch, nos dois casos, é coerente com as diferentes qualificações adjetivas dadas pelos dois historiadores. O que é convencionalmente apresentado como a *ipsissima verba* do ator histórico é, evidentemente, sempre uma reconstrução. O discurso indireto da fonte original deve ser convertido em

AS INVENÇÕES DA HISTÓRIA

discurso direto, na maior parte dos casos, e a tradução do conteúdo de uma linguagem para outra destina-se (como neste caso) a criar um espectro de possibilidades alternativas que o historiador pode utilizar para seus objetivos "estruturais profundos". Barnett apresenta a intervenção de Foch como uma oportunidade para que Haig interfira ("Este era o momento") e decida o debate; o fato de que Foch tenha usado o plural "Nós devemos lutar" é um útil dispositivo de ligação, já que, assim, Haig é mostrado como que endossando um objetivo comum. Taylor tem o confiante Foch usando o pronome singular, "Eu", e desloca a "ávida concordância" de Haig para uma questão após a dispersão temporária da reunião em grupos de discussão. O sentido comunicado não é o que o engenhoso e perspicaz Haig compreendeu exatamente no momento em que se arriscou a subordinar sua autoridade individual a uma autoridade global, mas sim o sentido de que uma situação difícil e confusa foi resolvida por uma solução provisória que Haig e seus colegas agarraram com alívio (mas apressadamente demais, já que o Conselho de Guerra não fora consultado).

Eu não negaria em momento algum que as questões aqui levantadas constituem tema para um legítimo debate histórico. Está aberto para um historiador argumentar que Barnett entende errado e Taylor entende certo, ou vice-versa. Tal discussão pode muito razoavelmente acender questões como a do peso de uma fonte contra outra, como Loucheur contra Haig, ou a da interpretação geral que um evento ou uma série de eventos determinados recebem. Mas onde um debate deste tipo tem suas limitações é, certamente, onde ele assume a possibilidade de um único relato ideal, em que todas as áreas de divergência seriam eliminadas. Para um historiador, é bastante apropriado manter esta atitude como uma espécie de hipótese de trabalho, ou como postura epistemológica – ninguém pode ser criticado por tentar descobrir uma verdade unitária. Mas é certamente uma tolice presumir que um tal padrão possa ser usado para avaliar e compreender as histórias mesmas que temos em nosso poder. Neste mundo, que é tão menos que o melhor dos mundos possíveis, nós temos textos como os de Barnett e Taylor (e confessamente muitos, muitos mais, que seriam menos impactantes em seu contraste). Quando os examinamos pormenorizadamente, não parece, de fato, que tenham o que White chama (por deferência à linguística moderna) uma coerência "estrutural profunda". O "tipo de narrativa genérico" não necessariamente entra em conflito com o nível "puramente analítico ou interpretativo" do texto. Mas, do mesmo modo, é virtualmente impossível desembaraçar um do outro sem reduzir o texto histórico a uma espécie de álgebra exangue.

Como observei antes, não é fácil testar todas as implicações da noção de White sobre o "tipo de narrativa genérico" sem referência a uma narrativa histórica completa. Não obstante, estes dois trechos de Barnett e Taylor – cuja abertura é determinada pela menção à conferência de Doullens, mas cujo fecho só pode ser decidido arbitrariamente – contêm seus próprios tipos característicos de resolução. Em ambos os casos, o historiador está preocupado em mostrar, por um salto cronológico que o crítico literário chama de prolepse, o efeito a longo prazo da decisão tomada em Doullens. Barnett, na verdade, começa com uma analepse, ou seja, olhando para o passado ("Finalmente, após três anos e meio de guerra, os aliados tinham um comandante supremo"). Esta, sugere, foi a "grande conquista" da conferência de Doullens e com certeza é difícil ver como alguém que esteja escrevendo "Estudos sobre o Comando Supremo" possa tratar a indicação de um "comandante supremo" como algo que não uma conquista. Mas tendo feito esta asserção, Barnett introduz uma qualificação que chega perto de contradizer sua alegação. As qualidades pessoais que fizeram de Foch um comandante tão mais convincente do que Pétain ("sua ostentosa energia e disposição para a luta") de fato não o capacitavam a alterar o curso da guerra; ele "não iria – e não poderia" acelerar o movimento das reservas que o derrotista Pétain já havia colocado em andamento. Barnett nos faz lembrar a famosa análise de Tolstoi sobre as limitações na ação de Napoleão em *Guerra e Paz*; sem ir tão longe a ponto de inferir que o comandante militar fosse impotente para influenciar acontecimentos, ele sugere que

Foch não poderia, de modo algum, pelo menos nestas circunstâncias, alterar um curso de acontecimentos que já havia sido colocado além do controle de qualquer homem.

Este elemento individual, ou *sintagma*, dentro da cadeia geral da narrativa de Barnett tem assim seu próprio final. Mas é também, como poderíamos razoavelmente esperar, um final que inscreve em um microcosmo o fim do trabalho como um todo. Embora Haig seja o foco principal desta parte do estudo de Barnett e embora seu papel vigoroso na conferência de Doullens tenha sido cuidadosamente sublinhado, não devemos supor que Haig irá ter suas vontades asseguradas e suas intenções levadas adiante. Não que, neste ponto, nós estejamos nos referindo, estritamente falando, apenas ao Haig que "esperava urgentemente" por resultados positivos da conferência, de acordo com o texto de Barnett. O Haig que é o sujeito do registro no diário original não discorre sobre que resultados ele esperava que fluíssem da indicação de Foch como comandante supremo. É significativo que registros imediatamente subsequentes no diário não voltem à questão. O "Haig" de Barnett é parte de uma construção retórica consciente: aquela do "herói da narrativa" que garante a "grande conquista" mas acha que o destino está contra ele, pelo menos a curto prazo. Contra as "intenções humanas de Haig", devem ser marcadas as circunstâncias inelutáveis do moderno conflito armado, os "fatos concretos das divisões e disposições". Relacionando este exemplo individual à temática geral do estudo de Barnett, nós começamos a perceber a ironia que é inerente à escolha de seu título: eles até podem ser "*Swordbearers*" (espadachins), no sentido tradicional, cerimonial, mas estes desafortunados comandantes têm de lidar com um complexo armamento moderno que não pode ser acionado tão pronta e decisivamente quanto uma espada é desembainhada. No desenho da capa, talvez os soldados completamente equipados agarrados pela luva de couro não sejam as tropas que eles controlam, mas sim os próprios comandantes, presos pelo punho, como que pelas garras das circunstâncias.

Para Taylor, as implicações da conferência de Doullens são muito diferentes. E aqui, mais uma vez, embora exista uma divergência patente na interpretação crítica, há também uma nítida estruturação do *sintagma* de acordo com uma temática geral. Taylor está preocupado em enfatizar as conexões e os conflitos, entre comandantes em campo e os políticos na frente interna, e também quer sugerir que sua luta pelo poder sucedeu tranquilamente sem influenciar os calamitosos acontecimentos da guerra. (A contracapa de seu livro coloca a questão em poucas palavras: "Por quatro anos, enquanto estadistas e generais faziam asneiras, a maior parte dos exércitos da Europa debatia-se em um festival de lama e sangue".) Ele usa portanto a oportunidade da conferência de Doullens para destacar dois aspectos separados e, na verdade, muito inadequadamente relacionados, da estrutura de comando concernente ao fim da guerra. Em primeiro lugar, embora Foch estivesse "acima de todas as autoridades aliadas" em virtude de sua posição de comandante-chefe, Clemenceau tentou "dominá-lo e algumas vezes foi bem-sucedido". Se estas instâncias eram ou não importantes, Taylor não diz. Na falta de qualquer ilustração sobre isso, nós somos simplesmente deixados com o *significado* – "improdutiva rivalidade entre estadistas e generais". Em segundo lugar, entretanto, Taylor faz uma alegação positiva sobre os meios empregados por Foch para encerrar a guerra. Em termos que conflitam especificamente com os de Barnett, ele credita a Foch a habilidade de controlar suas reservas, um "maestro que tem seu próprio instrumento". Num certo sentido, a mensagem de Taylor é clara: Foch foi o responsável por proporcionar uma nova situação militar ainda que não tivesse tal intenção estratégica. Como diria Taylor, ele "realmente restaurou a guerra de movimento", quando resistiu aos "gritos desesperados" de Haig e Pétain e armou um contra-ataque. Mas Taylor é cuidadoso em não atribuir qualquer crédito excessivo a Foch pelo seu feito: o fato de que a "guerra de movimento" fosse "o único modo pelo qual a guerra poderia ser ganha" é explicado, argumentativamente, pela compreensão posterior do historiador e não creditado à percepção de Foch.

Até aqui, nós estivemos preocupados com o que Hayden White chama de "significados secundários" no texto histórico e com o modo pelo qual estes significados (projetados por todos os recursos literários e históricos do historiador) somam-se cumulativamente a um "tipo de narrativa genérico" ou "modelo conceitual". Para Barnett, essa dinâmica poderia ser expressa no tema: "impotência dos comandantes supremos nas condições do moderno conflito armado". Para Taylor, este seria a "improdutiva rivalidade entre estadistas e generais, enquanto os exércitos massacram-se uns aos outros". Ambos inferem o que White denominaria modos "irônicos" de *emplotment*: o texto é construído de um modo tal que nós somos continuamente alertados para a separação entre objetivo e execução, ação e reação. Neste ponto, poderíamos alegar que tanto Barnett como Taylor nos chamam de volta ao protótipo mesmo da história militar, a *Guerra do Peloponeso* de Tucídides, que (segundo a análise lúcida e convincente de Adam Parry) é similarmente estruturada de acordo com uma série de oposições entre temas recorrentes, resumidas na antítese entre *logos* e *ergon* (objetivo racional e ação efetiva).[16] Mas existe uma acentuada diferença entre os modos irônicos de Taylor e Barnett, perceptível mesmo nestes breves extratos. O de Taylor é a ironia mais pura, já que a nenhum dos protagonistas militares e políticos é dada dignidade suficiente para que os reconheçamos como desafortunadas vítimas da circunstância. Barnett, ao contrário, mantém um padrão de propósitos e até de heroísmo: a "importância moral" do comando supremo ainda merece ser destacada contra os "fatos concretos" das manobras divisionárias. Se Barnett houvesse tido um pouco mais de convicção, podemos percebê-lo, ele teria tentado um exuberante enredo *trágico*, com a dignidade moral de seus protagonistas elevando-se em pungente contraste com as leis de ferro do destino.

Deste nível de análise, podemos seguir diretamente para o tratamento mais cuidadoso e sistemático do "Discurso da História" de Barthes. Planejado como é para cobrir o campo geral da historiografia "clássica", de Heródoto a Michelet, esse artigo não se presta diretamente a nosso tratamento comparativo das três fontes do século XX. Mas existem paralelos úteis a serem feitos. Barthes baseia as duas primeiras seções de sua análise na distinção estrutural entre *énonciation* e *énoncé* – o ato de fazer uma declaração, ou elocução, e a própria elocução. Antes de mais nada, ele se dirige à *énonciation* do texto histórico, perguntando "sob que condições o historiador clássico está habilitado – ou autorizado – a designar, em seu discurso, o ato pelo qual ele a promulga" (p. 7). Sua atenção está focalizada nos "transferentes" (termo de Jakobson) por meio dos quais o historiador marca a transição da sua declaração para as condições sob as quais ela foi feita: dizendo expressões como "pelo que ouvi" ou "de meu conhecimento", que reforçam nosso sentimento do historiador "ouvindo" o testemunho; ou usando os artifícios que complicam a cronologia do texto, sinalizando para a habilidade do historiador em se mover para trás e para diante no tempo – "como nós dissemos antes", "voltando a um estágio anterior" etc. Como Barthes apropriadamente enfatiza, o historiador clássico em geral faz uso de um *exordium*, ou fórmula de abertura, comparável ao "Eu canto" do poeta: para um cronista medieval como Joinville, equivale a uma invocação religiosa – "Em nome de Deus Todo-Poderoso, eu, Jean, senhor de Joinville, escrevo a vida de nosso Sagrado Rei Luís" (p. 9). Evidentemente, a questão óbvia a ser colocada, segundo nosso ponto de vista, é a de que a historiografia do século XX, como tipificada por nossos dois exemplos secundários, abstém-se de quaisquer mecanismos "transferentes" como esses. O diário de Haig, a fonte primária, estreita o abismo entre o "eu" do *énoncé* e o "eu" da *énonciation*, já que o relator da noite está recapitulando o que aconteceu ao general da manhã e da tarde. Barnett e Taylor, embora não rejeitem referências *analéticas* e *proléticas*, não sentem necessidade de uma organização mais formal da narrativa, muito menos de um *exordium* para a abertura ou de um transferente "ouvinte". Num certo sentido, pelo menos para Barnett, que generosamente cita suas fontes, o papel de transferente "ouvinte" foi assumido pelo aparato de notas e referências ao pé de cada página.

AS INVENÇÕES DA HISTÓRIA 79

O propósito desta comparação parece então ser negativo. Poder-se-ia dizer que o *status* profissional do historiador no século atual dispensa-o da necessidade de fazer um *exordium*, ou da necessidade de transferentes "ouvintes". Por que razão eu engendro essa história? A resposta é, muito simplesmente, "porque eu sou um historiador". Sem dúvida, a descrição de Barnett como "um dos eminentes historiadores militares da geração que surge", na contracapa de seu livro, é um artifício para tornar desnecessário um *exordium*. De quem recebi meu testemunho? O historiador profissional moderno despreza essa menção no texto porque é convencionalmente presumido que ele tenha coberto todas as fontes "primárias" disponíveis e não há necessidade de insistir neste ponto, além do discreto fornecimento de referências. Enquanto reconhecemos estas questões principais, devemos ao mesmo tempo arriscar a sugestão de que os artifícios tradicionais da historiografia clássica são mais passíveis de sofrer uma mutação para uma forma quase irreconhecível, do que de desaparecer inteiramente. Se os *titres de noblesse* de Correlli Barnett tornam um *exordium* desnecessário – e o mesmo poderia ser dito da qualificação de A. J. P. Taylor como um "historiador inflexível" em *sua* contracapa –, o transferente "ouvinte" está inegavelmente presente sempre que o texto nos alerta para uma dimensão ulterior da realidade histórica, que garante a qualidade "natural" da narrativa. Contra as referências concisas de Barnett, as abundantes ilustrações fotográficas do livro de Taylor indubitavelmente desempenham esta função de modo muito mais positivo: independentemente de estarem precisamente limitadas pela narrativa, elas servem como um bem-sucedido artifício de autenticação. Aqui está um historiador, parecem dizer, que *olhou para* o testemunho da história, e não simplesmente o ouviu.

O próprio Barthes estabelece um ponto semelhante quando enfatiza que a "deficiência de signos do enunciador" e, em particular, a exclusão do "eu" do texto, garantem nada mais do que a ilusão de objetividade. "Seria difícil contar os romancistas que imaginaram – na época do Realismo – que eram objetivos porque suprimiram os signos do 'eu' em seus discursos!" (p. 11). O historiador contemporâneo poderia talvez ser acusado de sustentar a ilusão que os romancistas têm, em geral, abandonado. Optando por excluir o "eu" da narrativa histórica, ele não está fazendo mais do que adotar uma "*persona* objetiva", que certamente não o protegerá de uma inflexão pessoal do texto que está escrevendo. A segunda seção de Barthes no "Discurso da História", que se concentra sobre o texto como *énoncé* ou declaração, sugere alguns modos de analisar o que ocorre por trás da máscara da objetividade e oferece um método diferente do adotado por Hayden White para ordenar o material. Qualquer declaração, como destaca Barthes, pode ser reduzida a uma lista de "existentes" e "ocorrentes" – de "seres ou entidades" e seus predicados. Se compilarmos uma tal lista, temos uma *coleção* de termos, "cujas unidades terminam por se repetir ... Assim, em Heródoto, os existentes podem ser reduzidos a príncipes, dinastias, soldados, povos e lugares e os ocorrentes, a ações como devastação, escravizações, alianças, organização de expedições, reinados, utilização de estratagemas, consultas a oráculos etc." (p. 12). Se tais "coleções" e regras discerníveis de "substituição e transformação", subjacentes à ordenação das coleções no texto, poderiam ser encontradas em Barnett e Taylor é uma questão que requereria detalhada análise textual. Ambos os historiadores, evidentemente, contam com o que Barthes denomina o "léxico" de guerra e Taylor explora, ainda um veio mais figurativo, coloquial: provavelmente não encontraríamos em Barnett a excêntrica metáfora de "tapar buraco", nem esperaríamos a extensão cômico-séria da figura de Foch do "maestro", na expressão "maestro que tem seu próprio instrumento". Embora uma tal conclusão esteja limitada a ser provisória dentro dos termos deste ensaio, parece provável que Barnett seja um historiador que raramente se desvia do "léxico de guerra", enquanto Taylor recorre ao que Barthes chama "uma temática pessoal", caracterizada pela escolha de figuras-chave e metáforas para estruturar a "coleção" geral. Um dos artifícios óbvios de Taylor, por exemplo, é a constante exploração de figuras de movimento rápido: "desenrolando-se", "saltando", "precipitando-se". Esta intensificação do nível figurativo, por assim dizer, nos prepara para o julgamento sobre a guerra e movimento, com que se encerra o ensaio.

Uma outra questão interessante que Barthes explora em sua resenha do texto histórico como *énoncé* é o *status* racional ou lógico da narrativa. A historiografia evidentemente não é apenas uma questão de "coleções" de termos combinados: é uma questão de "argumento". Ainda assim, Barthes com certeza está correto quando assevera que o discurso histórico não tem o caráter racional estrito do silogismo. Em vez disso, ele se apoia no raciocínio "entimemático", no argumento retórico em lugar do demonstrativo. Barthes extrai seu exemplo de Michelet e resume a estrutura lógica do trecho do seguinte modo: "(1) Para distrair as pessoas da inssurreição, é necessário ocupá-las; (2) a melhor maneira de fazer isso é atirar-lhes um homem; (3) assim, os príncipes escolheram o velho Aubriot ..." (p. 19). Embora não exista um exemplo tão puro de raciocínio entimemático em nossas duas fontes secundárias, está claro que o argumento de ambos os historiadores realmente se apoia, em certos pontos, na irrefutabilidade retórica mais do que na lógica. O segundo parágrafo de Barnett poderia ser resumido como se segue: Pétain encontrava-se em estado de tensão muito grande; Pétain parecia ter perdido o sangue-frio; "certamente" ele expressou suas visões pessimistas com espantoso fervor. A segunda declaração (do diário de Haig) lê-se como uma confirmação do estado mental interior de Pétain, quando é também uma das peças de prova (talvez a prova primária) para situar o estado mental em primeiro lugar. A terceira declaração é uma confluência de duas noções: de expressou visões pessimistas (extensão e confirmação das duas primeiras declarações) *e* expressou-as "com espantoso fervor". Poderíamos esperar, com segurança, um contraste (e *ainda assim* ele expressou seu pessimismo...) em vez de um conectivo de reforço?

A explicação do aparente "paradoxo" da campanha de 1918 tem inconsistências semelhantes, se a examinarmos neste nível particularizado. Mas bem poderíamos concluir que tal exame é engenhoso demais e nos diz apenas o que já sabíamos: isto é, que o historiador não está usando a lógica formal. A terceira e última seção de Barthes é muito mais sugestiva em suas implicações, já que aborda a questão crucial da "significação". Aqui, o texto histórico tem uma propriedade característica, que não partilha com nenhuma outra área de discurso. Como Barthes coloca:

> O fato só pode ter uma existência linguística, como um termo em um discurso e, ainda assim, é exatamente como se esta existência fosse meramente a "cópia", pura e simplesmente, de uma outra existência situada no domínio extraestrutural do "real". Este tipo de discurso é sem dúvida o único tipo no qual o referente é objetivado como algo externo ao discurso, sem que jamais seja possível atingi-lo fora do discurso. Nós deveríamos, portanto, nos perguntar, de um modo mais rigoroso, que lugar o "real" desempenha na estrutura do discurso. (p. 17)

Barthes prossegue caracterizando o discurso histórico em termos que são emprestados diretamente da linguística de Saussure. Os três componentes do signo são o *significante*, ou representação material na fala ou na escrita; o *significado*, ou representação mental; e o *referente* no mundo exterior. Mas a historiografia, como "qualquer discurso que reivindica 'realismo'", simula conhecer apenas o *significante* e o *referente*; o texto histórico pretende ser transparente para a ação que ele descreve e, ainda assim, uma tal noção de transparência desvia-se do necessário estágio de representação mental – que é, evidentemente, o estágio em que os "modelos conceituais" de Hayden White desempenham seu papel no processamento e ordenamento da matéria-prima da narrativa histórica. Barthes vai adiante, para concluir que o discurso histórico tenta inserir o "real" como seu "significado não formulado", mas que efetivamente "ele não pode fazer mais do que significar o real, repetindo constantemente que ele *aconteceu*, sem que esta asserção equivalha a nada além do que o 'outro lado' significado de todo o processo de narração histórica" (p. 18). Em outras palavras, a caracterização da historiografia reside no valor especial que ela mesma atribui ao protocolo da narração: à pergunta "em relação a quê este discurso representa o real?", o historiador tradicional deve, e pode, apenas dar a resposta – "ele representa o real na medida em que e uma narração".

Evidentemente, Barthes não está desatento, nesta discussão, para o fato de que a narração é usada com objetivos ficcionais. A diferença entre as pretensões "realistas" do romancista e do historiador residiria precisamente no fato de que o romancista admite o nível da significação: ele sabe que seu texto depende de construções mentais como gênero e enredo, enquanto o historiador reluta em assumir qualquer coisa desse tipo. Se tentarmos ler nossos textos de Taylor e Barnett *como se* fossem ficção, certamente reconheceremos que a inadequação não brota de quaisquer traços linguísticos observáveis. Significa simplesmente, como coloca Louis Mink, que nós aprendemos "como distinguir entre ficção e história fazendo diferentes reivindicações de verdade para suas descrições individuais".[17] E a prova de que nós adquirimos essa aptidão pode ser encontrada em nossa disposição para inserir o significado de "acontecido" por trás de toda e qualquer instância do tempo de verbo passado em um contexto historiográfico.

Mas Barthes não persiste na pressuposição bastante insípida de que a narração, em sentido geral, oferece o *abre-te sésamo* para o realismo histórico. Ele escreve mais especificamente sobre o *"effet du réel"*, ou "efeito de realidade", e seu artigo subsequente sob tal título, dá um lastro a esse conceito que o "Discurso da História" não distingue. Ao ilustrar o "efeito de realidade", Barthes escolhe exemplos de declarações históricas que nos impressionam precisamente por conta de sua irrelevância para a narrativa principal. Ao exibir um detalhe notável, ou um incidente suplementar, à nossa atenção, essas declarações parecem ilustrar o "acontecimento" histórico em toda a sua pureza – precisamente porque não há outra razão verificável para que estejam ali. Nem Taylor nem Barnett incluem em seu breve extrato (segundo minha avaliação) um "efeito de realidade", embora Taylor se aproxime disso na ligeiramente incongruente precisão de "Milner tirou Clemenceau da sala". Mas o extrato do diário de Haig oferece um bom exemplo: "Almocei numa cantina em Doullens". Sem dúvida, seria absurdo alegar que Haig está tentando enfatizar o efeito de sua narrativa com um detalhe picante (tal informação poderia ser mostrada como estritamente funcional – uma cópia a carbono de cada registro não chegava rapidamente até lady Haig?). Ao mesmo tempo, nós estamos simplesmente preocupados aqui com o *efeito* textual, e podemos dispensar quaisquer indagações sobre o autoindicado *status* de Haig como historiador. Se um detalhe tão vívido consegue reforçar para nós o sentido de que "aconteceu" isso, ele também deve ser visto em relação a outras convenções que foram usadas ao apresentar esta "fonte original" como um documento histórico: por exemplo, a fidedigna retenção de contrações e elipses usadas no manuscrito original ("numa cantina", "Não devo estender nossa linha sobre o inimigo pressionando nosso centro, fazendo-o inchar") e a ilustração fotográfica do manuscrito, que nos garante, por sua proximidade com o texto transcrito, que nada se perdeu. Em comparação com os textos de Barnett e Taylor, que meramente significam o real através do protocolo da narração, o diário de Haig *é* o real. Nenhum historiador do período que se respeite iria se privar da oportunidade de consultar, além da transcrição de Robert Blake, "o caderno de serviço de campo comum" no qual ela está inserida. Mas por trás dessa insistência metodológica, de fonte secundária para fonte primária publicada, de fonte primária publicada para manuscrito, existe uma exigência mítica, assim como epistemológica. Enquanto escrevo isto, estou bastante certo do excessivo interesse público que pode ser despertado pela aparente[18] descoberta de uma nova fonte manuscrita: neste fim de semana, 16-17 de abril de 1983, é que as notícias sobre os diários secretos de Hitler irromperam sobre o mundo estarrecido. Evidentemente ninguém está pretendendo que estes diários ofereçam muito material histórico novo. O efeito galvanizador da descoberta – neste período em que a volta e a redescoberta de Hitler já adquiriram *status* mítico para escritores de teatro e ficção – reside justamente no sentido de que o diário de Hitler é *quase* o Hitler real.

Neste ponto nós devemos voltar, para concluir, à confiante afirmação de Barthes, de 1967, de que "o signo da História de agora em diante não é mais o real, mas o inteligível" (p. 18). A despeito do precedente de Braudel, esta previsão deve ter parecido arriscada à sua época e no contexto inglês ela sem dúvida teria sido ininteligível. Ambos os nossos exemplos históricos, de Correlli Barnett e A. J. P. Taylor, datam do período imediatamente anterior àquele em que Barthes estava escrevendo. Nenhum dos dois mostra sinal de que as estratégias tradicionais de narração estejam de algum modo exauridas. Até entre os colegas de Braudel na escola francesa *Annales*, pareceria que mesmo a mais convincente ênfase "estrutural" na inteligibilidade não exclui o "real". Mesmo o historiador que tenha banido o real a pretexto de uma narrativa "inconsútil" pode reconhecer seu retorno na própria singularidade e unidade sintética de seus objetos de estudo. Emmanuel Le Roy Ladurie, autor do bem-sucedido *Montaillou*, articula este "retorno do real" na seção de encerramento de seu estudo sobre a França do século XVI, *Carnival*:

> Estes paradigmas e contrastes diacrônicos, não obstante, deixam a unidade profunda do processo de protesto intacta em termos sincrônicos (sua própria estrutura particular em um determinado tempo). Embora cheio de rupturas, fragmentos e peças desconjuntadas, o terceiro estado de Dauphiné permaneceu como um bloco sólido. Mesmo quando a dissensão interna começou a assolá-lo, em agosto de 1580, um personagem como Camot, o jurisconsulto de Grenoble, podia aparecer como uma síntese viva e unificadora.[19]

Se Le Roy Ladurie não registrasse a "solidez" de fenômenos passados deste modo, sem dúvida não seria um historiador tão popular. Talvez não fosse sequer um historiador. Uma questão semelhante pode ser colocada, *mutatis mutandis*, sobre a análise estrutural da historiografia. Se escritores como Barthes, Gossman e White não tivessem se fascinado pelo que resta após o texto histórico ter sido analisado, eles provavelmente não teriam sentido que o jogo valia a pena.

Notas

1. Lionel Gossman, *The Empire Unpossess'd*: An Essay on Gibbon's Decline and Fall, Cambridge, 1981, p, xiii.

2. Arnaldo Momigliano, "The rhetoric of history", em E. S. Shaffer (Ed.), *Comparative Criticism*: A Yearbook, v. 3, 1981, p. 264.

3. Paul Veyne, *Les Grecs ont-ils cru à leurs mythes?*, Paris, 1983, p. 25.

4. Michel Charles, Introdução à *Poétique*, v. 49, fevereiro de 1982, p. 4 (trad. do autor).

5. Idem, ibid., p. 12.

6. Edward Gibbon, *Vindication*, Oxford, 1970, p. 10.

7. Augustin Thierry, *History of the Norman Conquest*, trad. William Hazlitt, Londres, 1856, p. xxx.

8. Leopold von Ranke, *Geschichten der romanischen und germanischen Völker von 1494 bis 1514*, 2. ed. Leipzig, 1874, p. vii.

9. Augustin Thierry, *Récits des temps mérovingiens*, Paris, 1851, ii, p. 227 (trad. do autor).

10. Roland Barthes, "The Discourse of History", trad. Stephen Bann, *Comparative Criticism*: A Yearbook, v. 3, 1981, p. 18.

11. Hayden White, *Tropics of Discourse: Essays in Cultural Criticism*, Baltimore, 1978, p.99.

12. Fernand Braudel, *The Mediterranean*, trad. Sian Reynolds, Londres, 1973, ii, p. 1239 ss.

13. Prosper de Barante, *Souvenirs*, Paris, 1890-1901, iii, p. 358.

14. Uma alegação semelhante, ainda que mais modesta, poderia ser feita pela análise de meu próprio estudo *The Clothing of Clio*: A study of the representation of history in nineteenth-century Britain and France, Cambridge, 1984, que traça procedimentos retóricos comuns em uma série de produtos de "preocupação histórica": sendo a pintura histórica, o museu histórico e o romance histórico os principais entre eles.

15. Hayden White, op. cit., p. 110.

16. Adam Parry, "Thucydides' historical perspective", *Yale Classical Studies*, v. 22, 1972, p. 52.

17. Louis Mink, "Narrative Form as a Cognitive Instrument", em Robert H. Canary e Henry Kozicki (Ed.), *The Writing of History*, Madison, 1978, p. 149.

18. Já que os escritos desse ensaio, os "Diários de Hitler", têm sido expostos como falsificações.

19. Emmanuel Le Roy Ladurie. *Carnival*: A People's Uprising at Romans, 1579--1580, trad. Mary Feeney, Londres, 1980, p. 369.

ETERNOS RETORNOS E O SUJEITO SINGULAR: FATO, FÉ E FICÇÃO NO ROMANCE

Desde aquele tempo – cerca de dois séculos atrás –, quando a camisa de força dos gêneros começou a ceder nas costuras, nosso espaço discursivo foi estruturado pela oposição entre fato e ficção. A historiografia, sob seu padrão rankiano de *wie es eigentlich gewesen*, carregou, necessariamente, o maior peso na defesa desta oposição. E é muito fácil encontrar, entre toda a comunidade anglo-americana de historiadores, os sinais remanescentes do tabu que manteve Clio pura e imaculada da contaminação de mãos não históricas. Um colega meu repetiu com visível satisfação, ainda outro dia, a pronta resposta de seu antigo professor de História quando perguntado por seus talentosos alunos se o curso iria compreender Filosofia da História. "Existe uma?", retorquiu o venerável acadêmico. Esta falta de visão voluntariamente mantida tem, é claro, sua correlação no acordo de cavalheiros em que os filósofos da história profissionais polidamente desviam seus olhos do texto do historiador. Como Isaiah Berlin observou em um simpósio alguns anos atrás, os filósofos ainda têm de analisar tantos problemas básicos tais como em que sentido "os historiadores usam a palavra 'porque'", – que se pode perdoá-los por sentirem-se intimidados pelas perspectivas.[1]

Não obstante, uma mudança importante, e sem dúvida irreversível, teve lugar nos últimos vinte anos. A função crítica que poderia ter sido – talvez devesse ter sido – desempenhada pela filosofia foi peremptoriamente assumida pela análise literária. O marco mais óbvio neste processo pareceria ser a publicação da *Metahistory*, de Hayden White, em 1973. Mas mesmo um trabalho tão substancial e ambicioso não poderia ter acarretado uma mudança perceptível se o terreno já não estivesse se revolvendo. Um bom indicador da transformação pode ser encontrado no desenvolvimento de uma respeitada revista acadêmica como *History and Theory*. Embora ainda seja subintitulada "Estudos sobre a Filosofia da História", ela contém uma proporção crescente de artigos que só podem ser identificados como análises estruturais ou epistemológicas, posicionando-se ao lado de Foucault e Barthes, assim como de White. Uma revigorante disposição para lutar corpo a corpo com o texto histórico está em evidência – o *Beiheft* de Lionel Gossman da revista sobre "Augustin Thierry and Liberal Historiography" (1976) oferece um excelente exemplo. *History and Theory* nem mesmo se retrai ao abrir novas áreas que a lógica da análise estrutural trouxe à baila – vocês devem me permitir assumir o crédito por ter-lhes recomendado, insistentemente, a usarem ilustrações visuais pela primeira vez em 1978.

É precisamente por trazer à luz o problema epistemológico do fato e da ficção que esta ampla tendência continua a ser produtiva. Os filósofos têm pouca utilidade aqui. No máximo, eles declaram que a questão é *ultra vires*, como John Searle ao afirmar em seu artigo para a *New Literary History*: "Não existe nenhuma propriedade intelectual que vá identificar uma extensão do discurso como um trabalho de ficção".[2] É deixado para um crítico como Frank Kermode o trabalho de preparar-se para esta severa admoestação – "e por que nós deveríamos estar desalentados?", pergunta. O capítulo V de *The Genesis of Secrecy*, intitulado "What precisely are the facts?", contém uma passagem que "pretende descrever um enfrentamento entre um navio de guerra americano e outro russo ao largo da costa da Califórnia":

O que aconteceu no nono dia de março, 1864 ... não está devidamente claro. Popov, o almirante russo, realmente mandou um navio, seja a corveta "Bogatir" seja o clíper "Gaidamek", para observar o que ele poderia ver. Ao largo da costa do que agora é ou Carmel-by-the-Sea ou Pismo Beach, por volta do meio-dia ou, possivelmente, perto do crepúsculo, os dois navios se avistaram. Um deles pode ter disparado; se ele o fez, então o outro respondeu; mas ambos estavam fora de alcance, de modo que nenhum dos dois mostrou mais tarde uma marca para provar coisa alguma.

Mas Kermode diz a verdade logo depois de citar esta passagem,[3] e revela que é extraída do *The Crying of Lot 49*, de Thomas Pynchon, Mas, ao mesmo tempo, ele sustenta que a passagem de Pynchon e seu uso neste contexto, constituem um "sério exercício historiográfico". Ler a passagem *como se ela fosse história* serve, por outro lado, para demonstrar que nós ainda esperamos que os signos em um texto histórico tenham referência direta com os eventos no mundo. Como Kermode coloca:

> Que não seria possível descobrir uma passagem como a que acabei de citar em um genuíno trabalho histórico é uma indicação de que na maior parte das vezes nós nos movemos em nossa atividade como se o contrário do que professamos acreditar fosse a verdade; de algum modo, de algum lugar cai sobre nossas pesquisas um privilégio, uma autoridade; e enquanto fizermos as coisas como elas geralmente têm sido feitas – isto é, enquanto a instituição que garante nossos estudos sustentar as ficções que lhes dão valor –, continuaremos a escrever a narrativa histórica como se ela fosse uma questão absolutamente diferente de fazer ficção, ou, *a fortiori*, de dizer mentiras.[4]

Se Kermode aqui está insinuando que não existe nada de historiograficamente duvidoso na passagem de Pynchon – que nós simplesmente confiamos na autoridade institucional para nos contar que isto não é uma peça de narrativa histórica –, então tenho certeza de que ele está errado. Existem vários sinais internos a nos alertar para o fato de que a passagem não foi escrita por um historiador, como o estranhamente elaborado uso de dados – "o nono dia de março, 1864" –, e, em particular, a perfeição retórica das oposições binárias: seja corveta ou clíper, seja Carmel-by-the-Sea ou Pismo Beach. Mas é claro que este reconhecimento meramente coloca o problema em um estágio anterior. Para que um sistema de dados seja singular ou apropriado, para que um equilíbrio retórico de pares binários chame mais atenção para sua própria estrutura do que para sua referência ao mundo exterior, é preciso que haja um acordo que padronize as questões dos dados e que a narrativa histórica não chame atenção para seu *status* retórico. Assim, estamos de volta à autoridade ou, pelo menos, à convenção, no final das contas.

Efetivamente, a sugestão de Kermode quanto a usarmos de má-fé a diferença entre ficção e narrativa histórica convida a uma interpretação histórica que seria, em termos muito rudes, da seguinte forma. Em meados e no final do século XIX, a hegemonia do Positivismo fez com que uma disciplina ou prática de cultura fosse explicada primeiramente por sua história. A literatura, portanto, era a história da literatura; era a acumulação de fatos sobre escritores e escritos passados que oferecia a unidade essencial e a definição do fenômeno contemporâneo. Mas, com o passar do século seguinte, a literatura veio à vista menos como uma prática historicamente documentada e cada vez mais como um conjunto de normas e procedimentos; como coloca Jakobson em sua famosa observação, a literatura tem de ser definida essencialmente em termos de sua "literariedade", precisamente aquela qualidade, ou conjunto de qualidades, que ela não compartilha com outras formas de discurso escrito. Mas a História – tendo sido o próprio paradigma do Positivismo – continuou a resistir a esta ameaça de anexação por parte do paradigma de "literariedade". Ela havia se tornado uma espécie de reservatório residual para a noção de referência positiva ao mundo – talvez duplamente necessária agora que a "ficção" se definiu como a soma de suas propriedades intrínsecas.

Eu levantei esta questão a fim de sugerir que a aparente ambiguidade para a qual Kermode chama a atenção é na verdade produzida por uma espécie de princípio cultural econômico. Todorov definiu o gênero "fantástico" como a "consciência inquietante" do positivista do século XIX. Talvez a narrativa histórica seja a "consciência boa" de uma cultura obsessivamente amarrada a ficções. Mas existe um outro aspecto desta discussão que nos conduz a um território mais difícil. A citação de Kermode poderia ser explicada por uma admissão do princípio de que "a narrativa histórica não pode tolerar a ambiguidade". Ou, para ser mais preciso, a narrativa histórica não pode tolerar ambiguidade quando a ambiguidade chama a atenção para si mesma. Em seu inspirado ensaio sobre "O Discurso da História", Roland Barthes fez a alegação de que a história não pode tolerar *negação*; como pacientes com um certo tipo de psicose, insinua Barthes, o historiador está condenado a um discurso que afirma repetidamente, sem admitir a possibilidade transformacional de negar estas afirmações.

Num certo sentido, a asserção de Barthes não é mais do que uma variante da alegação que foi feita sobre o positivismo. O historiador reconta "o que realmente aconteceu" – ele não reconta o que realmente *não* aconteceu. Mesmo se nós aduzirmos a um historiador apóstata como Michelet, para um exemplo, e denunciarmos seu uso de questões retóricas, não estamos abandonando a questão. O que Joana D'Arc sentiu, pergunta Michelet, quando ouviu os quinhentos sinos de Rouen soarem naquele Domingo de Páscoa? A positividade está ali nos "quinhentos sinos" e no Domingo de Páscoa, mesmo que a imaginação do leitor seja desafiada a elaborar sobre este ardil. Mas a plausibilidade da formulação de Barthes não deve passar completamente inconstestável. Porque, se examinarmos o que poderia significar para um historiador o engajamento na negação, começamos a descobrir uma terceira camada de significado externa à da divisão entre fato e ficção.

Considere as duas frases curtas seguintes. As duas foram originalmente escritas em alemão:

> 1. Há um homem no céu.
> 2. Havia um homem a menos no mundo.

Consideradas inteiramente fora de seus respectivos contextos, estas duas afirmações aparentam ter um alto grau de simetria semântica. A segunda parece ser, como era, a transformação negativa da anterior. Uma ambiguidade perturbadora é, entretanto, trazida pela assimetria entre dois tempos de verbo. Nós poderíamos corrigir isso reformulando a segunda frase: "Há um homem a menos no mundo". Mas nós não a corrigiríamos reformulando a primeira frase assim: "Havia um homem no céu". Dizer "Havia um homem no céu" é introduzir uma assinatura de tempo inadequada ao conceito de "estar no céu". Se chegarmos a pensar nisso, a primeira solução para o problema da assimetria também parece um tanto peculiar quando se coordenam os conceitos de "estar no céu" e "estar (ou não estar) no mundo". Talvez seja melhor que nos fixemos no exemplo conforme o temos. "Há um homem no céu" (tempo presente eterno) e "Havia um homem a menos no mundo" (tempo passado histórico). As duas afirmações são compatíveis. Mas a segunda exige uma assinatura de tempo determinada, da qual a primeira escapa: houve um tempo em que este homem em particular estava no mundo e então houve um tempo quando ele não estava.

Sem querer prolongar a mistificação, deixem-me dar um autor e um contexto a estas duas afirmações. A primeira é de um sermão de Martinho Lutero; a segunda de uma *História da França* escrita por Leopold von Ranke. A primeira refere-se à Ascensão de Cristo, e a segunda ao assassinato de Henrique IV. Daqui, seria possível prosseguir dizendo que a primeira é uma declaração teológica e a segunda uma declaração histórica. Mas esta conclusão parece ser, num exame mais aproximado, por demais esquemática em sua polarização. Martinho Lutero não está simplesmente enunciando a declaração teológica geral de que Cristo está no céu. Ele está se deslocando para a frente do púlpito – evidentemente, é dia da Ascensão – e diz, com referência tanto à vida histórica de Cristo quanto à recorrente festividade de sua ascensão ao céu, que "há um homem no céu". Igualmente, Leopold von Ranke não está meramente enunciando o fato histórico de que Henrique IV foi assassinado em tal e tal data. Ele já passou por este ponto no capítulo anterior. Agora, ele começa um outro capítulo, e golpeia o leitor com uma dramática lítotes, que é ainda mais impressionante em sua formulação quando expressa em sua forma aliterativa original: *"Ein Mann weniger war in der Welt"*.[5]

Assim, a afirmação de Lutero é teológica, com definidas implicações históricas, enquanto a declaração de Ranke é uma transformação histórica de um fato previamente estabelecido. Mas não terá escapado à sua atenção que Ranke era um luterano dedicado. Ele provavelmente estava familiarizado com os sermões de Lutero, assim como era confessamente ligado à teologia de Lutero. Ele optou por fazer uma transformação negativa, retoricamente carregada, de um fato histórico: em vez de "Henrique IV foi assassinado", nós temos "Havia um homem a menos no mundo". Mas, além disso, Henrique IV foi assassinado por um jesuíta, tendo ele próprio começado a vida como protestante; parte da razão para a tática de choque do capítulo de abertura de Ranke pode ser atribuída ao fato de que o rei francês, antes de sua morte, estava elaborando um grande plano europeu que desmoronou com o seu próprio decesso. Emergindo como uma espécie de penumbra por trás da declaração "Havia um homem a menos no mundo", podemos certamente vislumbrar o corolário não declarado, mas implícito, para a afirmação positiva do fim de Henrique IV: a proposição teológica "Henrique IV está no céu". Assim, se a declaração de Lutero é teológico-histórica, a de Ranke, em sua forma impressionante, retórica, poderia ser vista como histórico-teológica.

A relevância deste exemplo para a questão de Barthes sobre a negação é, com certeza, clara. Na medida em que luta para representar os fatos "como eles realmente aconteceram", o historiador está comprometido com a positividade. Mas, na medida em que ele é também um escritor – engajado nas transformações retóricas – e um crente – comprometido com uma visão positiva do que o mundo *não é* –, este historiador em particular expõe, de qualquer modo, a negatividade daquela positividade e a positividade da negatividade daquela positividade. Quando Ranke declarou que cada época era imediata a Deus, ele queria dizer – muito provavelmente – apenas aquilo. E, quando escreveu sobre sua vocação como um historiador; "Tomara eu pudesse estar me apagando", ele não estava dizendo apenas, de um modo simplista: "Os fatos, e nada além dos fatos". Estava expressando algo como a *via negativa* de um enigma.

Pode não estar completamente óbvio para onde esta linha de especulação está conduzindo. Vou interrompê-la a fim de disparar uma espécie de tiro de advertência, que ganha seu impulso original no temperamento explosivo do escritor francês Philippe Sollers. Estou falando do Sollers de 1975, que já havia superado seu polêmico maoismo e estava colocando em benefício do pintor Louis Cane a pergunta sobre que tipo de processo histórico era compatível com uma leitura contemporânea de Freud. Esta pergunta implicava, muito naturalmente, uma demorada digressão, no curso da qual nomes como Vico, Nietzsche e Hölderlin foram exaustivamente citados. Ele atingiu seu ápice, entretanto, na noção da relação do místico com o tempo e suas implicações para nossa ideia de história. Sollers sugere:

> Se você está no infinito, se está no abismo, não pode haver possibilidade de você estar naquele momento, no momento destes discursos, em um momento da história. Pelo contrário – veja os textos dos místicos, você pode encontrar quantos quiser –, a história que parece a você uma categoria completamente ilusória, completamente tributária de uma causa que é, muito simplesmente, externa à história, equivale a tempo. Aí está a questão. Tanto o discurso religioso quanto o discurso ético, os discursos da arte e da literatura, são todos categorias de tempo; ou é o tempo que é uma categoria destes discursos. Somos obrigados a escolher.
>
> Se estes discursos são uma categoria de tempo, existe um discurso de tempo que pode decifrar estes discursos, colocá-los em seus lugares, discernir evoluções, encadear genealogias e justificar os antes e os depois. Consequentemente, colocar o eu numa posição de comando.
>
> Em outras palavras, você verá o aparecimento de um "ego" que acredita poder comandar, em seu discurso, a categoria do significante religioso ou artístico. Que é precisamente qualquer um que você queira, a qualquer que seja o momento.[6]

Assim, esta é a posição a que chegamos – segundo Sollers – se tomarmos como nosso ponto de partida o princípio freudiano de que o inconsciente não conhece o tempo. Ou nós postulamos o domínio do ego sobre o "significante artístico ou religioso" – que parece, em termos desta discussão, uma casualidade altamente improvável – ou nós permitimos que o próprio tempo e a história sejam, eles mesmos, categorias do discurso religioso e artístico. O que precisamente implicaria esta possibilidade? Sugiro que ela implicaria uma considerável nota de pé de página, relativa ao sentimento que Hillis Miller expressou a propósito da ficção vitoriana. Hillis Miller sugeriu (estou usando a paráfrase de Kermode) que:

> a manutenção da ficção de que um texto narrativo pode ser transparente, de fato, exige a aceitação de uma cultura que imponha suas próprias condições, inclusive suas teleologias não examinadas e seu sentido de finalidades, e de que mesmo no século XIX havia sinais de que estas crenças e suposições estavam sendo "desmitologizadas".[7]

Para Miller, portanto, o paradigma positivista da ficção do século XIX não exclui uma atenção "desmitologizante" aos padrões de resolução, as "teleologias não examinadas", que permeiam o discurso cultural. Uma romancista do século XIX como George Eliot é familiar tanto ao ideal rankiano de "como realmente aconteceu" como aos diferentes modelos de evolução histórica que se tornaram explícitos em Strauss e Darwin. Ela nos permite observar, embora não explore com todo entusiasmo, a lacuna que tais modelos alternativos tendem a estabelecer entre significado e verdade.

Mas, eis a nota de pé de página. E se a tendência "desmitologizante" percorresse seu curso apenas para achar que a "história" à qual ela se esforçou para se adequar era simplesmente o pacote de "teleologias" do qual todo o mistério tenha sido supostamente despojado? E se o Stephen de Joyce despertasse do sonho ruim da História apenas para descobrir que ele era somente a projeção fantasmagórica do texto que o havia produzido? Isso não acarretaria uma revisão completa da ideia de "história literária", ainda que "literatura" resultasse em ser o gerador da "história" não apenas por causa da noção hegeliana de que história significa inevitavelmente história escrita, mas porque literatura e religião são o sítio de trabalho do inconsciente através do significante e, portanto, programadamente externas ao tempo?

Estas questões são obviamente retóricas. Mas seu interesse poderia ser aferido do grau em que elas se mostram relevantes para um certo tipo de romance contemporâneo. Certamente, a vasta maioria dos romances contemporâneos luta com as muletas das "teleologias não examinadas", não menos reconhecidas do que as dos seus predecessores do século XIX. Não obstante, existe o romance ocasional, que torna estes elementos problemáticos e que, de fato, parece ser o real território de tais problemas. As últimas passagens deste ensaio tocaram na questão de história e misticismo, de comando do ego e dimensão do inconsciente, falhas superadas reveladas e diferidas. Tal amálgama de interesses é, com efeito, a questão-tema do romance de Lawrence Durrell, *Constance or Solitary Practices*, que surgiu em 1982, como a terceira parte de um quincôncio.

Estes comentários não levam em conta os dois componentes finais do quincôncio de Durrell, que não haviam sido publicados na ocasião desses escritos. Mas os pontos levantados aqui ainda têm validade.

Em primeiro lugar, o romance incorpora um dos mais autênticos, mais clássicos, motivos teleológicos: a busca de um tesouro enterrado. Não apenas um tesouro qualquer, mas o tesouro dos templários, sepultado sob um quincôncio ou uma figura formada de cinco pontos de árvores. O fato de que a sequência de romances também seja um quincôncio alerta-nos para a certeza de que o tesouro dos templários nunca será encontrado: de que o chamariz ficcional na verdade estabeleceu uma estrutura circulante de símbolos que esconde mas, além disso, desloca a meta fictícia. Nós nos movemos perpetuamente de uma árvore para outra, nunca apreendendo a figura como um todo – já que isso seria descobrir o tesouro. Vamos chamar a isso de o primeiro padrão mítico. Sobreposto a ele há um segundo. É o período da Segunda Guerra Mundial, após a queda da França. Em vez de os diletantes ingleses

AS INVENÇÕES DA HISTÓRIA 97

serem deixados imperturbáveis em sua busca pelo tesouro, é dada à marcha uma urgência alarmante pelo fato de que Hitler também está interessado em encontrá-lo, a fim de oferecer apoio mítico para sua terrível cruzada contra os eslavos. A influência de Hitler – genericamente, no efeito de suas conquistas em toda a Europa e, especificamente, no efeito de sua caça templária nos moldes do romance – é, portanto, o principal fator que determina a "trama". Durrell enfatiza deliberadamente a simetria entre uma trama extratextual, "histórica", pertinente ao romance, e uma trama intratextual, manipuladora dos recursos da paranoia para fins ficcionais, incluindo como um apêndice ao livro o suposto "Último Desejo e Testamento de Pedro, o Grande". O efeito desta adição merece ser considerado pormenorizadamente.

Poder-se-ia dizer que a inclusão do "Desejo e Testamento" é aparentemente um artifício para insistir na relevância da dicotomia fato-ficção. Durrell oferece uma "Nota do Autor" introdutória, na qual declara que "Este livro é uma ficção e não uma história". Ele menciona em seguida a presença do "Testamento de Pedro", "um documento tão singular e tão adequado aos tempos, assim como a este livro, que decidi mantê-lo".[8] Vale a pena destacar em primeiro lugar, embora Durrell não o faça, que o "Testamento de Pedro" é uma notória falsificação. Isso não o torna anti-histórico – ele realmente existe –, mas sugere que um plano tão elaborado para a dominação do mundo pela Rússia seja, com toda probabilidade, forjado por um sagaz opositor das ambições russas, possivelmente por um polonês. A estrutura paranoica é conscientemente criada como uma vívida exemplificação da virtual opressão sofrida por alguém na periferia que se sente ameaçado e que, portanto, está em cumplicidade com a estrutura que, implicitamente, também denuncia. Se esta é de fato nossa interpretação do forjado "Testamento", então ela pode servir muito bem para qualificar a atitude de Durrell para com Hitler em *Constance*. Hitler é o gênio do mal na trama; suas fantasias de dominação fornecem as estruturas históricas através das quais, e contra as quais, Durrell conduz sua própria aposta de onipotência. Durrell lança o Mediterrâneo contra o Báltico, o Sul contra o Norte, o Templário contra o Monarca, numa luta imponente e desigual contra o Bárbaro que tem vencido sempre, simplesmente porque sua paranoia venceu todas as dificuldades – a curto prazo, pelo menos.

Ao final, pareceria, Durrell decide-se por uma oposição entre singularidade e circularidade – entre a história como uma recorrência infinita e a instância ou evento individual que é apenas, e só pode ser, um evento textual. Relembrem-se como Braudel citou Durrell na "Conclusão" de seu grandioso trabalho sobre o mundo mediterrâneo, recordando, com referência a seu próprio conceito da *"longue durée"*, que Ulisses regularmente se senta à porta de um bar de pescadores nas ilhas gregas. No último capítulo de *Constance*, Durrell tenta epitomar o tempo do historiador:

> Para o historiador, tudo se torna história, não há surpresas, porque ela se repete eternamente, disso ele está certo. Nos livros de história sempre será sexta-feira, 13. Isso não é surpreendente, pois a loucura humana é persistentemente repetitiva e os temas são sempre semelhantes. O moralista pode dizer o que lhe apraz. A história descreve triunfantemente a vitória da entropia divina sobre as aspirações da maioria – a esperança de uma vida tranquila deste lado do túmulo.[9]

Consequentemente, quando a cidade de Avignon é libertada, e um fortuito ataque de bombas solta os loucos do asilo local de Montfavet, esta multidão revela-se com os nomes dos templários condenados tantos séculos antes. Mas sua declaração programática da noção de "eternos retornos" – que teria sido tão familiar a Políbio quanto o era a Nietzsche – é contrariada pela finalidade da última frase do capítulo e do romance:

> Mais ou menos um dia mais tarde, as tropas francesas libertaram a cidade e finalmente os sinos de Avignon recobraram seu tímido tintinábulo que, certa vez, há muito tempo, havia deixado Rabelais louco de aborrecimento. Para a cidade, a guerra havia acabado.[10]

O que se pode dizer aqui, exceto que a resolução parece extremamente provisória? O tema recorrente dos sinos que tocam

– como em *Joana D'Arc* de Michelet – marca o evento individual, mas certifica-o ao mesmo tempo, de que seja infinitamente repetível.

Eu cito *Constance* de Durrell como exemplo de romance publicado muito recentemente, o qual parece ter assumido a tarefa de comparar e colocar lado a lado diferentes modelos de tempo e história, enquanto coloca em suspensão os artifícios tradicionais para assinalar a oposição entre fato e ficção. É muito provável que algumas das personagens do romance sejam atores na ficção de outros personagens. Eu coloco estas questões experimentalmente porque ainda tenho que ler todo o quincôncio, e fica uma questão aberta se conseguiremos muito mais que um sentido em temas tão obscuramente levantados. Afinal, a dificuldade é, precisamente, tornar concretas as estruturas míticas que governam a nossa apreensão do tempo e dispô-las não como uma precondição do texto, mas como emergentes do texto – emergindo do texto, ele próprio como o *rendez-vous* intertextual de uma textualidade carregada de tempo. Estou tendo dificuldade em expressar este ponto, e, para maior clareza, volto-me ao filósofo e historiador de ideias Michel Serres. Embora Serres formalmente aceite o modelo de que padrões míticos são usados para descrever ou identificar algo objetivo – alguma coisa "lá fora" –, ele intencionalmente nos reconhece enredados em nosso projeto epistemológico:

> À primeira vista, o tempo da história também deve ser uma *siresis* muito complexa, ou fluir junto. Talvez ainda não tenhamos começado a cogitar disso ou mesmo, e principalmente, a compreendê-lo. O que é certo, de qualquer modo, é que ele tem sido projetado sempre sobre a simplicidade de um dos tempos componentes. Ou o eterno retorno do reversível, ou a trajetória de um sistema mecânico, ou a queda decadente em relação a um apreciado primeiro estado de origem divina ou mítica, ou a progressão indefinida de uma entropia negativa que sempre é prefigurada como suplemento ou divergência. Mesmo supondo que eu não saiba nada das complexidades e multiplicidades da história, não vejo nenhuma razão para definir seu tempo como o de um determinado sistema conhecido. Esta é uma conclusão que não tem qualquer base. Nós devemos começar tudo outra vez, do zero.[11]

O leitor pode reagir negativamente a esta exposição do que poderia ser chamado de esgotamento pós-althusseriano. Serres realmente não nos diz o que poderia significar começar do zero. Mas isso bem poderia acontecer, sugiro, por causa do caráter estritamente referencial de seu discurso. Serres pode apenas apontar na direção de figuras que servem como metáforas para o processo temporal – significativamente, ele toma uma figura da mitologia, o caduceu de Hermes, e uma da ciência moderna, a hélice. Ele não contempla, como filósofo e historiador da ciência, o mero trabalho textual de "começar do zero".

Mas, afortunadamente, existe alguém que o faz. Se eu coloco o peso principal deste ensaio sobre o romancista francês Robert Pinget é porque o efeito cumulativo de seu trabalho serve precisamente para nos dirigir a este território. Pinget tem publicado romances e peças, regularmente, desde os anos 50. No início dos anos 60, ele foi apanhado pela publicidade que cercava o *nouveau roman* francês, o qual, é claro, era um rótulo provisório para um grupo de autores muito heterogêneo. Mais do que a maioria de seus colegas, Pinget parecia relativamente intocado pela ortodoxia crítica que cresceu em torno do novo romance – um fato observado por Michel Butor. Não que as minuciosas e inteligentes análises de críticos como Jean Ricardou deixassem de ter aplicação para o trabalho de Pinget – simplesmente a delicada rede crítica parecia ser arrastada por sobre seus romances sem trazer o peixe grande. Eu próprio fui apanhado neste processo, visto que publiquei um dos primeiros artigos em inglês sobre Pinget em 1964. Por volta de 1971, quando editei uma série de artigos sobre o novo romance para a *20th Century Studies*,[12] eu estava suficientemente alerta para este problema ao declarar, na primeira página de minha própria contribuição, que o trabalho de Pinget era sensivelmente diferente do de Robbe-Grillet – "para não falar do joio e do trigo".[13]

Eu encerrei o artigo em questão falando sobre a *via moderna* de William de Ockham e da *History of Christian Philosophy in the Middle Ages* de Gibson. Neste ponto, a questão poderia ter permanecido como colocara Pinget. Mas isso não aconteceu.

AS INVENÇÕES DA HISTÓRIA

Algum tempo mais tarde recebi uma breve carta de Pinget dizendo que ele havia, quase por acaso, tirado o exemplar de *20th Century Studies* da estante e relido meu artigo. E o que ele achava surpreendente era que a direção particular de minhas conclusões pareciam altamente relevantes, nem tanto para os romances sobre os quais eu estava escrevendo, mas para o próprio romance que ele estava empenhado em escrever, *L'Apocryphe*. Este ponto está colocado não por motivo de autocongratulação, mas para indicar um tipo de processo textual em desenvolvimento que me parece, com toda objetividade, ser fascinante. Por um lado, há Pinget trabalhando infatigavelmente em uma sequência de romances – doze ao todo, sem incluir peças e contos – que todos percebem ser interligados, envolvendo os mesmos lugares, as mesmas personagens e assim por diante. Por outro lado, há o crítico – de tempos em tempos, entregando um relatório de progresso sobre o último dos trabalhos. Eu sou da mais aguda opinião de que, para mim mesmo e também num certo sentido, para Pinget, o significado desta sequência de romances estava sendo continuamente procrastinado. E somente com o aparecimento de *L'Apocryphe*, em 1980, foi possível dizer, inequivocamente, do que se tratava esse romance e, por extensão, toda a série. Bastante apropriadamente, quando eu já havia escrito e publicado meu artigo sobre *L'Apocryphe*,[14] recebi uma carta de Pinget dizendo que ele "apreciava particularmente o modo como [eu] falava de [sua] concepção de história".

Deixem-me explicar um pouco mais. Os romances de Pinget têm estado sujeitos a uma espécie de identificação errônea sistemática. Eu certamente não havia dado a volta na chave da tranca da estrutura hermética – não tinha encontrado o tesouro dos templários escondido ali, inviolado. Mas eu tinha visto pelo menos que este romance estava envolvido em uma "concepção da história", ou, mais precisamente, que ele tratava do choque e da concatenação de diferentes modelos de história dentro e ao longo da história. Posso demonstrar isso pelo atalho que o próprio Pinget toma do começo ao fim do trabalho. De tempos em tempos, o texto francês é interrompido por frases curtas em latim que, embora não tragam

STEPHEN BANN

aspas, parecem ter o caráter de citações. Assim, no início de *L'Aprocryphe*:

> *In illo tempore. Il a rassemblé devant lui les morceaux e tant pis pour le tracé original. Tityre tu patulae.*[15]
> [*In illo tempore*. Ele juntou os pedaços diante de si, e pouco importava o desenho original. *Tityre tu patulae*.]

Esqueça por enquanto o primeiro refrão latino – ele parece muito insignificante e inidentificável. A segunda oração pertence à *diegesis*, já que o narrador é mostrado como tentando recolar uma xícara antiga com o desenho de um pastor pintado nela. A terceira oração, ou melhor, frase, atinge-nos como uma citação sem deixar ambiguidade. Na verdade, ela se constitui das três primeiras palavras de um dos mais veneráveis e influentes de todos os textos latinos, a fonte maior da ideia e do gênero pastoral, segundo Teócrito: as *Éclogas* de Virgílio. Certa vez, uma mostra comemorativa no Museu Britânico atraiu atenção para a assombrosa história dos textos de Virgílio, que passam como um fio de ouro através do tecido da história ocidental. Pinget cita economicamente as primeiras três palavras da primeira Écloga e então, num outro momento, cita as duas palavras com as quais começa o último verso da última Écloga: "*Ite domum*". (O verso completo diz: "*Ite domum saturae, venit Hesperus, ite capellae*".)

Assim, Pinget usou o primeiro e o último versos das *Éclogas* – ele evocou, se se pode colocar assim, o *volume* das *Éclogas*. Seria porque ele está preocupado, no nível diegético, com a imagem do pastor? A referência Virgiliana indicaria simplesmente uma hábil manipulação de níveis intradiegético e extradiegético? Um fato significativo sobre as *Éclogas* torna isso improvável. Como demonstra brilhantemente a mostra no Museu Britânico, durante toda a Idade Média os destinos do texto virgiliano estiveram intimamente ligados ao fato de que a Écloga IV, incorporando uma profecia sobre nascimento virginal na Idade de Ouro, foi tomada por comentaristas cristãos como um prenúncio providencial do nascimento de Cristo. A variação de Pinget no motivo do pastor

AS INVENÇÕES DA HISTÓRIA

estabelece exatamente uma ambiguidade paralela – ele é um pastor clássico, de Teócrito a Virgílio, ou é O Bom Pastor, a imagem de Cristo? A investigação de Pinget remete-nos aos problemas iconográficos do baixo período romano, início do Cristianismo, quando algumas vezes é difícil dizer se uma imagem em particular é clássica e pagã ou uma conversão do protótipo pagão para fins cristãos.

Entretanto, o alcance dessa referência não acaba aqui. A profecia de Virgílio do retorno à Idade de Ouro, subjugada a uma mensagem cristã, foi usada por toda a Idade Média para reforçar o que foi chamado de "a teologia de Roma" – a noção de que o nascimento de Cristo no reino de Augusto de alguma forma santificava o império terreno, enquanto uma projeção do plano de Deus para o mundo. Somente quando Santo Agostinho foi obrigado a encarar a realidade do saque de Roma, no início do século V, a tradição cristã efetivamente reafirmou, com finalidade categórica, o princípio de que a história não se movia em direção à restauração de uma outra Idade de Ouro. Nem era ela simplesmente o relato progressivo, ou a entropia negativa, de um sistema providencial. Era um processo linear uniforme, começando com a Criação e terminando com o Apocalipse, mas marcado irreversivelmente, e em seu sentido mais preciso, pelo fato histórico da vida de Cristo na Terra.

Eu sugiro que agora tenhamos alcançado o ponto onde aquela pequena frase, aparentemente inofensiva, "*In illo tempore*", pode ser apropriadamente comentada. Afinal, ela é tão insignificante, em certo sentido, que decerto deve significar ou se referir a algo absolutamente momentoso. Acredito que se trate disso. Na Epístola de São Paulo aos Efésios, há o seguinte versículo:

> *Quia eratis illo in tempore sine Christo alienati a conversatione Israhel, et hospites testamentorum promissionis spem non habentes et sine Deo in mundo.* [Que àquele tempo vocês estavam sem Cristo, sendo estrangeiros à comunidade de Israel e estranhos aos portadores da promessa, não tendo esperança e sem Deus no mundo.]

O que estou sugerindo, em outras palavras, é que Pinget está introduzindo a suspensão radical de padrões temporais que é dada, na tradição cristã, pela divisão entre o Velho Testamento e o Novo Testamento. O Novo Testamento está para o Velho Testamento, assim como a missão de Cristo está para a dos profetas, enquanto repetição e, igualmente, enquanto resposta necessária. São tanto uma recorrência da perseguição dos profetas, como toda uma nova revelação que desvela e torna significativo o que se passou antes. Seja como for, ficará claro nos escritos de René Girard, ou sem dúvida nos de Julia Kristeva, que não é necessário contar com teólogos hoje em dia para uma perspectiva da natureza significativa desta transformação.

O que isso nos revela sobre o significado histórico do romance de Pinget? Afinal, os refrões que mencionei e os temas que desenvolvi não iriam por si próprios indicar que *L'Apocryphe* é algo mais do que uma caixa de ressonância para tais considerações contemporâneas. O fato de que seja muito mais do que isso parece-me estar compreendido, um tanto obliquamente, no título. Livros Apócrifos é, evidentemente, o termo dado aos textos judaicos e cristãos que não faziam parte estritamente do cânone. O romance de Pinget, *L'Apocryphe*, percorre um longo caminho, desde os textos cristãos e pagãos a que ele alude. Mas em sua forma, eu sugeriria, ele reproduz uma divisão bipartida que corresponde simbolicamente à divisão ente o Velho e o Novo Testamento. O texto de Pinget é sobre o retorno dos tempos. Ele também é marcado por citações repetidas dos salmos, que conotam tanto o Velho Testamento quanto o ritual monástico recorrente no qual elas foram posteriormente reunidas. Mas o desafio do texto, enquanto avançamos para o fim da segunda seção, reside na medida precisa pela qual uma cunha parece ter sido forçada entre as figuras de recorrência e a singularidade de um evento esperado. Tal evento, que é também a resolução da imagem do pastor, só pode ser, francamente, um lampejo da cena da Natividade, prevista em uma página antes, expressa aqui nas últimas palavras do romance:

Um azevinho na chaminé.

Ele reabre o livro na página da ilustração, que compara à figura na xícara. Elas são parecidas e como se tivessem acabado de ser executadas. O pastor em meio a seus rebanhos está vestido de branco e toca flauta. O halo que coroa sua cabeça é o coração de uma composição conhecida, em que cada traço em igual distância um do outro junta-se à eclíptica da estrela que governa o sistema.

E então, conclui Pinget, "*il referme le livre*" – "ele fecha o livro".[16]

Eu gastei algum tempo olhando para *L'Apocryphe* contra o fundo contíguo do *Constance* de Durrell, porque estes textos, inteiramente diferentes, parecem-me ter algo de muito importante em comum. Ambos dizem respeito a recorrência e singularidade, com a articulação de modelos divergentes de tempo em uma estrutura textual que dá lugar à revelação ao sujeito. Em Durrell, entretanto, é uma questão de planejar, no substrato do inconsciente freudiano, outros padrões de revolução psíquica e social associados às crenças heréticas do gnosticismo e do catarismo. Em Pinget, ao contrário, o lugar previsto é precisamente o do sujeito cristão. Não posso acentuar demais, entretanto, o fato de que esta identificação simbólica só tenha aparecido bem ao final de uma extraordinária aventura de discurso, na qual Pinget explorou corajosa e rigorosamente as estruturas da subjetividade. Ele foi, como coloca o notável *Fable* de 1971, "*Narcisse alléché par la Bible*".[17] O modelo estéril do criador capturado por sua própria imagem foi substituído pela heterogeneidade da psique para si mesma e para Deus, a qual Santo Agostinho postulou em *De Trinitate* – quem, como insistiram Lacan e Schefer, estima-se ter sido o precursor de Freud.

Aonde isso nos leva? Qual é a base das questões que levantei no início deste ensaio e o relacionamento geral entre literatura e história? O que venho dizendo é relativamente paralelo às considerações do *Marxism and Form*, de Fredric Jameson, por mais distante que isso possa, superficialmente, parecer. Relaciona-se com o que ele afirma em seu capítulo final:

o último momento no processo da análise dialética, no qual o modelo luta para voltar ao elemento concreto do qual veio inicialmente para se anular enquanto ilusão de autonomia e se reabsorver em história, oferecendo tanto um reflexo momentâneo de realidade quanto um todo concreto.[18]

Isso certamente se relaciona com a pergunta subsequente de Jameson: "em que sentido pode-se dizer que *Ulysses* foi parte dos eventos que tiveram lugar em 1922?". Mas, ao mesmo tempo, a configuração um tanto chocante da minha argumentação reside no fato de que tentei dar uma contribuição para desvendar o que Sollers chamou de "*deux mille ans de Christianisme impensé*".[19] De certo modo, tomei como tema principal não a sancionada excentricidade do misticismo de Benjamin, mas a corrente absolutamente dominante da cultura cristã no Ocidente. Não obstante, isso só aconteceu pela insistência de meu material – o romance de Pinget em particular. Em *The Genesis of Secrecy*, Kermode assentou suas especulações sobre fato e ficção com a opinião: "Não é preciso alguém tentar dizer até que ponto nós [identificamos significado e verdade] por causa da saturação de nossa cultura pelas interpretações evangélicas e tradicionais."[20] Talvez não precisemos tentar dizer. Sem dúvida, encontramos dificuldade em dizê-lo. Mas mal podemos reagir ao fato de outros estarem tentando nos dizer.

Notas

1. Cf. meu artigo, "Towards a critical historiography", *Philosophy*, v. 56, n. 217, 1981, p. 365-85. Os comentários de Isaiah Berlin estão registrados em *Philosophy of History and Action*, Yirmiahu Yovel, Dordrecht, 1978.

2. Citado em Frank Kermode, *The Genesis of Secrecy*: On the Interpretation of Narrative, Londres, 1979, p.116.

3. Idem, ibid., p. 107.

4. Ibid., p. 108-9.

5. A afirmação é tirada do início do Oitavo Livro da *History of France*, de Ranke. Peter Gay já chamou a atenção para o efeito deste "parágrafo de frase única rígida" que inicia o livro (cf. Gay, *Style in History*, Londres, 1975, p. 60. Vale a pena mencionar

AS INVENÇÕES DA HISTÓRIA

que a tradução francesa contemporânea do trabalho de Ranke erradica inteiramente o efeito retórico, optando por começar o livro com a afirmação modificada: "*Un homme était mort: on avait vu...*" (cf. Ranke, *Histoire de France*, Paris, 1856, v. III, p. 1).

6. Trad. do autor. Para o original, ver Philippe Sollers, "Le Tri" (entrevista com M. Devade), *Peinture: cahiers théoriques*, v. 13, 1975, p. 51.

7. Kermode, op. cit., p. 122.

8. Lawrence Durrell, *Constance or Solitary Practices*, Londres, 1982, p. vii.

9. Idem, ibid., p. 363.

10. Ibid., p. 389.

11. Trad. do autor. Para o original, ver Michel Serres, "Espaces et temps", *Temps Libre*, v. 1, 1980, p. 14.

12. Cf. "Directions in the Nouveau Roman", *Twentieth Century Studies*, v. 6, 1971.

13. Idem ibid., p. 17.

14. "L'Apocryphe ou la loi nouvelle", *La Revue des Belles Lettres*, v. 1, 1982, p. 45-58.

15. Robert Pinget, *L'Apocryphe*, Paris, 1980, p. 33.

16. Trad. do autor. Para o original, ver ibid., p. 178.

17. Robert Pinget, *Fable*, Paris, 1980, p. 93.

18. Fredric Jameson, *Marxism and Form*, Princeton, NJ, 1974, p. 312-3.

19. Phillipe Sollers, "*Pourquoi j'ai été chinois*" (entrevista com Shushi Kao), *Tel Quel*, v. 88, 1981, p. 30.

20. Kermode, op. cit., p. 122.

OS BORRÕES DE TINTA DE VICTOR HUGO: INDETERMINAÇÃO E IDENTIFICAÇÃO NA REPRESENTAÇÃO DO PASSADO

Meu ponto de partida é a 434ª exposição na fantástica mostra dos trabalhos visuais de Victor Hugo, que foi festejada no Petit Palais em 1986, ano do seu centenário.[1] Um grande banho amorfo de tinta preta esparrama-se no centro do papel, lançando seus pseudópodes ameboides (aparentemente contra a gravidade) para o até então imaculado espaço branco do papel, enquanto a intromissão do selo da Biblioteca Nacional e os numerais cursivos de algum bibliotecário meticuloso nos lembram que isso é um objeto que deve ficar alinhado na sequência numerada dos manuscritos do poeta. Não ficará alinhado, entretanto e a rubrica do catálogo testemunha que ele adquiriu sua verticalidade precipitada e seu novo *status* de imagem emoldurada, de uma espécie de *status* retrospectivo, que é visitado pelo olho do século XX, tão acostumado a formas abstratas e aleatórias da expressão visual. Os numerais aplicados apressadamente pelo catalogador do século XIX, delimitando-lhes o canto superior direito, é prática endossada pela visão estética do século XX, que se orienta pela ideia de *l'équilibre des masses*.[2] Mas ambos são igualmente falaciosos, porque o trabalho pertence de fato a si próprio. Só então vemos que o pedaço de papel recortado, projetado no centro da imagem, que se havia confiado a Hugo sem dúvida por causa de suas margens perfuradas, é moldado pelas tesouras, num modo tal a criar a silhueta de um castelo medieval. Este é o elemento fixo contra o qual a mancha preta como carvão se lança.

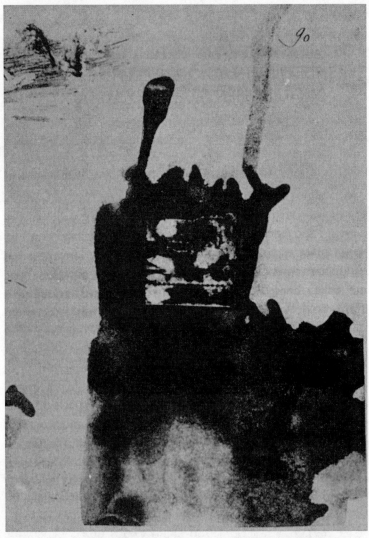

3. Victor Hugo, *Tâches et collage* (data desconhecida), Biblioteca Nacional, Paris.

Chegando a nós dessa forma, um fragmento não datado dos manuscritos de um dos mais prolíficos poetas e escritores do século XIX, a 434ª exposição coloca vários problemas intrincados. E nós poderíamos começar por dispensar o primeiro e mais tratável deles, o trazido pela errônea leitura contemporânea. Isso não se trata de uma colagem. Nem é um trabalho que se empenhe pelo efeito estético produzido pelas conhecidas técnicas aleatórias do movimento moderno. As condições epistemológicas para a produção da colagem surgem apenas em 1912, quando Picasso escreve a Braque seu célebre reconhecimento: *"J'emploie tes derniers procédés papiéristiques et pusiéreux".[3]* Se há um precedente para esta pronta aceitação da diferenciação de materiais, ele não se situa nos produtos visuais anômalos e isolados do século anterior, mas na corrente dominante da pintura francesa moderna, talvez nos trabalhos do final de 1870 realizados por Cézanne, nos quais (para citar Lawrence Gowing) a "diferenciação de cor" torna-se "um veículo principal de definição", resultando em um "alinhamento paralelo de retalhos de cor", que retornará com força ainda maior nas últimas obras-primas de sua carreira.[4] A falsa colagem de Hugo em nenhum ponto encontra, em relação a esta tradição, não mais do que se pudesse ser correlacionada com o momento em que a colagem cubista encontra um sistema aleatório, na composição realizada por Hans Arp "de acordo com as leis do acaso".[5] As colagens de Arp, de 1917 em diante, não estavam meramente interessadas no efeito estético, não mais do que as de Picasso. Sua deliberada exploração do acaso, na distribuição quase fortuita dos elementos, pretende espelhar e criticar a anarquia destrutiva da Europa da Primeira Guerra Mundial. Suas colagens representam uma prática particular, aparentemente trivial, aspirando a um *status* público. O trabalho de Hugo é diferente, ainda que um segundo exemplo demonstre a voluntariosa consistência desta prática notavelmente significativa, que parece ter acompanhado toda a sua experiente e criativa vida de escritor: um castelo feudal, não uma colagem, mas o resultado de um estêncil, como indica sua fantasmagórica repetição, assenta-se em meio a um caos estonteante de materiais. O título, *Ville au bord d'un lac*, sugere um projeto representativo bem diferente do que está sendo realizado aqui.

Assim, estou iniciando este ensaio com a sugestão de que os trabalhos visuais de Victor Hugo podem ser deslindados sem maior dificuldade proveniente da história da arte propriamente dita, à qual eles só podem ser levados a pertencer por uma espécie de reconhecimento errôneo retardado. Não se trata da questão de eles serem bem ou mal feitos, segundo quaisquer critérios que possamos estar usando. Com certeza, também não é uma questão de se eles combinam, ou não combinam, com as noções prevalentes de gênero e acabamento de pintura que dominavam no período durante o qual Hugo estava trabalhando. Se quiséssemos adicionar um pintor à escola Barbizon de pintores de paisagens, poderíamos, com muito boa vontade, admitir o artista de um trabalho como o 119, um desenho a bico de pena e tinta aquarela e *frottage* a carvão, que traz a pertinente data de 1847/1848. Mas esta identificação se dissolveria, em última análise, à luz da natureza obsessiva, repetitiva da atividade de Hugo, que não tinha absolutamente nada em comum com as técnicas inovadoras da pintura *en plein air*. O próprio Hugo tendia a demonstrar um certo constrangimento em falar ou escrever sobre suas produções visuais, quando presenteando-as a amigos, conferindo-lhes, assim, uma exposição a um público restrito. *Ce machin* foi como ele batizou um desses presentes, oferecido em 1857; e para Baudelaire, dois anos mais tarde, ele usou o circunlóquio *"choses que j'appelle mes dessins à la plume"*; em 1862, ele escreveu sobre *"quelques espèces de dessins faits par moi à des heures de rêverie presque inconsciente"*.[6] Mas estas observações panfletárias acordam-se de forma muito particular – ou como poderíamos adequadamente dizer, à vista da referência ao inconsciente – com a evidência de um processo sustentado e dirigido que os próprios trabalhos estabelecem. Em uma composição, *Le Burg à la croix*, presenteada a Paul Meurice em 1850, a mera variedade de técnicas de Hugo fez com que o catalogador trabalhasse horas extras: o meio é *"plume et lavis d'encre brune sur crayon de graphite, encre noir, fusain, pierre noire, crayon noir, gouache, parties frottées, feuille*

AS INVENÇÕES DA HISTÓRIA   113

de papier collée sur une toile elle-même tendue sur un chassis".[7] E é claro que isso não diz nada sobre a extraordinária proliferação de ornamentos em torno da moldura especialmente desenhada, em que Hugo se deixou levar por uma espécie de perícia chamada *poker-work.* *

Imagino então que ninguém irá discordar seriamente, se eu me privar de quaisquer outras referências comparativas à história da arte e considerar estes trabalhos, ou uma determinada seleção deles, como significativos pelo que eles nos dizem sobre os processos criativos de um dos titãs do Romantismo europeu. Isto significa tomar distância deles, numa certa medida, e separar seus vários componentes: o uso da indefinição, o recurso frequente a técnicas repetitivas como o estêncil e, é claro, a concentração em uma temática estritamente limitada dentro da qual o *château-fort* ou burgo medieval é talvez o traço mais dominante. Um artigo recente do acadêmico holandês P. de Voogt tem desenvolvido, de um modo particularmente convincente, a questão das páginas marmorizadas, que eram um traço tão específico do plano de publicação de Sterne na primeira edição de *Tristam Shandy*, e foram corrompidas a ponto de se tornarem insignificantes em edições subsequentes. Sterne via a página marmorizada como "emblema do meu trabalho", e insistia no procedimento incrivelmente laborioso de produzir as folhas individuais necessárias para cada uma das quatro mil cópias; tal insistência, única na história da edição, empresta crédito à visão de que a indefinição da página marmorizada cria o que De Voogt chama "a pintura composta do ponto de vista subjetivo do narrador".[8] É a meta deste ensaio propor um efeito espelhado semelhante ao das imagens produzidas por Victor Hugo, embora para Hugo, relembro, não signifique simplesmente que "ramificações em forma de borrões" ofereçam uma analogia para a indefinição narrativa do trabalho de um romancista. Há algo além em jogo, atribuído mais ao século XIX do que ao XVIII. E eu argumentarei que este algo mais é a necessidade de solucionar,

---

* Sem tradução em português. *Poker* significa "aguilhoar, cutucar, empurrar". (N. T.)

através de tipos específicos de exteriorização visual e material, o problemático relacionamento do autor com um passado imaginário. Se existe uma fantasia que permeia os trabalhos visuais de Hugo, ela é a fantasia da materialização de um corpo histórico, a busca no caos de uma identidade fixada em estêncil ou hieróglifo. O nome do Pai ressoa e se repete nas frágeis texturas do trabalho de Hugo, mas o modo como este processo se desenvolve nos conta muita coisa, a meu ver, sobre a relação específica da história elaborada e realizada no período romântico.

Evidentemente, se nos voltarmos para os primeiros estágios da carreira de Hugo, no período da Restauração, acharemos que, em suas origens, esta sensibilidade histórica era pouco diferente da de seus ilustrados contemporâneos. Como muitos deles, Hugo foi galvanizado pelo surgimento, de 1820 em diante, das *Voyages pittoresques et romantiques* de Taylor e Nodier, que empregavam o novo meio da litografia para criar intensas evocações atmosféricas de uma série infinita de monumentos históricos franceses. Em 1825, ele citou este compêndio no início de seu polêmico artigo, "Sur la destruction des monuments en France", que foi finalmente publicado quatro anos mais tarde. O contraste entre as visões historicamente sugestivas das *Voyages pittoresques* e o verdadeiro estado de inúmeros prédios franceses que se deixaram decair no período revolucionário, era a tônica desse artigo que terminava com a frase ressonante, "*il ne faut pas démolir la France*".[9] E vale a pena notar que Hugo, por volta de 1824, já havia se associado à campanha pela preservação de monumentos nacionais que Taylor e Nodier estimulavam. Não obstante, neste primeiro período há pouco a sugerir à originalidade e ao grau de investimento pessoal que o estilo visual de Hugo iria adquirir no fim dos anos 1840 e 1850. Existe um interesse persistente pela caricatura, desenvolvido por volta do início dos anos 1830; e isso, discutirei mais tarde, está muito intimamente ligado a uma característica particular da exploração de Hugo relativa à identidade através de meios visuais. Mas a preocupação com torres antigas e brumas envolventes, apresentada através desta estranha e subversiva exarcebação da técnica

AS INVENÇÕES DA HISTÓRIA   115

pictórica, tem de esperar até a segunda década da monarquia. O *carnet de voyages* de Hugo, de uma viagem aos Pireneus, empreendida no verão de 1843, é talvez um importante momento decisivo. Um desenho altamente elaborado de uma velha casa em Pau traz uma rubrica que sugere a convencional representação metonímica da história. *"Vieille maison ... a vu naitre Henri IV"*[10] – o monumento é investido, na sua atualidade, da posição de testemunha de uma cena histórica, que só pode ser recapturada através da imaginação. Mas muitos dos outros esboços sugerem uma preocupação crescente com os efeitos da bruma invasiva sobre paisagens senhoriais.[11] Como foi destacado, o momento poético desta viagem enfatiza também o motivo da bruma superando as marcas de identidade na paisagem:

> *C'est un mur de brouillard, sans couleur et sans forme.*
> *Rien au-delà. Tout cesse. On n'entend aucun son;*
> *On voit le dernier arbre et le dernier buisson.*
> *La brume, chaos morne, impénétrable et vide,*
> *Où flotte affreusement une lueur livide,*
> *Emplit l'angle hideux du ravin de granit.*[12]

Mas, antes de nos voltarmos para as implicações mais amplas deste motivo, já que Hugo o emprega constantemente a partir de meados de 1840, eu gostaria de dedicar alguma atenção a um trabalho de tintas (97) da década anterior: *Paysage à la tour Saint-Jacques*, que data de abril de 1837. Aqui, o famoso monumento do centro de Paris, que havia sido mencionado no *Notre Dame de Paris*, de Hugo, no início da década, é colocado numa paisagem profundamente sombria, sob uma nuvem negra, contra uma distante e ligeiramente menos aterradora visão de uma cidade crescendo em torno de uma catedral que bem poderia ser Chartres. Muito genericamente, poderíamos dizer que Hugo efetuou *ostranenie*: a torre é singularizada, fora de seu contexto parisiense, de um modo tal que se destaca – bem, o que é que está de fato sendo destacado? Com referência à "velha casa em Pau", eu falei sobre a "convencional representação metonímica da história", cuja receita é a de que o leitor ou espectador deveria estar desejando ser transportado, em imaginação, para uma cena onde tiveram lugar eventos históricos. Isso não é apenas o cabedal do diorama histórico, nos anos 1820, mas também dos suplementos ilustrados em trabalhos como a *Histoire des Ducs de Bourgogne*,[13] de Barante. E, no início do século seguinte, nós podemos ver Proust reativando o mesmo mecanismo deliberadamente quando assinala as torres de Guermantes, em *Contre Saint-Beuve*:

> Olhe para as torres de Guermantes; elas ainda espreitam a cavalgada da rainha Matilde em sua dedicação a Charles, o Mau. Elas não viram nada desde então ... pense consigo que aquelas torres de Guermantes ergueram--se, erigindo o século XIII ali para todos os tempos, numa data em que, apesar do grande campo de visão, elas não podiam ter lançado um olhar de saudação, um sorriso amigo, para as torres de Chartres ou Amiens ou Paris, as quais ainda tinham de tomar forma.[14]

A visão de Proust, se é que nós podemos chamar assim, é em todos os aspectos o reverso da de Hugo. A torre de Guermantes "erige o século XIII ali para todos os tempos". Ela não está, entretanto, presente ao lado de todas as outras torres na área em torno de Paris, porque cada uma delas tem sua própria identidade no tempo: a imaginação tem de chegar a um acordo com a autonomia do momento histórico. Em contrapartida, Hugo não está simplesmente justapondo dois monumentos de tempos diferentes e lugares diferentes. Ele está colocando a ênfase central no processo pelo qual a imaginação histórica, possibilitada pela mão e pelos materiais do pintor, pode dar vida a uma representação emblemática do passado medieval. É certamente apropriado interpretar esta pintura com as palavras de um poema escrito em 1830, que celebra não o *énoncé* histórico, mas o próprio ato da *énonciation*:

> *Je vis soudain surgir, parfois du sein des ondes,*
> *À côté des cités vivantes des deux mondes,*
> *D'autres villes aux fronts étranges, inoüs,*
> *Sépulcres ruinés des temps évanouis...*
> *Ainsi j'embrassais tout...*
> *Or, ce que je voyais, je doute que je puisse*
> *Vous le peindre. C'était comme un grand édifice*
> *Formé d'entassements de siècles et de lieux.*[15]

Não é preciso enfatizar a implicação bastante óbvia de que Hugo consegue pintar em 1837 o que, em 1830, ele duvidava ter capacidade de representar. Mas realmente parece que vale a pena realçar a ligação, no nível gráfico e psicológico, entre o *"je"* repetido, a marca do ato da enunciação, e a alta estrutura da torre Saint-Jacques deslocada, que o sujeito tanto vê como assimila – se seguirmos a lógica do poema, com sua significativa frase: *"j'embrassais tout"*. O *"je"* se sobrepõe à estrutura singularizada, talvez, do mesmo modo com que ele pode ser traçado paragramaticamente no esplêndido *Carte de voeux* que Hugo pintou em 1856. O nome "Hugo" ocupa o primeiro plano e no fundo – acessível por uma espécie de janela ou perspectiva – está a torre medieval. Traçando uma linha do alto da torre incorporando o *"u"* de "Hugo", podemos perceber um insistente *"j"* representando o *"je"*.

Assim, sugere-se que os trabalhos visuais de Hugo implicam uma espécie de fusão entre o sujeito visível, que literalmente lhes deu vida e as identidades históricas marcadas no campo visual. Entretanto, este não é um processo simples e automático; o véu da cena com estêncil rendilhado, como no trabalho de 1856, e evidentemente as onipresentes evocações de bruma e escuridão são o início da dificuldade do processo. Mas o que Hugo está precisamente buscando resgatar? Em nome de quê ele insiste na encenação de sua cena histórica especular? Uma das composições notáveis do ano de 1850 (123) sugere uma via de acesso a uma resposta, já que ela é completada com o título revelador: *"Souvenir des Vosges, Burg de Hugo Tête-d'Aigle"*. Quando Hugo completou a moldura deste quadro, nove anos depois, e muito provavelmente deu o título, ele deve ter tido no primeiro plano de sua mente os versos de seu poema *Eviradnus*, composto em janeiro de 1859:

> *il attaqua*
> *Dans leurs antres, les rois du Rhin, et dans leurs bauges*
> *Les barons effrayants et difformes des Voges ...*
> *il vint seul*
> *De Hugo Tête-d'Aigle affronter la caverne.*[16]

4. Victor Hugo, *Carte de voeux* (1856), John Rylands University Library, Manchester.

5. Victor Hugo, *Souvenir des Vosges, Burg de Hugo Tête-d'Aigle* (1850, emoldurado provavelmente em 1859), Musée Hugo, Villequier: foto de François Dugué.

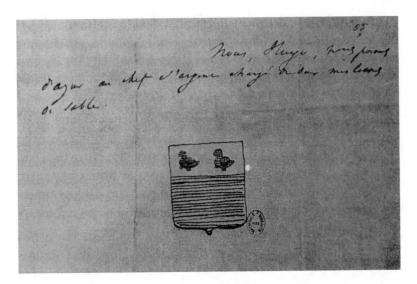

6. Victor Hugo, brasão da família Hugo de Lorraine (c. 1835), Biblioteca Nacional, Paris.

120 STEPHEN BANN

Nesta confrontação entre o jovem herói e os poderes da mons-
truosidade, nós temos, é claro, um auxílio do repertório do mundo
imaginário de Hugo, pelo menos desde a escrita de *Han de l'Islande*
no início dos anos 1820. Mas aqui, à primeira vista, o citado barão
salteador carrega o nome do próprio escritor; ou melhor, é o mesmo
nome, suplementado por uma alegoria heráldica, uma cabeça de
águia. Que tipo de romance familiar está sendo encenado aqui,
pergunta-se? A resposta exige mais um desvio em direção ao passado
da própria família de Hugo, tanto real quanto imaginária.

Especificando alguns detalhes de sua vida, Victor Hugo nasceu
em 1802, durante o Consulado, o terceiro filho de Leopold Hugo
que estava destinado a uma carreira brilhante como um general de
Napoleão e recebeu o título de Conde de Joseph Bonaparte, rei
de Nápoles e, mais tarde, da Espanha. Os títulos napoleônicos
foram, evidentemente, mantidos com o estabelecimento da Restauração e por volta de 1837 a morte dos irmãos mais velhos de Hugo
reservou-lhe o título de Visconde; entretanto, seus próprios talentos
estavam superando rapidamente sua titulação herdada e, em 1845,
ele foi investido como *Pair de France* por Louis-Philippe. Dentre
os desenhos em miscelânea do período da Monarquia, há vários
esboços a tinta (54-56) ilustrativos de seus rabiscos menores durante o período: um autorretrato do perfil esquerdo, um desenho dos
suportes armoriais dos Hugo de Lorraine, datados de uma outorga
original de 1531 e por último o bastante exibido *blason* imperial de
Leopold Hugo, com as armas de Hugo de Lorraine colocadas *en
abîme* e o mote "Ego Hugo" inscrito na faixa. Idealmente, esta série
poderia ser completada com um desenho bem mais elaborado, da
coleção da Maison Victor Hugo (nº 184), que enquadra os patos
do século XVI com as armas imperiais, justapõe um senhorial elmo
emplumado com um diadema imperial e recobre o conjunto num
mantel de arminho dos nobres.

Acontece que, a esse tempo, a própria família de Hugo não
tinha nenhuma ligação comprovada com os Hugo de Lorraine.
Toda esta preocupação com a heráldica poderia ser vista como um
tanto inocente, autoengrandecendo o esnobismo. Mas esta é uma

interpretação que diverge muito do que sabemos sobre Hugo e do que começamos a discutir sobre a significação de seus trabalhos visuais. Logo no início da Monarquia de Julho, em seu "Prefácio" a *Cromwell*, Hugo tinha declarado abertamente que preferia argumentos a autoridades: *"il a toujours mieux aimé des armes que des armoiries"*.[17] Não obstante, o próprio *Cromwell* dificilmente está livre de especulação heráldica. Em sua saudação a Rochester, certamente a personagem complexa que responde mais claramente à necessidade de Hugo de um substituto autoral, Ormond especifica o elmo e escudete do conde, para não falar de seu lema familiar – *"Aut nunquam aut semper"* –, que Ormond então interpreta livremente como: *"Soyez l'appui du roi, de vos droits féodaux, et ne composez pas de vers et de rondeaux. C'est le lot du bas peuple"*.[18] Vale a pena lançar a hipótese de que a heráldica é mais do que uma fraqueza desculpável, e de que ela se relaciona com a questão da identidade histórica. Como Claude Gandelman mostrou recentemente, Proust usa seus desenhos à margem para realizar a fusão, numa espécie de hieróglifo, dos tipos aristocráticos estabelecidos em sua narrativa: a legendária origem da família Guermantes no casamento diferente entre um homem e um cisne – uma fábula contada sobre a autêntica família Lusignan – parece estar na origem de seu pássaro com o elmo. Assim, o borrão ocasional de Proust é um indicador do tipo que toma forma, fixando-se na objetividade da metáfora.[19] O investimento de Hugo é, discutiremos aqui, muito diferente.

Na verdade, poderíamos invocar neste ponto a convincente caracterização de Proust como o autor "romanesco" que detecta e derrota os mecanismos do narcisismo, e Hugo como o autor "romântico" que é proeminentemente uma vítima do "desejo mimético". A descrição de Girard a respeito da manifestação social do desejo mimético passa como um determinado comentário sobre a França pós-revolucionária, com seu mito da "carreira aberta a talentos", sua lúgubre Restauração e sua juventude condenada ao destino ignóbil de um Julien Sorel. Girard escreve: "Em uma sociedade onde o lugar dos indivíduos não é determinado antecipadamente e as hierarquias foram obliteradas, as pessoas estão infinitamente preocupadas em construir um destino para si mesmas ... em "fazer uma carreira".[20] Mas construir um destino pode envolver também contruir um passado lendário. Os produtos da Revolução e do Império não começaram exatamente do zero, e uma estratégia óbvia para o *déraciné* era mobilizar uma história pessoal que se estendesse além da confusão anômala dos eventos contemporâneos. Não raro esta identificação tinha lugar com a mudança de um nome de família ou, efetivamente, do lema de família. Conta-se de Saint-Simon, o pioneiro meritocrata, que durante a revolução ele se determinou a perder o estigma da aristocracia rebatizando-se como "Jacques Bonhomme"; mas o nome eliminado voltou a ele em um sonho, com a figura de seu famoso ancestral Carlos Magno, que colocou tudo em ordem convencendo-lhe do engano: "*Mon fils, tes succès comme philosophe égaleront ceux que j'ai obtenus, comme militaire e comme politique*".[21] Também está registrado, em testemunho histórico mais seguro, que o cardeal-arcebispo de Toulouse, Monsenhor de Clermont--Tonnerre, expressou sua violenta oposição à incorporação da lei canônica pelo governo da Restauração nestes termos: "o lema de minha família, dado a ela pelo papa no Concílio de Clermont, é '*Etiamsi omnes, non ego*', e assim permanece minha opinião hoje".

"*Etiamsi omnes, non ego*" era, evidentemente, o grito desafiador de um conservador intransigente. Mas o que poderia ter significado "Ego Hugo"? A fim de responder a esta pergunta é necessário introduzir um parêntese, que irá englobar uma figura do século XVIII sem nenhuma ligação direta com o próprio Hugo, embora vá ser argumentado que sua identificação com o passado seja notavelmente coincidente com a do próprio Hugo. Em 1757, foi publicada em Copenhague uma coletânea de crônicas inglesas incluindo o recém-descoberto texto de Ricardus Corinensis, também conhecido como Richard de Cirencester; seu editor, Charles Bertram, desenhou a página de rosto, o frontispício de cronistas monásticas observado o Escritório da Eternidade e o altamente detalhado mapa da Bretanha Romana adornado pelos comentários de Richard de

Cirencester, que é dedicado ao patrono de Bertram no mundo antiquário, William Stukeley. O único problema quanto a esta operação tão bem-sucedida é que o assim chamado texto de Richard de Cirencester era na verdade uma completa impostura, embora a descoberta de que ele fosse realmente trabalho do próprio Bertram só tenha sido feita mais de um século depois, e então os efeitos de sua desinformação já haviam infiltrado o corpo de Estudos Clássicos na Grã-Bretanha como vírus numa corrente sanguínea.

Muito se sabe agora sobre a falsificação de Bertram, mas pouco ou nada se conhece sobre o próprio Bertram – um jovem expatriado inglês vivendo em Copenhague e cavando um meio de sobrevivência como professor na Royal Naval Academy. Cartas entre ele e Stukeley traçam o relacionamento entre o jovem entusiasta e o ilustre antiquário, ávido por informação nova sobre a Bretanha Romana. Elas mostram como Bertram, de um modo que dificilmente pode ter sido preconcebido, tornou Stukeley quase o coautor de sua suposta descoberta, já que foi a própria pesquisa de Stukeley por entre pergaminhos monásticos genuínos que desencavou o nome de Richard de Cirencester como o suposto cronista. Mas as cartas não iluminam o mistério central da motivação de Bertram. Relatos recentes, como a vida de Stukeley revisitada por Piggott, detêm-se diante da pergunta: qual era o interesse dele? Declarações gerais sobre ambição e autoexaltação dificilmente dão conta do problema, já que deixam aberta a questão de como Bertram veio a tomar esta trilha particularmente tortuosa e arriscada para uma fama duvidosa.[22]

Deixo a investigação mais completa sobre a fascinante impostura de Charles Bertram para um ensaio posterior deste volume (p. 239). Por enquanto, pode-se dizer que a falsificação de Bertram estava irrecuperavelmente ligada a seu desejo de se identificar com uma grande família medieval do mesmo nome, com a qual ele não tinha parentesco comprovável.[23] Curiosamente, até agora ninguém parece ter notado que a página de rosto de sua edição de Richard de Cirencester é uma demonstração emblemática deste suposto laço e do papel da crônica de assegurar sua assumida identidade.

Os emblemas visuais não podem nos levar mais longe do que isso. Mas eles já falam, pode-se argumentar, com uma integridade que outras relíquias de Bertram não possuem, já que sobre o conjunto de sua correspondência paira a sombra de sua não confessa duplicidade. De qualquer modo, aqui ele esclarece as noções de verdade e falsidade, legitimidade e ilegitimidade, que estão em questão na sua curiosa carreira. A contar deste exemplo, pode-se abrir à discussão, por mais que se mostre precipitado, e sugerir que, nas formas em evolução que começam a se enovelar do século XVII em diante e a estabelecer-se num padrão que é virtualmente moderno por volta de meados do século XIX, existe um padrão recorrente de subjetividade em crise, cujos sinais estão para ser detectados na fraude de origens familiares de um passado imaginário e cujos efeitos transbordam na criação de novos tipos de artefato, novos modos ou ordens, que podem parecer à primeira vista ter pouca ligação com a fantasia de um corpo histórico. Para usar mais um exemplo, John Bargrave, cônego da Catedral de Canterbury no século XVII, inscreve o túmulo de sua família na igreja de Patrixbourne sob um texto comovente que registra ali a dispersão da "*generosa Bargraviana terra*" – a nobre terra da família Bargrave. A família lutou e pereceu na Guerra Civil – "*stetit et cecidit*". Resta apenas o próprio John – "*Lugens scripsit Filius et Frater*". E o que se torna John Bargrave? Ele torna-se um dos primeiros colecionadores de antiguidades, mobiliando adoravelmente seu gabinete de curiosidades com uma série diversificada de relíquias e objetos preciosos, que poderíamos ver – por que não? – como a sua família restabelecida, recuperada da ruinosa ruptura da Guerra Civil. O caso de Charles Bertram é mais dramático, mas seria possível duvidar que fosse mesmo real a perda de sua família, ainda que Bertram jamais tivesse tido semelhante família e Richard de Cirencester jamais houvesse composto uma tal crônica?

Se nós levarmos a discussão adiante, para o século XIX, atingiremos um estágio em que os riscos tornam-se subitamente muito mais altos, de modo que a subjetividade incerta encontra ressonância maciça em um público que agora está pronto para

AS INVENÇÕES DA HISTÓRIA 125

acolher a fantasia de reunião, e participar dela. Bargrave reúne sua coleção em pequena escala: seu caráter fetichista é fortemente marcado pela inclusão de itens como "o dedo indicador de um francês". Du Sommerard, ele mesmo um sobrevivente da ruptura mais prolongada e profunda da Revolução Francesa, reagrupa os itens sem valor que dão testemunho de *la vieille France*. Mas ao mesmo tempo, ele os projeta num esplendoroso simulacro da cena histórica desaparecida e as multidões acorrem em profusão, ansiosas por serem "envolvidas pelos bons e velhos tempos da cavalaria".[24] A diferença reside na amplificação dada à fantasia privada pela nova dimensão da resposta pública. Num certo sentido, um romance de Scott, como *Quentin Durward*, é nada menos que um ardil da crônica do pobre Bertram sobre Richard de Ciren-cester. Afinal, ele realmente proclama, em suas páginas introdutórias, ser a transcrição de um manuscrito genuíno encontrado em um *château* francês. Mas ninguém é tão ingênuo a ponto de assumir a possibilidade de um híbrido particular de verdade e fantasia; aceita-se o pacto da indecisão. Nós poderíamos, é claro, gastar muito mais tempo discutindo Scott neste contexto. Mas o ponto principal certamente está claro. O tipo de comportamento que beira a obsessão ou a criminalidade no período anterior adquire uma espécie de apoteose no Laird de Abbotsford, cujo próprio destino era, na verdade, reaver sua herança de família e dar as boas--vindas ao público leitor da Europa como membros honorários de seu clã restituído.[25]

Então, onde fica Hugo em tudo isso? O que estou inferindo é que os trabalhos visuais de Hugo, dos quais só fui capaz de exibir uma pequena e seletiva amostra, oferecem-nos uma prova fasci-nante do modo com o qual sua odisseia subjetiva foi assumida, em circunstâncias históricas que tornavam necessário para o poeta fazer seu próprio pacto com o passado francês. Estes não são obje-tos de arte; com efeito, eles provavelmente são mais bem-vistos no sentido de Kristeva como "abjetos": indicadores de um processo de individuação que ainda não está completo o bastante para per-mitir a criação de uma linha definida entre o sujeito e o mundo imaginado. Os esboços heráldicos da Monarquia de Julho são incidentes bastante inocentes, mas eles respondem (ao que parece) a uma necessidade complexa de exteriorização visual da noção de antiga e autêntica origem. As complexidades técnicas crescentes das imagens dos anos 1840 e 1850 trabalham de um modo tal que maximize a inexatidão do assunto interferente e, dessa maneira, vingue a luta por uma identidade que é testemunhada especialmente pela forma do castelo. Exilado em Guernsey, em 1857, Hugo volta novamente ao que ele chama *"Souvenir d'un Burg des Vosges"*(181), e neste estágio a prática de desenhar é modificada pelo uso de modelos em estêncil, claramente visível na imagem precedente (180) e camuflado pelo hábil trabalho com pincel na peça mais elaborada. Mas que tipo de coisa é esta que retém a mesma estrutura, quantos quer que sejam os usos feitos dela – que possui uma escala quase infinita de conotações particulares assim como seu próprio significado simbolizado? Poder-se-ia dizer que o estêncil, aqui, está duplicando ou representando o próprio processo da linguagem, e que o correlato adequado do castelo em estêncil é o nome do próprio Hugo, estável do começo ao fim de mudanças revolucionárias – verdadeiramente seu próprio processo, uma vez que pai e irmão haviam falecido e o espelho do público admirador tinha-lhe devolvido numa forma sublime e engrandecida.

Certamente, Hugo extravaza, em seus últimos anos, as pretensões heráldicas e decide-se pela escrita de um "H" monumental, construído sobre a cornija da lareira da sala de jantar em Hauteville House. Mas, por volta de 1860, suas ideias são dirigidas tanto para um futuro utópico intensamente visionado quanto para um passado ideal. A mesa de jantar em Hauteville pode ter à cabeceira, como Philippe Muray nos lembra, uma cadeira patriarcal com um lugar vazio, dedicada *"A nos ancêtres"*. Mas o grande conjunto de desenhos para o trabalho *Les travailleurs de la mer* deveria ser deixado para a Biblioteca Nacional, junto com os outros documentos de Hugo, na expectativa de que um dia "La Bibliothèque Nationale de Paris" se tornasse "La Bibliothèque des États Unis de l'Europe". Hugo coloca neste conjunto de desenhos em particular –

AS INVENÇÕES DA HISTÓRIA

de longe o mais ambicioso que ele empreendeu – tanta perspectiva e recursos técnicos que eles parecem situar-se à parte de outras imagens que temos discutido – não mais meras *barbouillages* mas (como Pierre Georgel enfatizou em sua esplêndida edição) contrapontos ao texto de um modo que apenas Blake havia tentado antes. Talvez o mais impressionante de tudo isso seja a imagem absorvente, que mostra a Durande destruída jazendo como um sacrifício entre os rochedos do Douvres, criando uma imagem cifrada já programada no texto: "*A ce moment trouble, un peu de spectre flotte encore. L'espèce d'immense H majuscule formée par les deux Douvres ayant la Durande pour trait d'union, apparaissait à l'horizon dans on ne sait quelle majesté crépusculaire*".[26] Aqui o "H" maiúsculo é tanto altar como sacrifício, e os dois estão soldados juntos numa estabilidade tal qual uma rocha. Talvez, como Moisés, Hugo se visse preso numa fenda da rocha enquanto o Senhor se omitia. (Uma fotografia da época feita por seu filho sugere isso.) De qualquer modo, em sua velhice, Hugo tinha o direito de se imaginar não como um galho adoentado (como o pobre Bertram), mas como uma parte de uma história maior: "*Bête, caillou, homme, buisson, tout vit au même titre*".[27] A simples história humana poderia ser subordinada, através de uma proeza heroica de reinteração, ao ciclo macro-histórico do mundo orgânico e inorgânico.

Notas

1. Ver *Soleil d'encre. Manuscrits et dessins de Victor Hugo*, catálogo de exposição organizado pela Biblioteca Nacional e Prefeitura de Paris, 3 de outubro 1985 – 5 de janeiro de 1986, p. 288. Os números no texto, referentes a trabalhos de Hugo não ilustrados aqui, seguem a listagem neste catálogo.

2. Idem, ibid., p. 289.

3. Carta reproduzida em *Georges Braque: Les Papiers collés*, catálogo de exposição realizada no Centre Pompidou, junho-setembro de 1982, p. 40.

4. Lawrence Gowing, "The logic of Organized Sensations", em W. Rubin, (Ed.), *Cézanne: The Late Work*, Londres, Thames & Hudson, 1978, p. 56.

5. Ver Jean Arp, *Arp on Arp*, trad. J. Neugroschel, Nova York, Viking, 1972, p. 232.

128 STEPHEN BANN

6. *Soleil d'encre*, p. 143.

7. Etiqueta que acompanha o trabalho na Maison Victor Hugo, Paris.

8. P. de Voogt, Laurence Sterne, a página marmorizada e "o uso de acasos". *Word & Image*, v. 1, n. 3, 1985, v. 5.

9. Victor Hugo, "Sur la destruction des monuments en France", *Oeuvres complètes*, Jean Massin, Club Français du Livre, v. 2, 1969, p. 572.

10. *Soleil d'encre*, p. 99.

11. Pierre Georgel chega ao ponto de sugerir que esta viagem viu o nascimento do *style nouveau* de Hugo; indicações disso podem ser encontradas em trabalhos tais como "Gorges des Pyrenées espagnoles 12 Août brume et pluie" (113): ver *Soleil d'encre*, p. 99.

12. Citado de "Toute la lyre" II, *Soleil d'encre*, p. 99.

13. Cf. Stephen Bann, *The Clothing of Clio*: A Study of the Representation of History in Nineteenth-Century Britain and France, Cambridge, 1984, p. 44-7.

14. Marcel Proust, *By Way of Sainte-Beuve*, trad. Sylvia Townsend Warner, Londres, Hogarth Press, 1984, p. 183.

15. Citado de "Feuilles d'automne", *Soleil d'encre*, p. 87.

16. *Soleil d'encre*, p. 109

17. Hugo, *Oeuvres complètes*, v. 3, p. 87.

18. Hugo, *Oeuvres complètes*, v. 3, p. 104.

19. Ver Claude Gandelman, *Le regard dans le texte*: image et écriture du quattrocento au XXᵉ siècle, Klincksieck, 1986, p. 119-52.

20. René Girard, *Things Hidden since the Foundation of the World*, trad. Stephen Bann e Michael Metteer, Stanford: Stanford University Press, 1987, p. 307.

21. Citado em Philippe Muray, *Le 19ᵉ siècle à travers les âges*, Seuil, 1984, p. 131.

22. Ver Stuart Piggott, *William Stukeley*: An Eighteenth-Century Antiquary, Londres, Thames & Hudson, 1985, p. 126-38, para o relato mais recente da impostura, que, entretanto, evita aventurar-se a interpretar as motivações mais profundas de Bertram.

23. Para a história de família dos Bertram de Mitford, ver *The Complete Peerage*, Londres, v. 2, 1912, p. 159-62.

24. Bann, op. cit., 1984, p. 82.

25. Ver capítulo 5, "The Historical Composition of Place", em Bann, op. cit., 1984, p. 93-111.

26. Pierre Georgel, *Les dessins de Victor Hugo pour Les travailleurs de la mer de la Bibliothèque Nationale*, Editions Hercher, 1985, p. 92.

27. Citado em Muray, *Le 19ᵉ siècle à traves les âges*, p. 71.

CLIO EM PARTE:
SOBRE ANTIQUARIADO
E FRAGMENTO HISTÓRICO

I

Durante as duas últimas décadas, a análise retórica de textos históricos tornou-se um aspecto reconhecido e, na verdade, evidente da historiografia. Nós não esperamos mais achar que os estudos historiográficos estejam desconfortavelmente posicionados entre a "história literária" e a "história das ideias", com o historiador como muito pouco profissional e um filósofo caprichoso demais para passar na revista dessas duas categorias. Hayden White, em particular, virou a mesa buscando interpretar a "idade de ouro" da historiografia do século XIX de acordo com um conjunto limitado de estratégias retóricas e genéricas: ele demonstrou que os textos históricos exibem traços particulares de "situação de enredo" e podem ser interpretados como organizados dentro das linhas dos quatro "tropos principais" da metáfora, metonímia, sinédoque e ironia.[1] Seja como for, de acordo com esta leitura, o historiador do século XIX possuía considerável força criativa, moldando seu discurso segundo determinadas restrições, para produzir um tipo único de textos literários.

Mas, garantindo ao historiador do século XIX seus louros literários, White, de certo modo, dissolveu o laço entre textos históricos e ações históricas – a história como ela é lida e a história como é vivida –, um laço que nós devemos supor ser de fator fundamental. Roland Barthes permite que esta questão venha à tona, embora quase analogamente, em seu próprio estudo do "Discurso da História", amplamente reconhecido, onde ele lista as diferentes categorias de história "épica" e "lírica", quando se detém para indicar que há também uma categoria que poderia ser denominada de "história estratégica", isto é: "a história que tenta reproduzir na estrutura do discurso a estrutura das escolhas vividas".[2] O trabalho de Maquiavel é citado como o exemplo mais óbvio deste terceiro modo historiográfico, e um tal exemplo nos alerta pelo menos para a complexidade das questões envolvidas. Obviamente não se tratava, para Barthes, de cair em um psicologismo ingênuo e pressupor que o discurso histórico seja transparente para as projeções existenciais de escritores e leitores. Como o próprio Barthes cuidadosamente observa, a "estrutura das escolhas" deve ser reproduzida no discurso e isto, inevitavelmente, é um efeito linguístico. E ainda a própria menção de Maquiavel nos lembra que, além da disponibilidade dos modos de discurso, existe realmente uma desconcertante pluralidade de atitudes para com o passado que podem ser notavelmente combinadas na experiência de um único indivíduo. Há o Maquiavel estrategista, virilmente tentando levantar seus companheiros florentinos de seu torpor decadente para libertar a Itália do invasor estrangeiro. Mas há também o Maquiavel que cultua o passado clássico, que deixa suas roupas sujas de trabalho na soleira de sua fazenda toscana e coloca suas "vestes reais e curiais", e confessa em sua carta memorável a Vettori que seu contato literário com os heróis do passado é uma experiência transformadora: "Eu estou absolutamente transformado em sua companhia".[3]

Este registro da pluralidade de atitudes para com o passado nos lembra uma tipologia famosa: *The Use and Abuse of History for Life*, de Nietzsche. Nietzsche estava preocupado não meramente com as estratégias retóricas dos historiadores, mas com os diferentes modos de integrar a experiência do passado na textura da vida contemporânea. Sua tipologia divide estas variantes do "uso e abuso" da história em três categorias principais. Ele escreve:

> A história é necessária para o homem atual por três motivos: em relação à sua ação e luta, em relação a seu conservadorismo e respeito, e em relação a seu sofrimento e a seu desejo de redenção. Estas três relações respondem aos três tipos de história – até onde eles podem ser distinguidos –, a monumental, a antiquária e a crítica.[4]

Deveria ser enfatizado a esta altura que Nietzsche está passando deliberadamente neste trecho (e em outros pontos do mesmo estudo) dos tipos de historiografia para tipos de atitude para com o passado. Ele torna isto bastante claro quando, ao final da mesma parte, incorpora suas distinções históricas em três modos de vida identificáveis.

> Cada um dos três tipos de história florescerá apenas em um terreno e clima: de outro modo, desenvolve-se como uma semente nociva. Se o homem que vai produzir algo de importante tem necessidade do passado, ele faz de si mesmo senhor por meio da história monumental; o homem que pode se contentar com o tradicional e o venerável usa o passado como um "historiador antiquário"; apenas aquele cujo coração está oprimido por uma necessidade imediata e que irá se aliviar do peso a qualquer preço sente a ânsia da "história crítica", a história que julga e condena.[5]

O ponto de vista deste ensaio é que a determinação de Nietzsche em incorporar as diferentes atitudes possíveis para com o passado, mais do que vê-las simplesmente como estratégias linguísticas, mostra o caminho para uma nova elucidação dos temas centrais da "preocupação histórica" no período moderno. E é particularmente assim com respeito ao tipo que Nietzsche batiza de "história antiquária". Com muita frequência, o termo "antiquário" tem sido associado a uma espécie de fracasso em atingir o nível da historiografia verdadeira, "científica"; e o antiquário personificado tem sido retratado como um entusiasta patético, passível de ser desencaminhado por conjeturas absurdas e fantasiosas. Este quadro, evidentemente, não é de todo falso, e teria sido plenamente reconhecível para (por exemplo) os leitores de sir Walter Scott. Mas a questão muda, assim me parece, se nós deixamos de ver o "antiquariado" como a "outra face" desonrosa da história científica e o colocamos no contexto que Nietzsche forneceu. A "atitude antiquária" não é uma aproximação imperfeita de algo mais – que seria a maturidade da historiografia científica, profissionalizada. É um relacionamento específico, vivo, com o passado e merece ser tratado nestes termos.

Mas que termos são estes? Nietzsche interpreta sua caracterização dos diferentes usos do passado de modo esclarecedor, e na parte final deste ensaio tentarei desenvolver sua concepção do uso antiquário comentando um exemplo específico: a vida e o trabalho do antiquário Bryan Faussett, de Kent. Não obstante, a tentação de personalizar e historicizar a atitude antiquária – comprometendo-a com um determinado tipo de vida vivido numa época muito distante – tem de ser neutralizada. Nietzsche escreveu sobre as complexas atitudes históricas de seu próprio tempo, e não há razão para supor que nosso século tenha achado mais fácil adaptar as alegações concorrentes das posições "monumental", "antiquária" e "crítica". O atalho que tomei para a análise desta difícil questão passa por um breve levantamento da iconografia de Clio, a Musa da História, no período moderno. Clio é um símbolo ambivalente da escritura histórica em toda a sua complexidade. Mas ela pode ser levada a afrouxar algumas das relações sobre as quais os usos do passado são apresentados. Para seguir o exemplo da *Anathemata*, de David Jones:

> Nudge Clio
> she's apt to be musing.
> Slap her and make her extol
> all or nothing.[6]

II

Permitam-me traçar um contraste, antes de tudo, entre duas representações de Clio que estão separadas no tempo, mas unidas

AS INVENÇÕES DA HISTÓRIA 133

pelo simples fato de que são ambas em baixo-relevo: uma do conjunto de musas entalhado por Agostino di Duccio para o Tempio Malatestiano em Rimini e a outra modelada por Clodion para a fachada do Palais de la Légion d'Honneur de Napoleão. No caso do Tempio, uma comparação com uma outra musa, a personificação da Retórica, impõe-se como uma peça de referência suplementar.[7] A Retórica encontra-se no ato mesmo de falar conosco, com sua mão levantada para o alto e aberta em nossa direção fazendo um gesto alocutório ou persuasivo. Ela aperta firmemente um livro contra o peito, e está de pé, clara e aprumada, sobre *terra firma*. A História, em contrapartida, está quase de perfil; equilibra-se precariamente sobre um globo que parece estar em rotação. Seu clarim está invertido, como que reservado para uso futuro indefinido, e o livro que ela segura está tão precariamente equilibrado quanto as tábuas da lei do *Moisés* de Michelangelo. O que causa esta impressão de desalinho? Enquanto a Retórica mantém um penteado com trança imaculado, as longas melenas da História ondulam na brisa cósmica; suas roupas também, diferentes das dobras que caem da Retórica, são apanhadas como que por uma corrente de ar.

Abrindo um parêntese, nós poderíamos apontar para uma surpreendente afinidade entre esta figura e o *Angelus Novus*, aquarela de 1920 de Klee – um trabalho que estava na posse de Walter Benjamin e no qual ele baseou sua nona tese sobre a filosofia da história: "o historiador volta as costas a seu próprio tempo, e seu olhar visionário ilumina-se com o vislumbre dos picos das montanhas de gerações anteriores, recuando cada vez mais profundamente no passado".[8] Para Benjamin, o *Angelus Novus* de Klee encontra-se em condição de ser projetado no futuro por "um vento que sopra da direção do paraíso". Se há uma diferença essencial entre as duas personificações de retrospecto histórico, ela está sem dúvida na questão de quão longe são capazes de ver. Como enfatizou Meinecke, a visão perspectiva da história – a capacidade de prefigurar o passado como se ele fosse uma projeção no espaço profundo, respondendo às leis de um único ponto de fuga – é ela

7. Agostino di Duccio, baixo-relevo representando a História (1446-61), Tempio Malatestiano, Rimini.

8. Clodion, baixo-relevo representando a História (c. 1810), Palais de la Légion d'Honneur, Paris, foto Giraudon.

9. Charles Sims, *Clio and the Children* (1915), Royal Academy, Londres.

própria um produto da Renascença e da Reforma. Comparada com o limitado panorama espacial da História de Agostino di Duccio, o *Angelus Novus* é impulsionado para trás novamente, numa profunda vista que recua de ruína em ruína.

Ao lado destas duas desmazeladas representações da história, o reclinar de Clio do Palais de la Légion d'Honneur é uma figura mais contida e digna. Pura adequação neoclássica, ela tem o cabelo arrumado num penteado grego, enquanto as dobras de seu vestido frouxamente drapeado acompanham os elegantes contornos de seu corpo. Uma das mãos repousa sobre seu joelho direito e segura uma caneta de pena, enquanto a outra afasta para o lado as dobras de suas vestes formando um volume em arabesco e, acidentalmente, revela um seio. Precedentes clássicos desta pose, como a *Niobe*, exigiriam que ambos os seios estivessem descobertos: por outro lado, representações clássicas das musas costumeiramente deixam um dos seios exposto. Mas a dimensão iconográfica não é a única a ser levada em conta aqui. As mecânicas da visão requerem que nós tenhamos dois focos principais de atenção ao olhar para este baixo-relevo: o seio descoberto à direita e a caneta de clio no centro da composição. Da caneta, então, nosso olhar é transferido para a esquerda da composição, onde um querubim está traçando sobre uma tábua as letras que presumimos a própria Clio tenha escrito e, na borda extrema, um pensativo busto do jovem Napoleão observa. A escrita segue no Ocidente, como todos sabemos, um regime de movimento de cima para baixo e da esquerda para a direita. Neste trabalho também, o lugar de escrever é a esquerda, mas o foco na mão direita compete com ele por nossa atenção.

Uma espécie de equívoco nos persegue enquanto refletimos sobre o relacionamento desta musa e suas acólitas com a prática da história – com o vento cósmico que anima as outras duas representantes que acabam de ser descritas. Na Clio de Clodion, a dimensão existencial está quase ausente: a história é passado enquanto registro, e futuro enquanto documento. O jovem Napoleão, ou Bonaparte, no toucado que pressagia a imagem agitada da *Bridge at Arcola*, de Gros, está sonhando com uma vasta posteridade.

É parcialmente por causa desta lacuna visível entre passado e futuro, e da impossibilidade de situarmo-nos em relação a ela, que somos atraídos pelo contorno modelado do seio descoberto de Clio.

Mais de um século depois, uma outra Clio neoclássica, que poderia ser livremente derivada das mulheres carpideiras do *Brutus* de David, defronta-nos com uma composição em forma de frisa que contrasta a musa com um grupo de jovens devotas. Esta é, no entanto, uma composição de cenário contra uma paisagem inglesa, possivelmente os Baixios do Sul ou algum lugar igualmente requintado. O quadro para obtenção de diploma de Charles Sims para a Royal Academy, *Clio and the Children*, não nos deteria por muito tempo por seus méritos como pintura. Mas sua concepção como uma alegoria, na linha sinuosa que viemos seguindo, é esclarecedora. Clio está vestida fartamente com um traje folgado, que cobre seu cabelo assim como seu corpo. O ombro e o braço estão expostos, mas apenas de modo a acentuar, no posicionamento lânguido do braço, um sentimento de impotência e desespero. Clio lê um longo pergaminho que é quase inseparável, em cor e textura, de sua própria vestimenta, exceto porque ele parece estar confusamente manchado de sangue. Evidentemente, Clio não está exuberante. Ela está lamentando. Mas sua jovem audiência presta atenção à sua fala ininterrupta, as meninas nitidamente um tanto mais desconfiadas do que os meninos – ou melhor, o menino, porque além de uma única criança pequena que fica bem ao fundo, o menino na postura da *Boyhood of Raleigh* é o único ouvinte do sexo masculino. O ano do quadro de Sims é 1915.

Um outro exemplo poderia ser acrescentado a esta lista concisa, embora por motivos óbvios ele desafie qualquer forma de representação visual. Quando o sociólogo francês Jean Baudrillard falou sobre o tema *The year 2000 will not take place* em Sydney, Austrália, no ano de 1984, ele se referiu a uma História que estava "exaurida na pluralidade de seus efeitos especiais". A comparação que ele escolheu para ilustrar este tema apocalítico foi a do foguete que desenvolve impulsão suficiente para desafiar a gravidade e sair da atmosfera terrestre. Segundo esta imaginação espetacular, Clio seria sem dúvida uma espécie de *Space Challenger*, carregando seu texto como um satélite artificial a ser colocado em órbita. Enquanto a musa de Sims não enxerga além de seu pergaminho ensanguentado, e certamente não tem visão sobre o horizonte baixo das planícies inglesas, a Clio de Baudrillard é lançada em uma órbita de onde ela vê tudo e absolutamente nada. Está soturnamente lá em cima, já que o "vento do paraíso" cessou de soprar. Sua visão não é a visão perspectiva, uma construção lógica que estabelece seus próprios domínios sobre distância e proximidade. É um deslocamento perpétuo em torno do globo, no qual (diferente da musa de Agostino) ela não tem sequer um mínimo ponto de apoio.

Eu tenho feito alegorias bastante livremente com base nesta fonte de representações de Clio. Outros pontos poderiam ser levantados sobre elas. Mas sem insistir demais nas ligações específicas que venho traçando, gostaria de enfatizar a discussão principal. A história não é simplesmente um gênero literário. Ou, pelo menos desde o fim do século XVIII, tem sido inconcebível classificar a escrita histórica como uma subdivisão da literatura. A história implica uma atitude para com o passado e com o que quase poderia ser chamado de uma "miragem" do passado; esta visão não pode ser dissociada dos códigos de visibilidade estabelecidos e formalizados na prática de perspectiva da Renascença. Daí minha ênfase na postura de Clio e na inspiradora interligação de Klee e Benjamin como devotos do *Angelus Novus*. Mas história também é um corpo e um texto. Como um texto, ela carrega uma autoridade quase equivalente à da lei – e Paul Veyne nos fez lembrar como a base de legitimação da cultura histórica é emprestada diretamente do protocolo da discussão legal e teológica. Como um corpo, é acessível por formas que ignoram ou passam ao largo da lei. Não posso pensar em modo mais econômico de expressar esta ambivalência do que a imagem que Clodion escolheu para sua Clio – uma imagem que data do início do século que inventou o moderno estudo da história: Clio desvelando o seio enquanto, simultaneamente, indica o texto gravado da lei.

Como é possível seguir além na interpretação desta importante mas enganosa distinção? Eu sugiro que isso possa ser feito pela ampliação de algumas das ideias já discutidas, fornecidas por Nietzsche e seus sucessores. Ao diferenciar a atitude antiquária da monumental para com a história, Nietzsche inferiu a possibilidade do que poderia ser chamado de uma abordagem não imediata do passado. O antiquário, como ele expressou, "respira um ar bolorento".[9] Sua experiência do passado é, nesta metáfora forçada, moldada diretamente sobre a experiência sensorial. Seguindo a mesma linha de argumentação, nós poderíamos prestar particular atenção às distinções que Alois Riegl fez em seu ensaio excepcionalmente original sobre "O culto moderno aos monumentos", onde ele discriminou especificamente o que é valor artístico, valor histórico e o que chamou de "valor de época". O valor artístico pouco necessita de explicação ulterior, visto que se relaciona com as hierarquias de valor absolutas cultuadas na tradição ocidental, pelo menos desde a Renascença. O valor histórico é igualmente autoexplicativo; ele implica, como coloca Riegl, considerar um monumento em termos de "seu *status* original como um artefato" – mais do que por "traços do declínio natural que ocorreu desde a sua criação".[10] Oposto a esta tendência inevitavelmente idealizadora, Riegl estabelece o critério de "valor de época", que é definido por sua imediata acessibilidade à percepção: ele incorpora "um imediato efeito emocional que não depende de conhecimento acadêmico nem de educação histórica para sua satisfação, já que é evocado pela simples percepção sensorial". Aqui, sem dúvida, temos o análogo teórico para o campo de visão dividido de Clodion – por um lado, a lei, e por outro, o seio ofertado.

Mas nem Riegl nem Nietzsche estavam preocupados em desenvolver as implicações heterodoxas de suas proposições. Riegl evoca a "simples percepção sensorial"; mas a que sentido se refere? Nietzsche fala de "um ar bolorento"; mas o que faz o sentido do olfato neste contexto? Será que podemos ir além deste tipo de perspectiva lapidar, e tentar compreender o calço psicológico para esta "sensibilidade antiquária"? É claro, mas o único modo de fazer

AS INVENÇÕES DA HISTÓRIA 141

isto é buscar suas origens no crescimento do antiquariado no final do século XVIII e no início do XIX. Mesmo que este ensaio não seja lugar para um levantamento extensivo, posso pelo menos fornecer algumas pistas sobre os tipos de consideração que poderiam ser relevantes aqui. Os antiquários têm sido vistos tradicionalmente como as "ovelhas negras" na família da ciência histórica. Eles têm sido associados, particularmente na primeira parte do período ao qual me refiro, a concepções errôneas, erros e, efetivamente, falsificações. Tudo isso significa que eles têm permanecido um tanto oblíquos à lei histórica. Mas uma tal posição pode significar que eles têm muito a nos dizer sobre o lado da história, que não é o da tábua entalhada mas, ao contrário, o do seio descoberto.

III

Comecemos, entretanto, apenas pela tal tábua entalhada: datada de 1769, e erigida pelo antiquário de Kent, Bryan Faussett, no modesto "pavilhão" de fragmentos históricos, que era o registro de sua paixão por colecionar. A inscrição diz:

> Que a imagem em baixo-relevo na qual você vê representado o retrato de Canuto, o rei dinamarquês que, por volta de 1023 d.C., restaurou a Catedral de Canterbury, destruída por seu próprio povo, é realmente muito provável, já que ela foi de fato retirada de escavações em 1764 d.C. do meio de um muro, parte de um edifício possivelmente erigido em tempos normandos, outrora chamado de Sala de Hóspedes e situado no monastério da mesma igreja, caído, quebrado, lambuzado de giz. O que quer que seja, Bryan Faussett, em 1769 d.C., inspirado pelo amor à antiguidade, cuidou de instalá-la neste lugar, ainda que inconveniente, onde está preservada do esquecimento e de mãos mais rudes.[11]

É pouco necessário salientar que a atribuição do busto em questão ao rei Canuto era fantasiosa, e que ela devia mais ao desejo de que assim o fosse do que a uma justificação histórica, razão pela qual não seria aceita seriamente hoje. Bryan Faussett desejava forçar a "probabilidade" a este ponto. Mas a fragilidade desta identificação é certamente sobrepujada nesta pequena inscrição (que foi colocada ao lado do busto no pavilhão de Faussett) pela atenção literalmente amorosa prestada ao objeto em si: "caído, quebrado, lambuzado de giz" (*prona, manka, gypsoque oblita*), ele foi "preservado" (*redemptum*) do "esquecimento e de mãos mais rudes". O antiquário fez tudo isso por conta de seu "amor à antiguidade", seu "*amor vetustatis*".

"*Vetustas*" é na verdade um termo fragrante. Mais do que "antiguidade" no sentido geral, ele tem uma aplicabilidade especial a estados de época, que também são estados de deterioração, e daí não resta dúvida quanto ao que Riegl descreveu como "valor de época". Mas sua inscrição nos diz muito mais sobre a psicologia de uma tal experiência do passado. Porque ele estava diretamente interessado em pressupor o relacionamento de seus objetos para com uma diversidade de fomentos. A pia batismal que ele resgatou e finalmente reintegrou à igreja de Kington é descrita como tendo sido "jogada fora por causa de sua velhice" e "destinada por muitos anos a conter comida para porcos (um ultraje infame, ai!).[12] A "tampa de pedra de um ossário" que ele instalou no pavilhão próximo à suposta cabeça de Canuto é suprida com um pequeno e refinado texto, que contrasta os restos áridos das cinzas com os doces e benéficos líquidos que estavam misturados com eles. "Através dos buracos que continha, os que sobreviveram tinham o hábito de derramar, sobre os restos estéreis de seus amigos, lágrimas, vinho, mel e bálsamos em determinados momentos como um marco de devoção."[13] Com certeza, está claro que a necessidade de Faussett em ornar seus achados fragmentários com estes rótulos evocativos, provocando repulsa ou prazer, dizem-nos menos sobre os próprios objetos do que sobre sua própria força de motivação. Em um nível, ele está operando códigos binários simples, no qual elementos "benéficos" estão postos contra os "maléficos" ("comida de porcos"), e materiais "áridos" ("giz, cinzas") contra os efeitos curativos e nutritivos de líquidos ("lágrimas, vinho, mel e bálsamos"). Mas uma tal estratégia implica mais do que a mera manipulação de um código. Ela implica que esta atitude mesma para com os objetos do passado continha um forte componente oral.

Sugerindo isso, estou adiantando um possível enquadramento, dentro do qual o fenômeno do "antiquariado" e seu lugar nas teorias de Nietzsche e Riegl pode ser analisado e discutido posteriormente. Por um lado, quero dizer um pouco mais que deveríamos prestar mais atenção à existência de um apetite oral como modelo para a apropriação de objetos e fragmentos – e à realidade do aparente paradoxo do "declínio benéfico" que se vincula a essa busca peculiar. Parece-me divertido e significativo que a carta de Faussett a um colega antiquário, datada de 13 de setembro de 1764, mencione que ele está aguardando, junto com alguns amigos, um jantar de carne de veado e, nesse meio tempo, procede à lista das recentes aquisições para sua coleção: "uma múmia muito boa ... e um quase alto-relevo de Canuto, o Dinamarquês, tardiamente encontrado, com sua face voltada para baixo e coberto com uma argamassa, no meio de uma parede muito grossa..."[14] Além da suposta cabeça de Canuto, que (como vimos) ele tentou remir através de seu *amor vetustatis*, aquela múmia é um caso esplêndido do objeto que provocaria *repulsa* se não incitasse o apetite histórico e, assim, transformasse conotações de aridez e decadência em uma forma mais benéfica. (Veado também tem uma carne que deve ser pendurada para adquirir sabor e marinada de forma a que sua secura possa ser compensada!) Eu arriscaria a suposição de que este deslize metonímico de acepipes comestíveis para fragmentos históricos tornou-se uma espécie de lugar comum quando os hábitos dos antiquários foram discutidos, de modo que quase um século depois de Faussett ter escrito sua carta, a *Comic History of England*, de Gilbert e A'Beckett, podia se referir, numa nota de pé de página, ao muro de Agricola, nos seguintes termos:

> Os restos deste muro ainda existem, para fornecer alimento aos arqueólogos, que ocasionalmente festejam sobre os tijolos, tornados veneráveis com o incrustar-se das eras. Um pãozinho matinal entre os montículos, nas proximidades de onde este famoso muro existiu, é considerado o mais saboroso dos repastos para o antiquário.[15]

10. Tábua inscrita do pavilhão de Faussett (1769), Royal Museum, Canterbury.

11. Efígie descrita como Rei Canuto, do pavilhão de Faussett (1769), Victoria and Albert Museum, Londres.

Aqui, por um lado, está algo do material primário de uma variedade anedotária e despreocupada que ajuda a estabelecer uma conexão entre apetite oral e *amor vetustatis*. Por outro lado, há muito mais evidência substancial que vem da vida e do trabalho do maior antiquário da época romântica, sir Walter Scott. Onde Faussett tinha seu modesto pavilhão, Scott tinha Abbotsford. Como antes já expliquei pormenorizadamente a estratégia de Scott ao construir Abottsford, com referência particular ao "fragmento" e a suas conexões orais,[16] não me deterei longamente nesta causa. Basta dizer que Scott compreende plenamente e articula o componente oral no culto das antiguidades. Ele explica com graça e lisura a Washington Irvin que, nas ruínas da abadia de Melrose existe "uma rara seleção ... como num queijo Stilton e com o mesmo gosto – quanto mais mofado, melhor".[17] Mas, Assim como Scott situa em seu romance *The Antiquary* a cativante mas ambivalente imagem do fanático pelo passado, ele também é amplamente capaz de transcender os apetites do *amor vetustatis* e assinalar seu triunfo em uma nova criação poética. O pavilhão de Faussett tornou manifesta a evidência de sua fixação nos fragmentos do passado. Mas Scott faz mais do que isso. Em Abbotsford, ele cria uma mansão gótica substituta – não uma cópia e não apenas uma concatenação irritante de autêntico com não autêntico, mas uma versão inconsútil do gótico para seu próprio tempo. E, é claro, seus romances históricos fazem muito mais do que isso. Eles muito genuinamente colonizam uma nova e vasta região para a imaginação histórica. Se o feito de Scott é concebível no caso de não levarmos em consideração o fenômeno do *amor vetustatis* – entre antiquários particularmente, mas também presente, presume-se, em forma diluída entre o público leitor –, eu duvidaria seriamente.

IV

Tendo mudado dos atributos da musa para os hábitos de jantar do antiquário, quero concluir este ensaio com um breve esboço das consequências teóricas do desvio de atenção proposto aqui. Eu comecei fazendo a pergunta: "o que significa realmente ter uma "atitude", ou alguma espécie de relacionamento, com "o passado"? Os materiais apresentados aqui sugerem que a pergunta pode ser respondida por duas vias determinadas que não são, entretanto, de modo algum incompatíveis. Elas envolvem, por um lado, um ordenamento hierárquico dos sentidos e os efeitos de sentidos admitidamente inferiores, como tato, paladar e olfato, na companhia do órgão superior da visão; e, por outro lado, a construção de um sistema de "parte" e "todo", de acordo com o qual percepções limitadas mas imediatas do "passado" podem ser integradas em uma consciência global da história como uma dimensão à parte, mas acessível, da experiência. Vamos observar essas duas áreas, uma após a outra.

Que a conceituação do passado, em termos de espaço ordenado em perspectiva, está cheia de consequências para a experiência "do passado" parece-me fora de qualquer dúvida. Como sugeriram McLuhan e outros, o desenvolvimento simultâneo da teoria da perspectiva e da tecnologia de impressão impôs um crescente grau de abstração sobre os sistemas de comunicação ocidentais, substituindo uma "visão" idealizada pela íntima conjunção das habilidades visuais que caracterizaram, por exemplo, a leitura de um manuscrito medieval iluminado. Como Marmontel reconheceu em seus escritos sobre história, uma consequência da visão perspectiva foi que o espaço imaginário do passado recuado deveria ser concebido como um espaço de uma particularidade diminuta: "Quanto mais distante a posteridade para a qual se escreve, mais o interesse pelos detalhes é diminuído ... Restam apenas pessoas famosas e homens verdadeiramente ilustres, cujas particularidades ainda são interessantes a uma certa distância".[18] Encarado deste modo, escrever impõe um regime que é comparável ao da pintura perspectiva, visto que nenhum detalhe, ou objeto, é acessível em si mesmo, mas constitui simplesmente um elemento integrado dentro do instigante espaço da perspectiva. Mas o que acontece, neste caso, com o objeto ou relíquia histórica? Que *status* ele tem?

É precisamente esta pergunta que os antiquários do século XVIII e seus sucessores mais esclarecidos no século XIX viam-se irresistivelmente compelidos a fazer. Du Sommerard, o fundador do Museu de Cluny, escreveu sobre seu "ardor pela Idade Média" (um eco do "*amor vetustatis*"?) como estendendo-se a "objetos materiais", do mesmo modo que o de sir Walter Scott.[19] Em outras palavras, este "ardor" estendia-se a objetos que podiam ser tocados e cheirados, se não efetivamente saboreados. Dan Sperber escreveu com grande convicção em seu *Rethinking Symbolism* sobre o lugar que os cheiros ocupam em nossa experiência simbólica. A seu ver, os cheiros são independentes de verbalização, mas, precisamente por este motivo, são poderosos veículos de simbolismo: "Por exemplo, ao tentar identificar um odor, pode-se reviver memórias que são mais cativantes do que o próprio cheiro, mais insistentes do que o desejo original que se tinha de identificá-lo. Esta relativa liberdade de evocação está na própria base do uso social deste mecanismo psicológico, o simbolismo".[20]

O comentário de Sperber certamente nos habilita a entender o profundo efeito das novas expressões institucionais do passado, como o histórico Museu de Cluny, no início do século XIX. Aqui não havia simplesmente "detalhes", mas objetos do passado: "mobiliários, tapeçarias e cortinas, vitrais, pratos, armaduras, utensílios e joias".[21] Tudo estava amontoado nas salas da velha casa que os abades de Cluny tinham na cidade. Não é difícil supor que Du Sommerard e seus visitantes, como o antiquário de Nietzsche, devam ter "respirado um ar bolorento": que os órgãos olfativos devem ter sido excessivamente estimulados por esta coleção sem precedentes. Como coloca um jornalista contemporâneo: "você está como que envolvido pelo velhos bons tempos da cavalaria".[22]

Envolvimento é, evidentemente, um conceito particularmente apropriado para uma experiência dos sentidos que não seja direcional – não sujeita ao ordenamento de um espaço visualmente coerente. E quanto àqueles "velhos bons tempos da cavalaria"? Eles, ou melhor, sua simbolização é precisamente o dividendo daquela "liberdade de evocação" que Sperber vê como próprias do sentido ignóbil do olfato.

Minha atitude neste ensaio tem sido mais descritiva do que avaliadora. Mas tendo descrito Clio em numerosas personificações diferentes, e tendo discorrido sobre as recompensas imediatas do *amor vetustatis*, quero esclarecer os perigos, assim como as delícias do apetite antiquário que Bryan Faussett tão notoriamente exibe. Nós não precisamos da imagem de Baudrillard de uma "História exaurida na pluralidade de seus efeitos especiais", ou da minha imagem correspondente, do satélite espacial Clio, para reconhecer que no período atual o estudo da história está em crise. Enquanto os historiadores são mais numerosos do que jamais foram, e suas técnicas, mais variadas e sofisticadas, eles foram colocados na situação de ter de justificar a relevância sociocultural de suas atividades. Como um todo, eles estão desconcertados por esta exigência, já que, se a relevância da história para a sociedade não é assumida como autoevidente, deve haver realmente muitas explicações a dar. Não vou entrar neste debate em específico. Mas eu sugeriria que parte da razão para a lacuna que se abriu entre a historiografia especializada e a consciência social geral e o uso do passado reside no evidente repúdio à dimensão que venho considerando. No século XIX, a história extraiu força das atitudes coincidentes e fundidas com o passado – atitudes tão variadas quanto as descritas por Nietzsche como "monumentais", "críticas" e "antiquárias", e todas elas contando com fortes mecanismos psicológicos e códigos sociais. Se dei um lugar proeminente neste relato a Bryan Faussett e suas muito sensíveis inscrições, é precisamente para acentuar o elemento que naquela mixórdia foi desvalorizado. O que é definitivamente importante é que um certo equilíbrio deve ser restabelecido.

Como isso pode ser feito? Num certo sentido, a imagem da Clio de Clodion já mostra os diferentes componentes do manto da história repartindo-se em pedaços. Adrian Stokes usa a figura da Musa da História de Agostino em sua discussão do Tempio Malatestiano; é, segundo ele, um ovoide, ou uma esfera achatada, que demonstra o princípio da "abordagem esculpida". De acordo com a teoria do desenvolvimento infantil de Melanie Klein, que enfatiza o movimento da identificação de "parte do objeto" para "todo o objeto", Stokes define o entalhe de Agostino como um triunfo da integridade e "simultaneidade". Diante disso, nós esquecemos as qualidades do ritmo, tão supervalorizadas na história subsequente da arte ocidental, e experimentamos a "função integral com o bloco".[23] A Musa de Agostino, desse modo, efetua uma espécie de obliteração do tempo nos interesses de espaço e material. Em contraste, a Musa de Clodion é o veículo de uma identificação de "parte do objeto". O seio modelado é um foco de atenção, a caneta e o querubim que decifra o texto são outros. Nós pairamos sobre um e outro sem apreender plenamente a unidade da composição global. E, na medida em que o trabalho se resolve num certo número de pares dinamicamente contrastados, nós corremos o risco de fetichizar aquelas partes, dotando cada uma de uma potência que entra em desequilíbrio com a apreensão do trabalho como um todo. Este é realmente o perigo da atitude "antiquária".

Mas os historiadores e os pensadores históricos do século XIX estavam bem conscientes desse perigo. O esquema tripartite de Nietzsche é um modo de formalizar o problema. Outro é o método retórico de Proust, que aguçadamente identificou a tendência para o fetichismo no trabalho de seu mentor, Ruskin, e reconheceu os procedimentos textuais adequados para superar tal tendência.[24] A discussão de Proust sobre as antiguidades de Guermantes, em *Contre Sainte-Beuve*, é uma virtuosa demonstração do exercício da imaginação histórica, que começa com o que pode ser tocado e prossegue por meio do poder talismânico do nome histórico para a experiência da história como uma alteridade mediata. Embora uma parte disso tenha sido citada no capítulo anterior, merece mais atenção neste contexto, já que reencena a discussão implícita deste ensaio:

> E se Guermantes não desaponta, como fazem todas as coisas imaginadas quando reduzidas à realidade, isso sem dúvida é porque em nenhum momento é um lugar real, porque mesmo quando se está vagueando por lá, sente-se que as coisas que se veem ali são meramente as embalagens de outras coisas, a realidade encontra-se não neste presente, mas em outro lugar, bem longe, que a pedra sob a sua mão não é mais do que uma metáfora do Tempo; e a imaginação alimenta-se na Guermantes visitada assim como se alimentou na Guermantes imaginada porque todas estas coisas ainda são apenas palavras, tudo é uma figura esplêndida do discurso que significa alguma outra coisa ... Quanto às torres do castelo, eu lhes digo que elas não apenas são daquela data, como que ainda estão nela. Isso é o que nos agita o coração quando se olha para elas. As pessoas sempre dão conta da qualidade emocional de edifícios antigos dizendo quanto eles devem ter visto em sua época. Nada poderia ser mais mentiroso. Olhe para as torres de Guermantes; elas ainda espreitam a cavalgada da rainha Gertrudes em sua dedicação a Charles, o Mau. Elas não viram nada desde então. O momento em que as coisas existem é determinado pela consciência que

AS INVENÇÕES DA HISTÓRIA 151

as reflete; nesse momento, elas tornam-se ideias e recebem sua forma; e sua forma, em sua perpetuidade, desdobra um século dentro de outros.[25]

A insistência de Proust na "alteridade" dos objetos do passado é, claro, um efeito textual. É apenas no nível do texto que "tudo é uma figura do discurso que significa alguma outra coisa". Mas, precisamente porque Proust lê, e escreve, o mundo como um texto, ele ajuda a iluminar a visão muito diferente do passado que foi rememorada neste ensaio. Na vida e no trabalho de Bryan Faussett pode ser encontrada uma personificação particularmente autêntica da atitude antiquária. Os objetos são resgatados de suas condições pesarosamente decadentes – "caído, quebrado, lambuzado de giz" – e o *amor vetustatis* ajuda a reintegrá-los em um lugar de honra e segurança, como o pavilhão Faussett. Assim a "reverência" que Nietzsche assumiu como característica do antiquário tem sua contrapartida psicanalítica na apropriação fetichista de objetos; o pavilhão é um testemunho eloquente das intensas motivações de Faussett, mas ele permanece um espetáculo fragmentado, não chegando a atingir a mais vaga ideia de integridade que pudéssemos exigir. Para reunir os dois principais fios condutores deste ensaio, poderíamos equiparar a imagem dividida da Clio de Clodion – tábua entalhada contra o seio modelado – com os dois registros separados produzidos no pavilhão de Faussett: a inscrição latina e o desgastado fragmento gravado. Faussett tenta superar esta divisão admitindo que efeitos de sentimento, na verdade de *pathos*, brotem do contexto incongruente da inscrição latina. Proust devolve o fragmento histórico, por meio do nome histórico, ao texto, que é tanto um registro quanto uma objetivação do sentimento. Ele torna inteligíveis os movimentos que são necessários para atingir uma experiência completa da alteridade do passado.

Notas

1. Cf. em particular Hayden White, *Metahistory*: The Historical Imagination in Nineteenth-Century Europe, Baltimore, 1973.

2. Roland Barthes, "The Discourse of History", trad. S. Bann, em E. Shaffer (Ed.), *Comparative Criticism*: A Yearbook, v. 3, 1981, p. 15.

3. Citado em Niccolò Maquiavel, *The Prince and the Discourses*, Nova York, 1950, p. xxix.

4. Friedrich Nietzsche, *The Use and Abuse of History*, trad. Adrian Collins, Indianópolis, 1978, p. 12.

5. Idem, ibid., p. 17.

6. David Jones, *The Anathemata*, Londres, 1972, p. 88.

7. As duas figuras estão reproduzidas nos *Critical Writings*, de Adrian Stokes, Londres, v. 1, 1978, ilustrações 113 e 114.

8. Citado em O. K. Werckmeister, "Walter Benjamin, Paul Klee, and the angel of history", *Oppositions*, v. 25, outono de 1982, p. 117.

9. Nietzsche, op. cit., 1978, p. 20: "ele frequentemente chega tão baixo a ponto de ficar satisfeito com qualquer comida, e devora avidamente todas as migalhas que caem da mesa bibliográfica".

10. Alois Riegl, "The modern cult of monuments: its character and its origin", *Oppositions*, v. 25, outono de 1982, p. 31ss.

11. Citado em R. F. Jessup, "The Faussett Pavilion", v. 66, 1953, p. 7-8.

12. Idem, ibid., p. 7.

13. Ibid., p. 6.

14. Ibid.

15. Gilbert Abbot e A'Beckett, *The Comic History of England*, Londres, 1847, p. 9.

16. Cf. Bann, *The Clothing of Clio*, p. 93-111.

17. Idem, ibid., p. 101.

18. Ibid., p. 28.

19. Ibid., p. 79.

20. Dan Sperber, *Rethinking Symbolism*, Cambridge, 1975, p. 122.

21. Citado em Bann, op. cit., p. 82.

22. Idem, ibid.

23. Adrian Stokes, Critical Writings, 1978, v. 1, p. 250.

24. Cf. Marcel Proust, "En mémoire des églises assassinées", em *Pastiches et Mélanges*, Paris, 1947, p. 151: Proust também usa o termo *idolâtrie* para exprimir aspectos da atitude de Ruskin para com os objetos do passado (p. 166 ss).

25. Marcel Proust, *By Way of Sainte-Beuve*, trad. Sylvia Towsend Warner, Londres, Hogarth Press, 1984, p. 182-3.

VISÕES DO PASSADO:
REFLEXÕES SOBRE O TRATAMENTO DOS OBJETOS HISTÓRICOS E MUSEUS DE HISTÓRIA

O título deste ensaio é emprestado de uma exposição no Museu Britânico (1987-1988). No cartaz que a anunciava há uma reprodução de uma aquarela do Castelo de Bramber, Sussex, datada de 1782. Neste trabalho do artista topográfico James Lambert, que fora encomendado pelo antiquário local sir William Burrell como uma ilustração para sua projetada História de Sussex, duas figuras diminutas estão observando a pira venerável, e uma delas está claramente desenhando.[1] Mas o título da exposição, o mesmo dado a esta aquarela, poderia ser acusado de solicitar a pergunta: em que sentido, se é que há algum, estas duas figuras – o artista e seu companheiro – estão "visualizando o passado"? Existe algum sentido em declarar que estes atentos observadores (e as pessoas do fim do século XVIII a quem servem de substitutos) não estavam simplesmente considerando uma peça de arquitetura em seu cenário natural, mas "visualizando" a história em uma de suas manifestações contemporâneas e concretas? Aqui, vou admitir que a pergunta não é sem sentido e que (afora este exemplo) existe um sentido no qual os modos de representação visual, do fim do século XVIII em diante, tornam-se crescentemente modulados pelo que poderia ser razoavelmente denominado a visão do passado. Mas não tomarei isso como uma verdade autoevidente. Ao contrário, é uma noção que deve ser sustentada e defendida com referência aos modos particulares de representação que estavam sendo desenvolvidos e burilados naquela conjuntura histórica.

Evidentemente, não há nada especialmente ousado no argumento de que "visualizando" (que dá uma conotação cultural diferenciada à atividade mais neutra de "vendo") constitui uma prática que é historicamente condicionada e determinada. De Riegl a Foucault, historiadores da arte e historiadores culturais têm desejado reconhecer estes tipos particulares de investimento que o homem ocidental imprimiu na noção de "visibilidade", pelo menos desde o tempo da Renascença. Em um de seus primeiros escritos, Panofsky iniciou um debate sobre a "perspectiva como uma forma simbólica" que persistiu (ainda que algumas vezes sob uma forma obscura) por mais de meio século e ainda está longe de ter perdido seu interesse.[2] A ilação de que a perspectiva estabeleceu um modo de visibilidade estritamente determinada, e assim facilitou a criação de discursos de poder sobre séries e classes de objetos, foi apresentada e testada em muitos contextos diferentes. Entre exemplos recentes desse tipo de argumento, encontrados quase ao acaso, eu citaria a discussão acerca dos termos visuais "sinopse" ou "teatro", como um modo de classificação científica no século XVII, e a do "panorama", como o paradigma dominante de paisagem grassando no século seguinte.[3] A noção de visibilidade aplicada à paisagem tem alcançado, além disso, uma proeminência especial no estudo aproximado das realidades do poder e dos modos de representação no século XVII que foi empreendido por John Barrell. Para ele, a metáfora da "visão" tem uma aplicação imediata às tentativas de teóricos e apologistas políticos de definir o tipo ideal de estadista:

> Os que podem compreender a ordem da sociedade e da natureza são os observadores de um projeto, no qual outros são meramente objetos. Alguns compreendem, outros são compreendidos; alguns estão aptos a vistoriar o panorama extensivo, outros estão confinados dentro de um ou outro dos microprojetos que, para o observador compreensivo, são partes

AS INVENÇÕES DA HISTÓRIA

de uma paisagem mais ampla, mas, para os confinados dentro deles, são tudo o que veem.[4]

Nesse exemplo em particular, a "vista" não é, claro, unicamente metafórica. A declaração não é apenas figurativamente dotada de uma visão abrangente, mas realmente (de acordo com o fundamento lógico político adotado na saudação de Pope a Bolingbroke) a possuidora de vastas terras. É sem dúvida um aspecto da penetrante transformação de concepções de previdência, de públicas a particulares, que Barrell observa em um outro estudo recente,[5] em que a "visão" de paisagem do século XIX não corresponderia necessariamente a este quadro de fama notória. A "Vista de Scott" – um esplêndido panorama do Tweed Valley e das Eildon Hills que ainda é celebrado como tal por inúmeros cartões-postais – não é a vista de um proprietário de terras sobre suas posses e, consequentemente, a demonstração de riqueza que não precisa temer a ameaça de suborno. É uma tomada de posse figurativa, que compreende tanto o aspecto pitoresco da cena como suas associações históricas e míticas. Scott foi, nem é preciso dizer, um filho legítimo dos Borders, e se ressentiu acima de tudo da imprevidência de seus ancestrais ao alienarem as imponentes ruínas medievais da abadia de Dryburgh (bem junto ao campo de visão da "Vista de Scott") e construiu sua própria pira medieval substituta ao lado do Tweed em "Abbotsford".[6] Mas sua maneira de realizar isso era alcançando fama e riqueza como poeta e romancista e, nessa ocasião, arruinou-se na realização de sua ambição neobaronial.

O estadista do século XVIII de Barrell é, assim, o possuidor de grandes terras, e por causa disso ele se qualifica como uma pessoa de visão abrangente. Scott (se se pode generalizar a partir deste único exemplo) põe sua assinatura em uma vista – uma vista particular e potencialmente pública – que ganha seu próprio sentimento profundo pela região de Border, embora ela não perca, de modo algum, suas ligações históricas anteriores – com os romanos invasores ou com o mago medieval Michael Scott –, que são efetivamente incorporadas na vista. A "Vista de Scott" das

Eildon Hills seria, então, uma "visão do passado", para o público que conheceu seu trabalho e fez a peregrinação aos lugares associados a ele? É impossível responder a esta pergunta, ou talvez conferir-lhe algum significado, neste estágio da nossa discussão. Mas o que pode ser declarado é que um modelo diferente do presumido no exemplo de Barrell está repercutindo. Para Barrell, um olho comanda a vista, e todo o resto é visto como objetos ou, no máximo, comanda um "micropanorama". No caso de a "Vista de Scott", um "panorama" é materializado, "assinado" pelo poeta e disponível ao público leitor, na medida em que assimilaram esse *ethos* particular do histórico e do pitoresco.

A ilação de que a noção de "vista" foi democratizada – ainda que ela possa não ser uma mudança política – combina-se bem com o que provavelmente ainda é o mais esclarecedor de todos os textos relacionados com a "visão do passado", embora date do início de nosso século: "The modern cult of monuments: its characters and its origin", de Alois Riegl. Como observado no ensaio precedente (p. 140), Riegl é altamente original ao considerar o "significado" dos monumentos (e seu crescente apelo popular) em relação a três critérios separados: seu "valor artístico", seu "valor histórico" e seu "valor de época".[7] Dos dois primeiros, pouco precisa ser dito, exceto que eles correspondem a diferentes modos de materializar e distanciar o "monumento", seja por dar a ele um certificado de excelência atemporal, seja por atestar sua relevância para uma determinada sequência de eventos passados. Mas "valor de época" é bem diferente. Trata-se de uma propriedade perceptível do edifício (ou objeto) que dificilmente é mediada, para Riegl, por algum conhecimento especial de arte ou história. Por conseguinte, ele pode ser registrado pelos que não têm nenhuma experiência significativa de alta cultura:

> Quando comparado com outros valores, o valor de época tem uma vantagem sobre todos os outros valores ideais do trabalho de arte, ao reivindicar dirigir-se a todos e ao possuir validade universal. Ele eleva-se acima das diferenças de crença religiosa e transcende diferenças de educação e de compreensão de arte. E de fato, os critérios pelos quais reconhecemos o valor de época são, via de regra, tão simples que podem ser apreciados

até por pessoas cujas mentes estão, diferentemente, voltadas exclusivamente para as constantes preocupações da existência material. O mais simplório colono é capaz de distinguir um velho campanário de um novo.[8]

Assim sendo, Riegl não tem nenhuma dúvida de que o desenvolvimento do "valor de época" é comparativamente recente. Ele escreve que a "ascenção do valor de época no fim do século XIX" como que gerou tipos particulares de conflito (p. 44), notadamente o óbvio, entre o valor atribuído aos signos visíveis de era e decadência e o critério funcional de "valor de novidade". Mas é razoável perguntar se Riegl está datando a ascensão do valor de época de acordo com o crescente reconhecimento de que um tal critério precisa ter o devido peso (sendo sua própria formulação teórica o estado final no processo) ou de acordo com alguma estimativa histórica do estágio no qual as pessoas, mesmo "colonos", começam a observar as coisas deste modo. É muito provável que seja o caso do primeiro. Riegl está concluindo um processo de ajuste teórico ao fato de o "valor de época" – um valor atribuído aos signos visíveis de era e decadência – ter se tornado um fator impossível de ignorar no curso do século XIX. Seu sucesso ao identificar e dar valor a este "terceiro fator" é, dessa forma, comparável ao feito de Nietzsche que encontrou um lugar importante em seu *The Use and Abuse of History* para a assim chamada atitude "antiquária", a dedicada atenção do antiquário a tudo o que era "pequeno e limitado, mofado e obsoleto".[9]

Assim, estamos legitimados ao supor que o "valor de época" de Riegl, como a "atitude antiquária" de Nietzsche, possa ser atribuído, como um fenômeno histórico, a um período anterior àquele no qual foi detectado e no qual recebeu *status* teórico. Mas como podemos ir além, concedendo conteúdo mais específico à gênese histórica de tais modos de "visualizar o passado"? O único modo, assim me parece, é olhar mais rigorosamente para o desenvolvimento de formas de representação e particularmente para as que foram moduladas, de meados do século XVIII em diante, com os temas do passado. Precisamos, em outras palavras, tentar retomar os estágios embrionários do que, para o final do século XIX, era um produto completamente maduro. Numa visita a Canterbury, Henry James reparou de modo particular em um claustro, "muito poeirento, mofado e estragado, e, é claro, muito 'previsível'".[10] Ao tempo de James, evidentemente, o sintagma poeirento/mofado/estragado/"previsível" já está bem estabelecido. O crítico está simplesmente repetindo uma série de conexões que se tornaram lugar comum. Mas temos de relembrar que estas conexões foram originalmente forjadas no próprio processo das mudanças modais na história da representação que teve lugar a partir de meados do século XVIII. A cena "naturalmente muito esboçável" foi pré-restringida por inúmeras cenas semelhantes, elas próprias o produto tanto da história técnica da mídia como da estética evolutiva do pitoresco.

Minha tarefa, portanto é formular uma série de hipóteses conexas sobre as possibilidades de visualizar o passado que se desenvolveram no século que vai, *grosso modo*, de 1750 a 1850. Um ponto de partida tão bom quanto qualquer outro é a impressionante aquarela, de um artista desconhecido, do *Interior da igreja de Letheringham voltado para o oeste* (c. 1765), que foi incluída na exposição anteriormente mencionada, *Views of the past*.[11] É claro que esta dilapidada igreja de Suffolk, lotada até explodir de túmulos que dão testemunho de sua glória passada, estava atraindo a atenção dos interessados em história nos meados do século XVIII. Em 1744, o antiquário de Suffolk, Tom Martin, impressionado pelas efígies dos Boviles, Wingfields e Nauntons que repousavam ali, comentou que só uma grande igreja como a abadia de Westminster era tão "completamente adornada com tais nobres restos da Antiguidade como os que são encontrados aqui". Mas foi a dilapidação da igreja, assim como a riqueza de seu conteúdo, que também chamou a atenção. Uma década depois de Martin, Horace Walpole observou que a igreja estava "muito arruinada, embora contendo tais tesouros".

A aquarela anônima que registra Letheringham como ela era em 1765, ou por volta desta época, certamente transporta esta mensagem dos "tesouros" em meio a "ruínas". Mas é uma questão bem diferente supor (como faz o organizador da exposição) que este trabalho pode ser classificado como "um registro de decadência". Isto não é apenas uma evasiva verbal. A técnica seca do aquarelista e seu ardiloso controle da perspectiva, que inclui uma efígie medieval subindo do chão para nos encarar, são certamente bem-sucedidos em transmitir o amontoado desordenado da igreja abandonada. Nós podemos ver as vigas salientando-se irregularmente contra o céu. Mas "decadência" é um termo que pertence a uma série diferente de percepções do passado – aquelas de que nós falamos ao invocar o "valor de época" de Riegl e o "bolorento", como registrado por Nietzsche e James. Não há mofo nesta imagem de Letheringham, nenhum sentimento do real processo de deterioração que está presumivelmente ocorrendo. Em vez disso, a igreja como uma construção está passando por uma espécie de estado extremo de desordem mecânica, e a força retórica da imagem é bem a mesma do comentário de Walpole: a catacrese de "tesouros" dentro de "ruínas".

Não digo que Letheringham não foi percebida como um exemplo de "decadência" – simplesmente que esta imagem (e estes comentários) não *representa* de fato o processo de decadência. Que é perfeitamente possível encontrar exemplos contrários dos anos 1760 é bem atestado pelo já discutido fenômeno do pavilhão de Faussett, uma agora destruída coleção de objetos e inscrições que esteve abrigada até 1950 na modesta estrutura que trazia esse nome nos terrenos de Nackington Court, perto de Canterbury. Riegl notou as conexões entre "valor de época" e "incompletude ... falta de integridade ... tendência para decompor forma e cor".[12] O fragmento de pedra desgastado e mutilado, que Faussett resgatou e instalou em seu nicho, é certamente um exemplar eloquente dessas qualidades, sugerindo a tendência do artefato a voltar, na plenitude do tempo, à "natureza amorfa". E o próprio Faussett interveio, por meio da inscrição, para enfatizar o *pathos* de seu ato de recuperação histórica. A figura é a de um "bispo ou abade", truncado, ai! (*proh dolor!*), por um longo tempo arrastado de lugar para lugar, à qual "Brianus Faussett" agora foi capaz de oferecer uma espécie de asilo (*asylum, quale quale*).

12. *Interior da igreja de Letheringham voltado para o oeste* (c. 1765), British Library.

13. Efígie e tábua inscrita do pavilhão de Faussett (1769), reproduzida de *Archaeologia Cantiana*, v. 66, 1953.

No argumento que está sendo traçado aqui, o pavilhão de Bryan Faussett serve como uma espécie de linha base para a "sensibilidade antiquária", a qual (eu diria) foi útil para reavaliar e representar o passado de um modo revelador. Valiosos estudos recentes foram publicados sobre antiquários individuais e sobre o fenômeno do antiquariado como um todo na Inglaterra do século XVIII e início do XIX.[13] Mas pouca atenção se prestou à questão particular com a qual estamos preocupados: isto é, o papel dos antiquários para garantir não apenas novas interpretações da história mas uma singular "visão do passado". Aqui, o ponto importante parece ser o de que os antiquários interessavam-se apaixonadamente pelos objetos abandonados e decadentes que eles estavam salvando. A evidência de uma natureza psicanalítica pode sem dúvida desempenhar um papel ao se explicarem quais determinados mecanismos do desejo estavam sendo ativados neste processo afetivo.[14] Mas, no contexto desta discussão, é importante notar simplesmente que os antiquários como Faussett deram um forte caráter afetivo ao próprio processo da recuperação histórica e arqueológica e, fazendo isto, sem dúvida contribuíram poderosamente para o mito dominante da historiografia romântica – a de que o passado seria "ressuscitado".

Evidentemente, essa ressurreição mítica do passado foi alimentada por numerosas correntes de pensamento e sentimento diferentes, que dificilmente poderiam ser pormenorizadas aqui. Meio século após o artista anônimo ter registrado os "tesouros" da igreja de Letheringham, Thomas e Charles Alfred Stothard já estavam bem encaminhados em sua imponente coleção de *Monumental Effigies*, que era até o momento um levantamento sem precedentes do tipo de escultura funerária medieval que Letheringham possuía em profusão. Em vez de registrá-las *in situ*, amontoadas umas sobre as outras, os Stothard analisaram cuidadosamente os melhores pontos dos monumentos, exibindo detalhes significativos assim como visões gerais. Mas toda esta diligente especificação era governada por um programa global que foi epitomado na mensagem alegórica de seu frontispício: "As Efígies Monumentais resgatadas

AS INVENÇÕES DA HISTÓRIA 163

ao Tempo". Aqui, uma efígie medieval pouco graciosa está sendo projetada em órbita por um grupo de *putti* assistindo a uma figura feminina que é presumivelmente a Musa da História. O trabalho como um todo, portanto, brota de uma prática de cuidadosa análise e meticuloso registro do detalhe histórico. Mas a meta final dos dois artistas é participar na ressurreição geral da história passada, que era tão característica do período que eles estavam vivendo.[15]

Inevitavelmente, a imagem só pode desempenhar esta função se for apoiada por uma narrativa explícita ou implícita. No caso de Faussett (que sem dúvida é excepcional), a narrativa é a de suas próprias descobertas pessoais e da reabilitação dos objetos em questão. No caso das *Monumental Effigies*, a narrativa das vidas dos potentados medievais cujas efígies são apresentadas está justaposta à imagem, suprindo um elo abreviado mas necessário na corrente do processo histórico do qual elas foram retiradas. Mas por trás dessas narrativas parciais, podemos imaginar que a coleção dos Stothard dependeu, para sua plena efetivação, (como dependeu para seus subscritores) da vasta expansão que estava sendo efetuada (durante o exato período de seus trabalhos) pelas produções poéticas de um autor como sir Walter Scott.

Minha questão é basicamente esta. Os antiquários (e Scott, de certa forma, claramente se encaixava nesta rubrica) davam valor a objetos históricos, e não é anacrônico sugerir que este valor era do terceiro tipo mais tarde teorizado por Riegl, nem artístico, nem, propriamente falando, histórico no tipo, mas identificado com os sinais visíveis de velhice e decadência. Mas os poetas, romancistas e, efetivamente, historiadores, que eram ungidos pela sensibilidade antiquária, foram capazes de levar mais longe suas intuições, articulando novas narrativas pitorescas e dramáticas de um passado até então abandonado. Na medida em que essa narrativa assumia o papel principal de servir como um "ícone" do processo histórico,[16] ela tendia, inevitavelmente, a esvaziar o objeto e a imagem de seu papel catalítico. "Visualizar o passado" não era mais uma questão de mediação através da representação visual, ou pelo menos não predominantemente: o público leitor podia imaginar um reino rico e pitoresco, agudamente diferenciado do mundo de hoje, simplesmente através da mediação da palavra impressa.

Precisa ser enfatizado, como uma modificação dessa hipótese, que tanto os romances históricos, como as histórias propriamente ditas, eram frequentemente complementados com materiais visuais (ilustrações de página inteira, vinhetas etc.) durante esse período. Não pode haver divisão nítida na prática – ainda que pudesse ser estabelecida em termos fenomenológicos – entre a leitura da narrativa e o ato de registrar as imagens dentro do trabalho publicado desse período. Não obstante, parece válido argumentar que o estímulo original oferecido pela imagem tende a ser anulado pela existência de uma narrativa forte, que a relega a um papel meramente decorativo. É fascinante considerar, deste ponto de vista, a gravação de T. Gilks sobre o túmulo de um cruzado, que aparece como uma vinheta no final da história "Grey Dolphin", no *Ingoldsby Legends*, de Barham (primeira série, 1840). A efígie retratada é de fato a de sir Robert de Shurland, na abadia de Minster-in-Sheppey, e traz uma curiosa cabeça de cavalo aos pés cruzados do cavaleiro, sem dúvida devida ao fato de que ele havia obtido uma concessão real dos "Despojos do Mar".[17] Mas a história, "Grey Dolphin", é a recapitulação de uma lenda local que sustentava que o supracitado cavaleiro foi morto (segundo uma previsão de uma velha mulher) após dar um descuidado pontapé em um objeto achado na praia, que aconteceu de ser o crânio de seu antigo cavalo de batalha! O que Barham faz a partir daí é narrar, no interesse de uma plateia popular, um bom conto de vingança terrível, que era obviamente baseado (em sua forma lendária original) em nada mais substancial do que a estranha e aparentemente inexplicada aparição da cabeça de cavalo ao lado da efígie. A efígie real, em outras palavras, serve como mero pretexto para uma lenda rebuscada, contada agora em vívidos e sedutores (mas completamente irreais) detalhes. Barham não pode se conter em salientar a ironia lidando ligeiramente e, supostamente, chegando a um acordo com os objetos do passado:

Na igreja-abadia em Minster ainda pode ser vista a tumba de um guerreiro em repouso, trajado com a cota de malha do século XIII. Suas mãos estão unidas em oração; suas pernas, cruzadas na posição tão prezada pelos Templários nos tempos antigos, e pelos alfaiates nos modernos, revelava-o como um soldado da fé na Palestina. Bem junto a seu tornozelo destro jaz uma escultura em relevo de uma cabeça de cavalo; e uma respeitável senhora de idade, enquanto mostra o monumento, não deixa de prestar a seus ouvintes uma apurada lição de moral sobre o pecado da ingratidão ou de derramar uma considerada lágrima à memória do pobre "Grey Dolphin"![18]

14. T. Gilks, vinheta ilustrando "Grey Dolphin" de Barham, Ingoldsby Legends (primeira série, 1840).

Como que para sublinhar a ironia à custa precisamente dos antiquários que deram tanta importância a objetos fragmentários e desconjuntados, Barham acrescenta, em sua segunda edição, uma nota a esta peroração que está aparentemente zombando das pretensões de um autêntico antiquário e genealogista, John Britton:

> Subsequente à primeira aparição da narrativa precedente, a tumba a que se aludiu foi aberta durante o curso de certos reparos pelos quais a igreja estava passando. Mr. Simpkinson, que estava presente à exumação do corpo dentro dela e enriqueceu sua coleção com três de seus dentes molares, diz que os ossos de um dos dedões estavam faltando.[19]

O irônico texto de Barham é, assim, um comentário significativo sobre os modos da representação histórica que ele parodia. Antigamente, ele parece inferir, uma testemunha moderna poderia ter "visto a tumba do guerreiro em repouso" e alcançado uma visão imaginária do passado remoto. Agora, uma tal testemunha está tão farta de tais induções que não pode sucumbir a elas ingênua e diretamente, mas pode apenas ser levada a participar de um jogo que estimula o processo de reconstrução histórica. Antigamente, o antiquário era uma figura séria e respeitável. Agora, ele revela-se ridículo, e até necrófilo, em sua aviltante paixão pelas relíquias do passado.

Se esta fosse apenas uma questão de "objetos" e "textos" oferecerem acesso ao passado por meios visuais, provavelmente teríamos de concluir com uma mensagem desse tipo: que "visualizar o passado" era uma possibilidade absolutamente ínfima oferecida pelos modos representacionais mutantes do período, e rapidamente veio a parecer um mero efeito retórico que havia perdido qualquer apelo à atenção séria. Mas é claro que os antiquários não simplesmente juntam objetos e oferecem motes para contadores de história populares. Até Bryan Faussett cuidou de arrumar seus estimados objetos na forma de um pavilhão, onde cada relíquia e inscrição teria contribuído para um efeito global que era mais do que a soma de suas partes. A história de "visualizar o passado" em nosso período não é, portanto, simplesmente o registro de um investimento pessoal em objetos e em seu "valor

AS INVENÇÕES DA HISTÓRIA   167

de época"; é também o registro de uma tendência crescente para acumular e ordenar tais objetos em instalações permanentes, em outras palavras, para montar museus. Faussett fracassou, segundo este critério, já que sua coleção foi eventualmente rejeitada pelos curadores do Museu Britânico sob o pretexto de que ela não era "arte elevada"[20] (e até seu pavilhão foi finalmente desmontado, tendo sido dispersos seus componentes). Mas havia outros que conseguiam dar uma forma mais definitiva a suas coleções de objetos e, dessa forma, criar tipos característicos de ambiente nos quais a história podia ser visualmente experimentada.

A essa altura, alguns leitores podem estar impacientes com minha insistência em que algo de novo estava sendo desenvolvido nesse período. Afinal, tinha havido coleções de escultura antiga, para não falar em "gabinetes de curiosidades", bem antes de 1800. Como pode ser argumentado que estas não ofereciam uma "visão" da história, enquanto suas sucessoras na época romântica o faziam? Em parte, a resposta a esta pergunta reside num teste simples. Em que medida tais objetos foram reunidos sob critérios históricos e em que medida sob critérios puramente artísticos? (A divisão de categorias de Riegl parece se aplicar também aqui, mesmo que, para o século XVIII, possa bem ser que um agrupamento sob critérios "históricos" ainda não seja conceitualmente acessível.) O outro aspecto a ser considerado é o do aspecto físico e ambiental do conjunto, já que eu afirmaria sem receio que a recriação histórica implicava atenção particular a aspectos tais como a iluminação geral do espaço.

A galeria de esculturas de Robert Adam de Newby Hall, em Yorkshire, construída para o *connaisseur* William Weddell, é um exemplo útil a se considerar, já que ela foi completada nos anos 1760, quando coleções antiquárias já estavam sendo montadas. Recente pesquisa de Robin Middleton trouxe à luz o extraordinário feito de Adam ao invocar a "plenitude, a integridade da forma clássica" por meio de invisíveis artifícios em madeirame, ripas de argamassa e emboço,[21] mas a personalidade de seu patrono se mantém misteriosa. Diante da pergunta sobre por que Wedell –

"o segundo filho de um homem que tinha herdado uma fortuna, meio por acaso" – escolheu "gastá-la numa evocação tão pródiga de uma visão clássica",[22] Middleton só pode esperar que, como resultado de alguma pesquisa futura, "as origens de sua crença de toda uma vida no esplendor da herança clássica do Mediterrâneo possa ser desnudada".[23] Para nossos propósitos, é bastante concluir que todo o vocabulário com o qual a realização de Weddell e Adam é aclamada aponta para um critério "a-histórico" de excelência. A meta é recriar o "esplendor da herança clássica"; e, embora este propósito possa implicar que uma luz "mediterrânea" esteja sendo buscada, na qual se estabeleçam os soberbos objetos clássicos trazidos para casa por Weddell, trata-se realmente de uma questão de transcender o tempo e o espaço na realização de uma visão ideal em que a história como processo não desempenha nenhum papel. Não apenas os trabalhos reunidos por Weddell não exibem nenhum "valor de época" (mesmo quando foi feito um conserto à maneira do século XVIII, ele é sutilmente camuflado nos interesses de uma perfeita integridade); poderia ser razoavelmente concluído que seus *status* como objetos *históricos* foram apagados e as suaves formas de mármore aproximam-se tão intimamente quanto possível de arquétipos do pensamento.

O efeito atemporal da galeria de esculturas em Newby (e de muitas outras semelhantes a ela)[24] sugere um sistema visual fechado em si mesmo. A temporalidade ideal cancela os sinais visíveis de distância do presente. Na verdade, há boas razões para argumentar que o *connaiseur* neste período não poderia (ou não iria) simplesmente ver os sinais do passado; nos termos de Riegl, ele censurava completamente a dimensão de "valor de época". Quando lorde Elgin realizou o feito de transportar os "mármores" do Parthenon para a Inglaterra em 1816, um *connaisseur* como Richard Payne Knight refreou-se diante da aparição destes desgastados objetos fragmentários. Suas habilidades visuais, formadas no estudo de objetos de pequena escala, como moedas e estatuetas, simplesmente não poderia acomodar a intromissão dos epopeicos blocos de pedra de Elgin.[25]

AS INVENÇÕES DA HISTÓRIA

Não obstante, Payne Knight foi quem popularizou, em um outro nível, a teoria altamente influente do *pitoresco*, que deixou o caminho aberto para uma visão do mundo clássico bem distante da perfeição atemporal de Newby. Como ele propôs em seu ensaio "On Taste" em 1805:

> Edifícios arruinados, com fragmentos de muros esculpidos e colunas quebradas, os restos deteriorados do gosto obsoleto e da magnificência decaída, oferecem prazer a todo observador cultivado, imperceptível ao incauto ... A mente é levada pela sua visão à mais agradável sucessão de ideias, e todo o cenário em torno recebe um caráter acessório, que nós comumente chamamos "clássico".[26]

Empregando a psicologia popular do associacionismo, derivada de Locke, Payne Knight pelo menos concede que o "observador cultivado" possa ser transportado em seus pensamentos, como resultado do estímulo visual. Mas, mais uma vez, podemos duvidar se alguma visão caracteristicamente *histórica* foi envolvida. Os sinais reveladores na passagem citada acima são sem dúvida as instâncias de *catacrese* – "gosto obsoleto e da magnificência decaída" –, que sugerem, mais do que uma visão característica do passado, um "prazer" no paradoxo e na contradição. Além disso, a "sucessão de ideias" conduz inevitavelmente, poderia parecer, ao conceito dominante do "clássico", que já é superestabelecido por seu significado como uma tradição cultural continuada. Nada novo sairá da visão das ruínas de Payne Knight.

O mesmo é verdade, em última instância, quanto à mais original e influente de todas as coleções do início do século XIX: a encerrada no Museu de sir John Soane em Lincoln's Inn Fields. Felizmente, o Museu de Soane ainda existe, enquanto os museus franceses dos quais falarei mais tarde foram fechados ou alterados a ponto de se tornarem irreconhecíveis. Mas a própria sobrevivência da instalação de Soane, que nos permite responder energicamente aos aspectos didáticos e pessoais de seu trabalho, também facilita a percepção de que a visão de história não era um de seus temas-guia. No subsolo do Museu, próximo à câmara sepulcral que contém o sarcófago egípcio de Seti, encontramos um "Parlatório do Monge", criado em 1824, trabalho em que Soane mais se aproxima do modo de antiquariado gótico. Sua própria descrição, entretanto, torna claro que esta é uma inclusão satírica. "Pode, talvez, ser perguntado, antes de deixar esta parte do museu", sugere ele, "em que período viveu o monge cuja memória está aqui preservada, e se ele deve ser identificado com algum daqueles cujos feitos elevaram seus nomes. A resposta para estas perguntas é fornecida por Horácio: *Dulce est desipere in loco.*"[27] Evidentemente, o monge – padre Giovanni – é o próprio Soane, e a piada gótica é denunciada com um rótulo latino ("é agradável ser disparatado no devido lugar").

O notável Museu de Soane é, não obstante, comparável, em um aspecto, com o museu francês que inaugurou a classificação sistemática, por período, de objetos históricos: o "Musée des Monuments français de Alexandre Lenoir.[28] Soane prestou atenção especial ao modo pelo qual vitrais, espelhos e superfícies douradas podiam ser usadas para fundir objetos individuais em um efeito visual global.[29] Lenoir também era zeloso com a iluminação, e com as maneiras pela qual ela podia ser usada para unificar e distinguir um dado espaço. Um visitante escocês do Museu, em 1803, descreveu tanto seu conteúdo quanto sua iluminação:

> Nós fomos ver o supracitado Convento dos Petits-Augustins no qual estão depositados todos os túmulos e monumentos que escaparam à fúria dos revolucionários (eles estão arrumados em claustros e apartamentos diferentes), cada um contendo os espécimes de estatuária e escultura no curso de um século, começando com os primeiros períodos da arte e recebendo luz através de janelas de vidro colorido, tão próximos quanto possível dessa mesma antiguidade. Alguns espécimes muito belos e curiosos ... estão entre eles.[30]

Embora esta não seja uma descrição exaustiva do conteúdo do museu de Lenoir, ela apreende muito bem o princípio essencial, e mostra quão clara deve ter sido sua mensagem didática. Lenoir interveio pessoalmente, durante o período revolucionário, para salvar monumentos significativos que, de outro modo, estavam ameaçados de destruição, e já em 1795 ele tinha aberto – "para a instrução de nossos artistas do futuro" – as salas de seu depósito no antigo Convento dos Petits-Augustins, na margem esquerda do Sena, em Paris. Talvez o aspecto mais significativo do pioneiro trabalho de Lenoir, como ele próprio se deu conta, tenha sido o fato de que a arte medieval, do século XIII em diante, foi incluída na imponente sucessão das salas dos séculos, que eram elas próprias tão intimamente ajustadas ao caráter histórico de seus conteúdos quanto o edifício original admitia.[31] Mas mesmo a mais recente das salas, o antigo salão de jantar dos monges que foi dedicada ao século XVII, carregava os signos de um ambiente discretamente unificado, no qual nenhuma intromissão de um período estranho era permitida. A pequena pintura a óleo de Hubert Robert desta sala do Museu é um testemunho interessante da encenação visual de Lenoir dos objetos do passado, ainda que mediada como é pelo próprio sentido bem definido de Robert, de espaço e de *chiaroscuro*. A luz do dia que irrompe no salão cavernoso revela os objetos esculturais e monumentais como tendo sido reunidos numa ordem provisória (bastante diferente da perfeição ideal de Newby): ela ilumina sua heterogeneidade e singularidade, que é redimida apenas pela ficção superior de uma origem histórica comum.

O Museu de Lenoir foi fechado pelo governo Bourbon em 1816 – significativamente porque o recém-indicado "*intendant général des arts et monuments publics*", o teórico clássico Quatremère de Quincy, não poderia tolerar a noção de que existira uma "arte nacional" antes do período do Renascimento. As coleções foram dispersadas, com muitos dos objetos voltando a suas locações originais. Passaram-se quase vinte anos até que Paris tivesse novamente um museu histórico pioneiro na margem esquerda, o Museu de Cluny, de Alexandre du Sommerard.[32] Entretanto, a pré-história deste museu estendeu-se por um longo período. Du Sommerard havia sido um grande colecionador de arte clássica e contemporânea durante os anos do Império, mas com a Restauração ele inaugurou sua coleção de objetos medievais e da Renascença e progressivamente se desfez das primeiras aquisições. Um retrato do artista Renoux, datado de 1825, mostra-o sob a capa de *L'Antiquaire*, com uma caótica reunião de objetos empilhados à sua volta.

É essencial para a discussão deste artigo que Du Sommerard, ao contrário dos colecionadores e fundadores de museu discutidos anteriormente neste capítulo, tivesse uma "sensibilidade antiquária": quer dizer, ele era sensível aos objetos do passado, de uma maneira afetiva que faz lembrar a evocação de Nietzsche do "pequeno, limitado, bolorento e obsoleto". Bryan Faussett tinha exumado e dado abrigo a objetos antigos e fragmentários, mas seu trabalho permaneceu como uma espécie de imitação estranhamente subversiva dos templos clássicos montados por seus contemporâneos maiores e mais ricos. Du Sommerard começou colecionando uma vasta gama de materiais históricos desconsiderados, sem ter, naquele estágio, qualquer plano preconcebido de como eles poderiam eventualmente ser guardados e exibidos. Mas o caos de 1824 foi deixado para trás quando, em 1832, ele se tornou o arrendatário da antiga casa dos abades de Cluny na cidade. Como Lenoir, ele agora tinha uma locação genuinamente histórica, da qual partiria a sua coleção. Mas, diferentemente de Lenoir, ele se esforçaria por atingir o grau máximo de integração entre o objeto individual e o efeito global. Suas salas não seriam classificadas sob a organização esquemática do "século"; elas objetivariam representar, mediante uma abundância de texturas e de um absoluto grau de integração, a realidade da vida vivida nos períodos anteriores.

De que maneira, então, os visitantes que afluíam ao Museu de Cluny de Du Sommerard "viam" o passado? O entalhe contemporâneo da sala dedicada a François I, e consequentemente ao século XVI, mostra uma cena que é bastante familiar ao visitante do museu de hoje em dia, mas teria sido surpreendentemente nova para aquele do início do século XIX. Não se trata simplesmente de uma questão de escultura monumental, como no museu de Lenoir, mas da pletora de objetos de uso doméstico: camas, colchas, armários, cadeiras, mesas e uma grande quantidade de outras coisas pequenas demais para se identificar (mas acessíveis ao visitante, que podia observá-las atentamente e ponderar sobre elas à vontade). O relato contemporâneo do jornalista Émile Deschamps dá uma boa impressão do avassalador efeito do espetáculo – que, seja como for, é recuperado no fim pelo sentido "envolvente" dos "tempos da cavalaria", e pela voz narrativa do próprio colecionador:

> Mobiliários, tapeçarias e cortinas, vitrais, pratos, armaduras, utensílios e joias – tudo foi miraculosamente recuperado e preservado; você caminha em meio a uma civilização desaparecida; você está como que envolvido pelos velhos e bons tempos da cavalaria e pela cordial hospitalidade do senhor, que arremata a ilusão.[33]

É um ponto importante a se notar que, em sua descrição, a experiência visual como tal é dada como certa. A ênfase é colocada no movimento pelo espaço ("você caminha") e no sentido de envolvimento – o qual, como discuti no ensaio precedente, bem poderia implicar a invocação de olfato –, para não falar das contribuições vocais do "senhor", Du Sommerard.[34] Se existe um paralelo com esta representação da experiência no desenvolvimento de estratégias estritamente visuais, talvez fosse com a história do panorama que ele devesse ser feito, mais do que com o modo pictórico tradicional. Du Sommerard utiliza todo o espaço disponível, não oferecendo uma vista privilegiada, ou um ponto de vista, mas cercando o espectador com um espaço pleno, no qual cada elemento individual dá testemunho de um todo maior – em última análise, nada menos que a realidade experiencial de um passado recriado.

Mas é talvez na instalação de Du Sommerard na antiga capela do Hôtel de Cluny que a realização se nos apresenta mais vivamente, mais uma vez através de uma reprodução contemporânea. A litografia de Nicolas Chapuy, publicada no esplêndido livro de Du Sommerard, *Les Arts au Moyen Âge*, é fiel ao detalhe arquitetônico da capela medieval, mas ainda mais ao efeito atmosférico que foi assegurado pela acumulação de muita mobília eclesiástica (em alguns casos, engenhosamente reconstituída de fragmentos dispersos)

15. Chambre de François I., Museu de Cluny, reproduzida de Du Sommerard, *Les Arts au Moyen Âge* (1838-1846), British Library.

16. Capela, Museu de Cluny, reproduzida de Du Sommerard, *Les Arts au Moyen Âge*, British Library.

e pela adição de uma figura misteriosamente encapuzada junto ao altar. Diferente das figuras contemporâneas integrantes da pintura de Hubert Robert – mas parecida, por exemplo, com o monge que ora no quadro de Bouton retratando uma igreja arruinada, de 1824[35] – a enigmática presença serve como um comutador do presente para o passado. Mas ela não teria sucesso em fazer isso se a rica textura dos objetos e a suave e equanimemente difusa luz não nos preparassem para receber essa evidência ambígua da visibilidade do passado.

Estou consciente de que venho analisando não o museu do início do século XIX, mas o museu enquanto mediado pelos diferentes tipos de reprodução visual. Muito além do fato de que este é agora nosso único modo de acesso ao efeito visual de tais instalações, a diferença não me parece importar muito. O mito da recriação visual do passado atravessa muitos modos de representação diferentes no período com o qual estivemos preocupados, e não é plausível localizá-lo em um deles. Se eu argumentei que o sinete da instalação em museu reside em seu efeito "envolvente" – que não poderia ser reproduzido por meios pictóricos convencionais –, então eu diria que não é menos verdade que uma representação visual como a litografia de Chapuy refina e concentra um aspecto particular do programa de Du Sommerard, alcançando por meio do subterfúgio pictórico um efeito ilusório que não poderia ser atingido por nenhum outro meio.

De fato, poderia dizer-se que o propósito de Du Sommerard foi necessariamente frágil, dependente de uma conjuntura particular dos meios de representação e do estado de consciência comum do passado, que não poderá ser repetida ou perpetuada. Como o atual curador da coleção nos adverte em seu guia oficial, Du Sommerard cometeu muitos erros em suas atribuições, e mais ainda ao empenhar-se em reparos questionáveis para dar a seus objetos apelo visual. O atual Museu de Cluny está bem longe do ideal original de Du Sommmerard – e não se pode dizer que ele reflete alguma concepção nítida do que um museu histórico deveria ser. Existe um *"Chambre de la vie seigneuriale"*, mas ele só é chamado assim porque abriga uma tapeçaria que ilustra traços da vida na Idade Média. A capela é um ambiente inadequado, já que ninguém parece ter sido capaz de decidir se ela é apenas uma outra

AS INVENÇÕES DA HISTÓRIA 177

17. "Quando de Dormir de Maria de Médicis no Luxemburgo", reproduzido de Du Sommerard, *Les Arts au Moyen Âge*, British Library.

STEPHEN BANN

sala de exposição ou se ela deveria mostrar a intensificação, por meio de objetos cuidadosamente dispostos, de um espaço cujo caráter já está decisivamente marcado, em termos históricos.[36]

O que certamente pode ser destacado, em contrapartida, é o caráter sistemático da representação do passado de Du Sommerard. Comparado com outras figuras mencionadas aqui, Du Sommerard dá lugar de honra ao processo de integração; como tantos criadores de mitos românticos, ele está, em última análise, justificando uma noção de ressureição dos mortos – "deixe que estes ossos vivam!". Em um nível mais mundano, sua preocupação em recuperar cada pequena informação a fim de que o todo estivesse completo e convincente é representada, de modo metafórico, na placa do "Quarto de Dormir de Maria de Médicis no Luxemburgo", que também adorna *Les Arts au Moyen Âge*. Um pequenino objeto *poderia* ter-se perdido neste também belo ambiente, e a dama de companhia abaixa-se para recuperá-lo. A "visão do passado" é aqui confirmada de maneira coerente por um objeto que quase nos ilude, indicando que uma tal falta pudesse ter ocorrido.

Notas

1. Ver notas da exposição na British Library para "Views of the Past: drawing as a record of place", 25 de setembro de 1987 – 31 de janeiro de 1988, não pag. A aquarela está classificada como *Additional* MS 5677, f. 49.

2. Para uma revisão recente e brilhante dos temas, ver Hubert Damisch, *L'Origine de la perspective*, Paris, 1987, esp. p. 21-63. Este trabalho será discutido extensivamente por volta do final desta coletânea de ensaios (ver p. 269.)

3. A primeira noção foi desenvolvida por John Dixon Hunt, e a segunda por Michel Conan, na palestra "Hypothèses pour une troisième nature", realizada no Palácio de Luxemburgo, Paris, 4-5 de setembro de 1987.

4. John Barrell, "The Public prospect and the private view", em J. C. Eade (Ed.), *Projecting the Landscape*, Canberra, 1987, p. 23-4.

5. Ver John Barrell, *The Political Theory of Painting from Reynolds to Hazlitt*, New Haven, 1986.

6. Ver Stephen Bann, *The Clothing of Clio*: A study of the representation of history in nineteenth-century Britain and France, Cambridge, 1984, p. 93-111.

7. Alois Riegl, "The modern cult of monuments: its character and its origin", trad. K. W. Forster e D. Ghirardo, *Oppositions*, v. 25, 1982, p. 21-51.

8. Idem, ibid., p.33.

9. Friedrich Nietzsche, *The Use and Abuse of History*, trad. Adrian Collins, Indianápolis, 1978, p. 18.

10. Henry James, *English Hours*, Londres, 1960, p. 91.

11. O trabalho está classificado como *Additional MS 8797*, f. 88; as citações de Martin e Walpole estão incluídas nas notas da exposição, não paginadas.

12. Riegl, op. cit., 1982, p. 31.

13. Ver, por exemplo, Philippa Levine, *The Amateur and the Professional*, Cambridge, 1986, e Stuart Piggott, *William Stukeley*, Londres, 1985. Ambas as fontes são discutidas em outro capítulo desta coletânea.

14. Ver Bann, op. cit., p. 93-111, para uma abordagem da questão como ela se aplica a Scott e Byron: o ponto de referência na psicanálise é o trabalho de Melanie Klein.

15. Idem, ibid., p. 64 ss.

16. Hayden White, *Tropics of Discourse*, Baltimore, 1978, p. 8.

17. C. G. Harper, *The Ingoldsby Country*, Londres, 1906, p. 246.

18. Richard Barham, *The Ingoldsby Legends*, primeira série, Londres, 1843, p. 94.

19. Ver Harper, op. cit., p. 19.

20. Uma reportagem sobre a coleção de Faussett, que data de 1854, refere-se à súbita notoriedade que ela adquiriu ao ser rejeitada pelos curadores do Museu Britânico e menciona que um dos curadores "argumentou que eles não eram trabalhos de *alta arte*" (ver p. 3 do panfleto anônimo, "The Faussett Collection of Anglo-Saxon Antiquities" [Londres, 1984] incluído na *Collectanea Antiqua*, v. III, British Library).

21. Robin Middleton, "The Sculpture Gallery at Newby Hall", em *A A Files*, n. 13, 1986, p. 56.

22. Idem, ibid., p. 59.

23. Ibid., p. 60.

24. A formidável galeria construída pelo marquês de Lansdowne em Bowood, Wiltshire, é notável pelos imperceptíveis reparos efetuados em algumas de suas peças mais refinadas; um outro bom exemplo sobrevivente é a grande galeria em Petworth, West Sussex.

25. Para a instigante história do salvamento e recepção dos mármores Elgin, ver C. M. Woodhouse, *The Philhellenes*, Londres, 1969.

180 STEPHEN BANN

26. Citado em Beatrice Jullien, "Sir John Soanes Haus-Museum an Lincoln's Inn Fields – L'Image et l'Histoire", em J. Rusen, W. Ernst e H. Th. Grutter (Eds.), *Geschichte sehen*, Pfaffenweiler, 1988, p. 51.

27. *A New Description of Sir John Soane's Museum*, Londres, 1986, p. 31-2.

28. Alexander Lenoir nasceu em 1761 e formou-se como pintor, embora ele não pareça ter praticado sua arte. Quando, em 1790, a Assembleia Constituinte assumiu a igreja francesa, decidiu-se guardar um grande número de trabalhos de arte religiosa no antigo Convento dos Petits-Augustins, na margem esquerda do Sena, em Paris. Lenoir foi escolhido para supervisionar este depósito provisório, e imediatamente lançou-se à tarefa de conservar os objetos ali guardados. Em 1795, após um apelo pessoal ao *Comité d'Instruction* revolucionário, ele se encarregou de abrir as coleções ao público. Optou-se por classificar os objetos cronologicamente nas salas independentes do convento, o que constitui um sistema de classificação jamais empregado antes. O recém-denominado "Musée des Monuments français", de Lenoir, subsistiu até os primeiros anos da Restauração dos Bourbon. Mas em 1816, ele foi fechado e dissolvido, em parte como resultado de uma violenta campanha empreendida pelo crítico de arte Quatremère de Quincy. Parte da coleção deu entrada no Louvre em 1817, e num momento posterior foi reunida no Museu de Cluny.

29. Este efeito visual é mais pronunciado nos estudos em aquarela de Gandy, que tão eficazmente documentaram a concepção original do museu. Ver as ilustrações em J. Summerson, "*Union of the arts: Sir John Soane's museum--house*", em *Lotus* International, 1982. Para o relacionamento de Gandy com Soane, ver Bryan *Lukacher*, "John Soane and his draughtsman Joseph Michael Gandy", em *Daidalos*, 1987, p. 51-64.

30. Citado em Bann, op. cit., 1984, p. 83.

31. Ver *Le Gothique retrouvé*, catálogo da exposição no Hôtel de Sully, Paris, Caisse Nationale des Monuments Historiques, 1979, p. 77.

32. Para mais informação sobre Alexandre du Sommerard e o Museu de Cluny, ver Bann, op. cit., 1984, p. 77-92.

33. Idem, ibid., p. 82.

34. Ver p. 148

35. C. M. Bouton, *Monk in prayer in a ruined church* (1824), Museu de St. Lô, reproduzido em *Le Gothique retrouvé*, p. 124.

36. O curador, Alain Erlande-Brandenburg, mostra-se tão afastado quanto possível das ideias e práticas de Du Sommerard em sua escolha dos arquitetos italianos Gae Aulenti e Italo Rota para a recente instalação de um grupo de estátuas vindas da Notre-Dame no antigo pátio do Hôtel de Cluny.

VIVENDO EM UM PAÍS NOVO

Estou em um ponto de ônibus em Perth, Austrália ocidental, quando um jovem me entrega um papel. Tem a forma de uma carta ("A quem interessar possa"), datada e assinada, de um endereço local, e traz no alto uma indicação do assunto: "PESQUISANDO HISTÓRIA". A carta foi cuidadosamente composta e datilografada, e embora tenha sido entregue a mim pela pessoa que suponho ser o seu autor, ela evidentemente tomou o lugar de qualquer possibilidade mais direta de comunicação. "Prezado Senhor ou Senhora,/ Estou escrevendo-lhe esta carta a respeito de um pedido de informação sobre minha "Herança Familiar"./Tenho pesquisado minha família dos anos 1800 em Bendigo, Victoria e Kalgoorlie, Austrália ocidental, desde que me formei em janeiro de 1982." Aqui segue-se uma breve história de uma família australiana, desde o patriarca, com seis filhos e seis filhas, que "vivia a quatro milhas ao norte de Eaglehawk, Bendigo, Victoria ... entre 1875-1890", até à época da Primeira Guerra Mundial. Três dos filhos da família viajaram para a Austrália ocidental para juntarem-se à corrida do ouro, um deles tendo sido morto num acidente em uma mina, o outro (o avô do escritor) estabelecendo-se como um eletricista autodidata, e o terceiro morrendo na longínqua França durante a Primeira Guerra Mundial (este irmão era conhecido pelo seu maravilhoso canto e, onde quer que estivesse, parecia fazer as pessoas felizes). A carta termina: "Eu apreciaria qualquer ajuda de pessoas que possam ser capazes de enviar fotocópias de informação a respeito da história de Victoria e da Austrália ocidental, entre 1875-1930./Eu confio que o senhor possa ser capaz de auxiliar em minha pesquisa para possibilitar a realização de um livro a ser completado com a história de minha família, que estou me empenhando em ver publicado". Essa história, ou melhor, essa mensagem (que estou transmitindo com discrição, sem os nomes próprios), parece demonstrar em sua grande fragilidade um aspecto da memória histórica que é curiosamente atemporal – embora, é claro, as próprias técnicas e modos de representação histórica através dos quais busca assentar-se sejam eles mesmos intimamente ligados com nosso momento particular na história. Meu interlocutor do ponto de ônibus foi cativado pelo modelo de historiografia acadêmica, ou "pesquisa". Ele aprendeu a lição de que a pesquisa é levada adiante com a assistência de tecnologia contemporânea, e quer "fotocópias de informação". Vê na eventual publicação de sua pesquisa sua convalidação definitiva, embora a dificuldade de atingir esse resultado não seja minimizada ("que estou me empenhando em ver publicado"). Ainda assim, se excluirmos estes importantes elementos, que dão uma espécie de consistência social ao projeto, ele revela-se numa forma particularmente pura: a memorialização da família, no modo patriarcal, certamente (nenhuma mulher é mencionada pelo nome), mas deixando espaço para a expressão de um breve idílio. O tio-avô que foi morto na Primeira Guerra Mundial, "onde quer que estivesse, parecia fazer as pessoas felizes".

Neste ensaio, pretendo abordar o tema da museologia por meio da trilha ligeiramente tortuosa que esta mensagem e esta análise parecem sugerir. Grande parte dos meus trabalhos anteriores sobre museus e coleções concentrou-se na análise retórica destas formas de representação, dentro de um contexto histórico determinado.[1] Este pressupõe o *status* cognitivo da retórica e admite que nós podemos analisar a forma de uma instituição, como o Museu dos

Petits-Augustins ou o Museu de Cluny, como uma comunicação plenamente realizada, na qual determinadas configurações de objetos afetam o público visitante de um modo altamente específicos, dando-lhes noções concretas do "século XIV" ou da "época de François I". Mas é uma confusão de fins e origens, eu diria, sustentar que a realização publicamente registrada de uma tal instituição é tudo o que se precisa para explicá-la. De fato, Du Sommerard ofereceu, ao público parisiense da Monarquia de Julho, uma experiência notavelmente intensa de um ambiente cuidadosamente composto que eles sentiam como histórico. Mas qual foi a odisseia criadora e psicológica que o conduziu a este objetivo?

Para responder a uma questão deste tipo, fui levado a investigar o que poderiam ser chamadas de expressões fragmentárias ou incompletas da função museológica. Agora que noções como "museu sem objetos" estão ficando na moda – agora que os aspectos dinâmicos da museologia estão recebendo mais atenção do que os meros aspectos institucionais e de conservação – parece oportuno olhar mais cuidadosamente para as complexas mediações que existem no relacionamento do indivíduo com a história e na maneira com a qual estas alcançam, ou na verdade deixam de alcançar, expressão pública. Um segundo exemplo a ser colocado junto ao meu conhecimento sobre a Austrália vem do próprio terreno do museu moderno, nos tempos turbulentos do século XVII. John Bargrave, cônego da Catedral de Canterbury, figura já mencionada num ensaio anterior (p. 124), foi o criador de um dos mais interessantes (e por sorte um dos mais bem preservados) "gabinetes de curiosidades" que geralmente são tidos como os ancestrais diretos das modernas coleções de museus.[2] Mas John Bargrave era também o principal representante de uma família que havia se estabelecido no Estado de Bifrons, na paróquia de Patrixbourne, antes da Guerra Civil, e desapareceu em consequência do conflito. Ele teve o cuidado de comemorar este fato em uma esplêndida inscrição que ainda pode ser encontrada na nave sul da Igreja de Patrixbourne, embora partes dela estejam desgastadas o suficiente para tornar difícil decifrá-la:

184 STEPHEN BANN

> *Per totum hoc sacellum sparsa est/generosa Bargraviana terra cuius familiae armigerae Johannes Bifrontis conditor et haeres eius Robertus sub hoc marmore una cum uxoribus/iacent. Bello civili ex partibus regiis stetit e cecidit familia/ Amen lugens scripsit filius et frater Johan./Eccles. Christi Cant. Praeb.*
>
> [Por toda esta galeria está espalhada a generosa terra dos Bargraves, de cuja família armigerosa John, o fundador de Bifrons, e seu herdeiro, Robert, jazem sob este mármore unidos com suas esposas. Na Guerra Civil a família defendeu a causa Real e pereceu. Amén, escreveu em luto seu filho e irmão, pastor da Igreja de Cristo em Canterbury.]

Qual é o relacionamento, se é que existe algum, entre o Bargrave desta inscrição e o Bargrave do gabinete de curiosidades? Poderia ser arriscado forçar a questão para além da conjetura. Mas certamente deve ser dito que existe uma espécie de simetria criadora entre os dois empreendimentos. Bargrave, o filho e irmão de luto, inscreve para que todos vejam a trágica redução de sua família; ele fixa, na pedra entalhada e na difusa mas maravilhosamente comovente metáfora material da *"generosa Bargraviana terra"*, a memória de uma linhagem um dia florescente, da qual permanece como o principal representante. O John Bargrave anterior foi o "fundador" de Bifrons: ele construiu uma casa e desenvolveu um patrimônio na expectativa de que seus filhos e descendentes fossem viver ali. Suas intenções foram cruelmente frustradas e o segundo John, de sua vantajosa posição na grande e perene catedral em Canterbury, contempla a ruína de sua família. E o que faz ele? Monta um gabinete de curiosidades. Objetos heterogêneos de todos os tipos – pedras, anéis, estatuetas, "o dedo de um francês" – são colocados uns junto aos outros na peça de mobília especialmente desenhada, cada um deles meticulosamente etiquetado. É como se Bargrave estivesse povoando de novo, em fantasia, a galeria de família, mas desta vez com o controle rígido que iria garanti-lo contra perdas: a família dos objetos resiste, sendo simbolicamente engendrada pelo colecionador, e não sujeita ao declínio ou a acidentes.

Então, como a história se choca com o memorialista e o colecionador? A Guerra Civil não pode senão parecer, na inscrição de Bargrave, uma interrupção brutal no curso da história familiar, embora, num certo sentido, fosse adequado que os Bargrave tivessem lutado e morrido pelo rei (eles são eticamente qualificados como "*generosa*", e funcionalmente qualificados como "*armigerae*"). No exemplo australiano, a "Guerra de 1914-1918" interfere brutalmente, mas, além disso, absurdamente na vida do tio com "a maravilhosa voz de cantor": "ele foi atingido na perna, tendo sido ferido tão profundamente que ela teve de ser amputada, mas por falta de cuidados médicos faleceu logo depois". Em ambos os casos, há um sentido no qual a história de família pode ser vista como uma espécie de projeção da onipotência infantil sobre a personalidade, que precisa reconciliar seu desejo de ramificação infinita com o princípio de realidade da história, impondo seja um desenlace trágico (o fim dos Bargraves), seja um revés amargamente irônico (a morte evitável do cantor australiano). Cuidadosamente colocado entre o meu exemplo do século XVII e o contemporâneo, eu poderia citar o caso adicional de uma criativa figura de feito titânico que também concretizou seu desejo de uma história de família de maneira obsessiva e repetitiva, embora não precisamente na forma de uma coleção. Victor Hugo usou de veículo o esboço a tinta e a água-forte (com outros elaborados ornamentos técnicos) para prefigurar o sítio das origens de sua lendária família: o burgo de Hugo Tête-d'Aigle nos Vosges.[3] Perto do fim de sua vida, exilado em Guernsey, ele conseguiu solidificar a luta entre o presumido ego onipotente e as forças equilibradoras do caos, pelo uso de estênceis encastelados e anárquicas aguadas de tinta escura, diligentemente contrapostos. Aqui existe um paradoxo evidente. Hugo não tinha autênticos barões medievais como ancestrais. Por outro lado, ele possuía uma origem nobre perfeitamente legítima por parte de seu pai. À nobreza que lhe foi conferida após a irrupção revolucionária de 1789, ele claramente preferia a mais nebulosa honraria das origens medievais, sem dúvida porque elas poderiam se tornar o suporte de um investimento criador.

Até este ponto, meus exemplos foram tomados de mediações da história que eludem (embora eles também possam, num certo sentido, preceder) a instituição do museu. A inscrição de Bargrave é um pré-eco da coleção de Bargrave. O estudo de Hugo em estênceis e água-forte talvez assegure uma identidade imaginária que é depois afirmada na abundante recriação medieval de suas peças, poemas e romances (embora fosse tolo procurar uma prova de causa e efeito). A carta australiana "Pesquisando História", escrita com vista a uma publicação que praticamente nunca irá se materializar, alcança seu ligeiro e despretensioso efeito pelo modo como o desejo do indivíduo por um passado é concretizado em torno de motivos transindividuais: a predominância do patriarcado, o regime de datas, o fator da dispersão geográfica (de Bendigo a Kalgoorlie) e a intrusão de uma guerra longínqua, compensada por seu tênue idílio. Tomemos estes três exemplos, escolhidos em um largo espectro de tempo, como indicadores de possíveis balizas do passado e agora tentemos realimentá-los – tanto quanto os eixos que eles estabeleceram permitir – na escala de tipos de museu, ingleses e australianos. A questão de um relacionamento vivo com o passado – o tema da história de família e o da história mais rigorosa que separa e oblitera a família – será soberana. Mas de não menos importância será o tema levantado pelo meu título. "Vivendo em um país novo" – como funciona o passado e de que modo é representado, por exemplo, pelos museus, em um "país novo"?

Todavia, antes que eu possa começar a responder esta questão, é importante esclarecer uma de suas pressuposições. Eu tiro meu título, é claro, da admirável coletânea de ensaios de Patrick Wright, *On Living in an Old Country*.[4] Mas não tenho nenhuma intenção de forçar esta alusão para sustentar um sistema binário banal: Inglaterra *versus* Austrália, o Velho Mundo contrastado com o Novo. É isso, com efeito, que emerge numa forma cruamente esquemática dos escritos do sociólogo australiano Donald Horne, *The Lucky Country – Australia in the Sixties* (1964) e *The Great Museum – The Re-presentation of History* (1984). No primeiro estudo, que é justamente uma análise popular e penetrante da sociedade australiana no período do pós-guerra, é eficazmente argumentado que a Austrália tem um vazio no lugar em que deveria

AS INVENÇÕES DA HISTÓRIA 187

ter estado sua consciência histórica. "Nações pequenas em geral têm histórias para sustentá-las ou futuros a iluminar. A Austrália parece ter perdido tanto o seu sentido de um passado como o de um futuro".[5] Em um estudo que chega duas décadas mais tarde, a Europa (ocidental e do Leste) é vista como possuidora de uma museologia exaltada que nos converte, a todos, em turistas:

> Devotos do culto são vistos com frequência nas grandes igrejas da Europa. Você os reconhece pelos livros volumosos ou finos que carregam, encapados em verde ou marrom ... Os livros são *Michelin Guides*. Os devotos são turistas. Eles estão tentando imaginar o passado.
>
> Estão se engajando naquela área da grande exposição pública de uma sociedade industrial moderna, que transformou partes da Europa em um museu de autênticos remanescentes de culturas passadas, ressuscitadas tão rica e profissionalmente que as pessoas daqueles tempos provavelmente nem mesmo reconheceriam seus próprios artefatos.[6]

A dificuldade desse tipo de análise é que ela logo se transforma de fina ironia em depreciação condescendente – e isso não é evitado pelas frequentes asseverações do autor de que ele é um devoto do culto completamente remido, pelo menos em seus repousos sabáticos europeus. Vamos apenas nos deter em uma dessas elegantes frases: "Eles estão tentando imaginar o passado". O que está quase inteiramente excluído de *The Great Museum* é a pergunta de *por que* as pessoas tentariam imaginar o passado e, efetivamente, que operações "imaginárias" são inevitáveis neste complexo processo cultural. Uma das presunções subjacentes no estudo de Horne é que, em algum estágio na história – digamos, antes da Revolução Industrial –, havia um relacionamento com o passado amplamente partilhado, o qual não tinha que negociar o regime de representação tão regiamente explorado pela indústria turística. Mas, como David Lowenthal nos fez lembrar, um relacionamento com o passado (o que eu chamei de "preocupação histórica") é inevitavelmente um relacionamento construído.[7] Quando Alois Riegl decidiu acrescentar o "valor de época" aos outros critérios de identificação e avaliação de objetos históricos – e quando afirmou que o mais simples camponês poderia detectar tal qualidade –, ele não estava simplesmente inferindo que a percepção dos sinais de época fosse uma propriedade humana natural, comum a todas as idades e culturas. Estava simplesmente celebrando o fato conjuntural de que um valor cultural, nutrido pelo solo do Romantismo, revelou ter uma ampla e democrática ressonância.

O *The Great Museum* de Donald Horne, portanto, potencialmente, não nos conta nada sobre o fenômeno que está descrevendo, e isso se dá fundamentalmente porque não há nenhuma atenção prestada ao que poderia ser chamado de fenomenologia do turismo – como ela poderia ser experimentada por um *Lebenswelt*. Em contrapartida, Patrick Wright preza a história do caso individual – de uma construção como Mentmore, de um objeto recuperado para o uso como o *Mary Rose*, ou de uma pessoa como miss Savidge –, e consegue reconstruir em cada caso um nexo de afiliações históricas que é tão mais impressionante por ser tão específico. Ao mesmo tempo, ele está profundamente ciente de que estas diferentes formas de investimento em história são elas próprias historicamente determinadas: a saga de Mentmore pelas confusões ideológicas do governo Callaghan, a epopeia do *Mary Rose* pelos valores da incipiente era Thatcher, e a triste história de miss Savidge pela inflexibilidade das modernas políticas de planejamento. Isso não o impede de fazer importantes perguntas sobre o caráter geral do uso contemporâneo do passado, o que inevitavelmente vem à luz a partir da rica particularidade de seus exemplos. Por exemplo, ele pondera longamente em seu "Posfácio" sobre a sugestão feita por um comentarista francês, Philippe Hoyau, em sua análise sobre a política de "Patrimônio" de Giscard d'Estaing, de que a ênfase contemporânea no passado nacional "deriva menos de uma vontade de preservar e valorizar um passado 'monumental' e acadêmico do que da promoção de novos valores articulados em uma concepção extremamente transformada de herança e tradição".[8] Como Patrick Wright resume a discussão, consciência do passado tem de passar por vários modos de intensificação – quase como um sinal passando através de um amplificador – a fim de alcançar uma expressão coletiva. "'O passado' ainda pode ser um objeto imaginário, mas ele agora está organizado em torno de três modelos principais: a família, a sociabilidade e a região do interior."

A questão do museu no "País Novo" é portanto um tema que se evade das simples categorias binárias: em resumo, ela não é mais assimilável à ideia de uma Austrália que perdeu "seu sentimento de um passado" do que à de uma Europa metamorfoseada no "O Grande Museu". Ela não pode se dar ao luxo de adiantar como seu postulado básico o fato inegável de que os indivíduos buscam obter conhecimento do passado "Pesquisando História", como meu conhecido do ponto de ônibus, mas de que eles fazem isso através de uma matriz imposta pela pressão coletiva: até interesses tão privados e íntimos como uma "história de família", e, de fato, particularmente estes interesses privados e íntimos podem ser tematicamente engrandecidos para fornecer o conteúdo da exposição histórica.

Isso pode ser visto em diversos níveis nos museus e outras instalações, muitas delas patrocinadas pela Curadoria de História da Austrália do Sul, que fica próxima da cidade de Adelaide. Longe de perder seu "sentimento do passado", a Austrália do Sul parece ter trabalhado conspicuamente para mobilizá-lo, na última década, com uma série de aventuras criativas, culminando com o Museu Marítimo da Austrália do Sul, que inaugurou em 1986 com o orgulhoso alarde de que era "o mais novo e maior da Austrália". O Museu Marítimo está situado perto do oceano, em Port Adelaide, e compreende um bem restaurado grupo de construções portuárias, assim como o museu propriamente dito, instalado nos armazéns alfandegários de 1854 e 1857. Mas a maior concentração de prédios de museus fica no centro da cidade de Adelaide, ao longo do North Terrace, onde instalações como a Art Gallery e a State Library estão justapostas a "museus de história social", como o Museu da Imigração e Colonização, e a sítios históricos como o Edifício do Antigo Parlamento.

Adelaide tem, na verdade, algo que se aproxima de uma região de museus, e resistiu à tendência (visível em Perth, Melbourne, Brisbane e Sydney) de reagrupar instalações culturais em locais novos a uma certa distância do centro. Um efeito de densidade histórica é alcançado, com uma rica sequência de prédios do século XIX estendendo-se desde o Parlamento até o apinhado quarteirão da Universidade da Austrália do Sul (ela própria mantida no seu lugar original). A sequência pode não ser tão arquitetonicamente diferenciada, ou tão bem-dotada de monumentos do primeiro período da implantação colonial, como a rua Macquarie, em Sydney, ou a rua Collins, em Melbourne.[9] Mas constitui, afinal, uma série de pontos a serem visitados, mais do que uma fileira de fachadas a serem vistas. Ela reflete também, com um grau de coerência que certamente não é casual, uma espécie de programação do passado que está integralmente ligada à experiência histórica particular da comunidade da Austrália do Sul.

O programa pode ser apreendido dos dois exemplos primordiais de representação vistosa que podem ser encontrados no local: a mostra audiovisual multitelar instalada no antigo Edifício do Parlamento (que, por outro lado é desprovido de tudo o que não seja seu mobiliário original) e o panorama, de meados do século XIX, da construção de Adelaide, que está em exibição na Biblioteca do Estado. A mostra audiovisual tem um alegre espetáculo como marca, cujo coro volta com frequência às palavras: "É um país, a Austrália do Sul, um país e não um lugar". A projeção, bastante apropriada para este tema, conta a história da Austrália do Sul em relação à diversidade de seu padrão de colonização e a crescente maturidade de suas instituições políticas, à medida que se consegue lidar com as diferentes condições econômicas que afetam a Austrália como um todo. O esplêndido panorama, entretanto, expõe seu tema mais sóbria e economicamente. Composto de sucessivas imagens fotográficas estendendo-se em torno de 360°, ele exibe a localidade de Adelaide no processo de construção. Por toda a grade que foi montada pelo coronel Light, o andaime encobre um grupo de heterogêneos edifícios comerciais, civis e religiosos. Existe um sentido vivo de uma cidade sendo feita.

Esta visão panorâmica ganha uma significação maior se a colocamos em um contexto histórico mais preciso. O projeto original de Adelaide deveria ter incluído uma catedral anglicana no centro da grade, como no plano urbano seguido em Christchurch, Nova Zelândia, e ainda preservado nos dias de hoje. Entretanto, protestos de diferentes grupos religiosos, que já estavam fortalecidos entre os colonizadores, conseguiram eliminar este ato simbólico de favoritismo confesso. Os diversos lugares de culto que podem ser observados no panorama estão dispersos por toda a estrutura da grade, sem nenhuma indicação de que algum deles tenha um lugar especial no plano global.

Estas duas variedades de espetáculo – o documento histórico do século XIX e a exibição promocional de *slides* contemporâneos – indicam assim dois polos da experiência sul-australiana: a reta mas ameaçadora diversidade de uma sociedade que concordou em se diferenciar, e a frenética sociabilidade que combinou os recursos de suas diferenças para alcançar uma unidade mais elevada (estou falando, é claro, sobre o efeito destas duas estratégias representacionais, e não sobre qualquer propriedade natural do pensamento sul-australiano). É possível concluir que o coerente projeto dos museus propriamente ditos (e da Curadoria de História da Austrália do Sul) foi o de celebrar a extrema diversidade de colonização, mais do que o de destacar qualquer papel desempenhado pelo governo britânico em iniciar o desenvolvimento político da área. Existe um museu nos arredores de Adelaide que poderia ser chamado de hegemonicamente inglês: é a agradável mansão de Carrick Hill, Springfield, que ainda preserva em seu mobiliário, em suas coleções de quadros e *objets d'art* e nos jardins que a rodeiam a aura inequívoca de uma educada família anglófila, vivendo no idílio dos restos do movimento pré-Rafaelita.[10] Os temas-guia dos outros museus são muito diferentes.

Antes de tudo, o Museu da Imigração e Colonização, abrigado nas construções do antigo Asilo de Desamparados, aposta suas pretensões em ser "o primeiro museu multicultural da Austrália". A experiência proposta ao visitante desdobra-se em duas: "pegue seu bilhete de passagem ... e caminhe suavemente de volta ao século XIX", mas também aprenda a complementar a emoção de viajar no tempo com o sentido de uma participação indireta na fundação de uma comunidade. "Encontre-se em um porto de partida, preparando-se para partir para a Austrália do Sul." O maior esforço em direção à verossimilhança histórica está em uma cena de partida de cerca de 1850. O Museu oferece um diorama de uma estreita e sinuosa rua de paralelepípedos; dos lados opostos, figuras vestidas como no século XIX. Não é preciso dizer que esta não é uma cena de "sociabilidade", ou mesmo despretensiosa. As duas figuras adultas do sexo masculino, do lado esquerdo, seguem com seus assuntos diferentes de uma maneira letárgica, enquanto um menino pequeno, possivelmente ligado a uma delas, mostra sinais de atenção despreocupada. À direita, um grupo supostamente familiar está na expectativa da chamada para o Novo Mundo: as preocupações do Velho Mundo já estão amplamente esboçadas nos rostos do pequeno menino e de sua tímida irmãzinha. De onde estamos, imaginariamente ao largo da praia, estas pobres pessoas não têm para onde ir, certamente sem nenhum abrigo na rua opressiva e suja. Sua única chance reside em saltar dos limites da cena iluminada a gás para o futuro.

Esta é a linha histórica básica, a partir da qual o tema do Museu se desenvolve. Isto se dá parcialmente por fotografias, que complementam a verossimilhança teatral do diorama com seu efeito mais intenso do "acontecido".[11] O motivo familiar é mais uma vez invocado, mas nesta ocasião o próprio ato de cruzar a prancha de embarque parece ter unido o grupo familiar, junto com um acentuado sentido de destino e objetivo. O Museu também desenvolve seu tema através de uma documentação intensiva da diversidade étnica dos grupos de imigrantes. "Oito sul-australianos, de origens diferentes, dão uma visão pessoal" de sua sociedade, em um programa audiovisual bastante temperado com atraentes e coloridos motivos folclóricos. Finalmente, e talvez mais originalmente, ele desenvolve seu tema invocando a participação e o *feedback* da tecnologia de computador. O visitante, neste caso implicitamente o visitante sul-australiano, é convidado "a traçar a listagem de [seu] grupo nacional em nossos terminais de computador" e "a registrar [seu] lugar de origem em nosso mapa do mundo". Tendo retraçado os padrões de migração e colonização, ele é convidado a deixar um pequeno traço estatístico num banco de acumulação de informações.

Não é preciso dizer que este é um museu histórico organizado em torno dos três conceitos de Hoyau: família, sociabilidade e região do interior (neste caso, o pitoresco mito do campesinato, epitomado em imagens tais como um "colete da Europa oriental, de cerca dos anos 1920", subordina prodigamente o terceiro destes temas). A Austrália é retratada como um refúgio dos destrutivos conflitos históricos grassantes no Velho Mundo. "Ao rugir ameaçador de canhões distantes, reviva o horror das duas guerras mundiais"; "Fuja do caos da Europa devastada pela Guerra pelo recurso de um abrigo a migrantes na Austrália do Sul". Uma ênfase especial é colocada no desenvolvimento da comunidade italiana, originada de um país que esteve em guerra com a Austrália de 1939 a 1945, mas não obstante encarna o tema da família que resiste e do espírito de convívio que persiste contra todas as adversidades. "Reunião de família italiana", uma cena na qual cinco copos são levantados por cinco homens fisionomicamente semelhantes, sob o sorriso benevolente de uma matriarca, é a imagem que encerra a brochura do Museu.[12]

O Museu da Imigração e Colonização tem uma história para contar, e faz isso tanto eficiente quanto criativamente. Dirigindo-se à comunidade sul-australiana, ele decompõe o conjunto de grupos subnacionais em partes independentes, e o reúne novamente sob o signo de uma vigorosa etnografia.[13] Mas ele não se dirige, talvez, ao visitante em termos pessoais: convertendo seus nomes em um emblema de origem étnica ou em um traço no mapa, adianta--se à possibilidade de uma identificação mais profunda. Tendo começado este ensaio com um trio de indivíduos cujo suporte no passado se expressava em termos vivamente concretos, sou força-do a admitir que este museu não corresponde a suas necessidades específicas. Meu conhecido do ponto de ônibus, pesquisando de Bendigo a Perth, não acharia informação ali, mesmo que sua história familiar tivesse passado por Port Adelaide em algum estágio. Num nível mais elementar, talvez não encontrasse nenhuma compensação metafórica forte para seu sentimento de perda da história e para sua recuperação imaginária.

Este ponto pode ser estabelecido sem uma insinuação de desdouro porque o segundo maior museu aberto em anos recentes pela Curadoria de História da Austrália do Sul supre muito especificamente esta necessidade. O Museu Marítimo Sul-Australiano é, na verdade, parte de um bairro de Port Adelaide que foi substancialmente restaurado nos últimos anos. A rua Lipson, onde o museu está situado, é agora "o coração da Área de Herança", com "uma paisagem urbana possivelmente inalterada". Há portanto um agradável efeito de continuidade entre as construções do porto, restauradas mas funcionando ininterruptamente, e o Armazém da Alfândega (com alguns lugares adjacentes) que foram incorporados pelo museu. Que estamos entrando em um museu, em última instância, é entretanto muito nitidamente marcado pelas amplas e proporcionais dimensões dos objetos ali instalados, que incluem um certo número de barcos expressivos. O Museu Marítimo não tenta, como o Museu da Imigração e Colonização, organizar seus materiais em uma narrativa unificada, e tem um quociente muito mais alto de objetos por si só raros e maravilhosos, em oposição a reconstruções históricas e mostras didáticas. No centro do espaço mais amplo, entretanto, está uma reconstrução histórica dos compartimentos de dois navios imigrantes. O visitante ingressa nestes espaços confinados, particularmente opressivos no caso do primeiro navio, senta-se sobre as rústicas esteiras de palha e (mais importante de tudo) ouve o ranger regular das vigas do barco. O compartimento difusamente iluminado parece quase balançar para frente e para trás, enquanto o deslocamento das juntas de madeira continua seu canto queixoso. Nós somos envolvidos em um rito de passagem, um tanto inquietante mas ao mesmo tempo absorvente.

À saída do compartimento do segundo navio (um exemplar mais moderno, silencioso), o computador está à espera do visitante, desta vez com um programa completo das listas de passageiros da história da frota mercante sul-australiana. Há uma boa chance de que você, ou seu anfitrião sul-australiano, seja capaz de traçar a lista determinada na qual seu avô foi incluído. A folha impressa pode ser guardada e levada com você. Após a instigante retórica em sinédoque do compartimento rangente – que representa o navio inteiro mas também, de um modo mais dissimulado, a transição como a do parto para uma nova vida –, esta operação banal mas eficiente introduz um toque de ironia. Só que a combinação das duas experiências funciona especialmente bem. A extensão imaginária do eu através de uma resposta empática a um forte estímulo psicológico é contrabalançada por uma celebração cruelmente literal dos ancestrais. Cada uma dá testemunho de um investimento individual na alteridade do passado.

Certamente já foi dito o bastante para mostrar que o "País Novo" da Austrália do Sul está tentando desenvolver seu "sentimento do passado" de maneiras coerentes e impressionantes. Vou antecipar o óbvio argumento dialético de que é a própria falta de um passado que provoca este culto absorvente da "herança" e da história, ou o ponto igualmente óbvio de que tais respostas, como eu as evoquei, não são necessariamente as respostas dadas ao visitante médio. Tais sugestões não impugnam, a meu ver, a integridade dessas exibições museológicas, que não constroem explicitamente um passado de acordo com uma temática particular e que mesmo assim conseguem, no processo, construir um visitante ideal, implicado nos próprios mecanismos de representação. Mas este grupo de exemplos realmente não pode ser aferido pelo seu verdadeiro significado sem um contraexemplo de uma outra cultura, cuja história e linhas de desenvolvimento sejam menos transparentemente nítidas. O contraste entre um "Velho País" e um "Novo País" está implícito na inteira discussão que venho propondo, e embora ela não precise envolver a rústica distinção binária feita por Donald Horne, deve ser testada mais adiante neste estudo, com referência a um exemplo que é mais obscuro do que claro – em última instância.

18. Brochura do Museu Marítimo da Austrália do Sul, Port Adelaide.

Littlecote, que fica a algumas milhas de Hungerford em Berkshire, é um solar de considerável encanto, construído entre 1490 e 1520. Estava estrategicamente situado durante a Guerra Civil, quando foi firmemente defendido pelo exército particular de seu proprietário, coronel Alexander Popham. Mas seu principal momento histórico veio após a Restauração, em 1688, quando o príncipe Guilherme de Orange deteve-se por algum tempo nos arredores de Hungerford para liderar as longas discussões com o inglês Whigs, que iriam se concluir com a retirada para além--mar do rei James II, um Stuart, e com a instalação da monarquia conjunta de Guilherme e Mary. Lorde Macaulay, cuja *History of England* atribuiu o mais alto significado à maneira razoável e sem derramamento de sangue pela qual esta "Revolução Gloriosa" foi levada a cabo, não perdeu nenhuma chance de valorizar sua narrativa com animados toques que tenderiam a acentuar a historicidade de Littlecote. Após seu primeiro encontro com os enviados do rei, conta-nos Macaulay, o príncipe "retirou-se para Littlecote Hall, um solar situado a cerca de duas milhas e renomado até os nossos tempos não tanto por conta de sua arquitetura e mobiliário veneráveis, mas sim por causa de um horrível e misterioso crime perpetrado ali na época dos Tudor".[14] A cena é montada, então, ancorando-se a cena de uma discussão política em um outro discurso – nada menos do que o vigoroso romance histórico de sir Walter Scott.

É, de fato, no improvável contexto do *Rokeby* – um poema melodramático ambientado na propriedade de seu amigo John Morritt, que dá título à poesia, no Vale dos Tees – que Littlecote faz sua aparição. Uma breve balada, que forma o episódio XXVII no quinto canto desta saga confusa, remete o leitor um pouco inesperadamente a esta parte completamente diferente do país. Mas a volumosa nota de Scott justifica a referência. Na verdade, ela mostra claramente que, como seu próprio autor iria concluir após o confuso sucesso de *Rokeby*, seu forte era a evocação do passado não em poesia mas em prosa altamente distorcida. Scott começa com uma extensa descrição da própria Littlecote,

19. Vista de Littlecote House, Wiltshire, reproduzida de Macaulay, *History of England* (edição ilustrada, Londres, 1914).

especulativamente "fornecida por um amigo", e então passa a relatar a história de um hediondo caso de infanticídio cometido por um proprietário da casa no século XVI, um certo Darrell. Foi cedendo a casa e a propriedade ao juiz encarregado do caso, um ancestral do coronel Popham, que Darrell conseguiu evitar a sentença de morte."Corrompendo seu juiz, ele escapou da sentença da lei."[15]

Assim, Littlecote já havia sido oficialmente investida de uma dimensão mítica, nos escritos do grande protagonista da historiografia romântica. Macaulay está consciente do fato, mas ele tem um mito totalmente diferente para colocar em seu lugar, quando encena o encontro crucial entre o príncipe holandês e os enviados ingleses no grande salão. É como se toda a história da Inglaterra dos tempos medievais em diante, metonimicamente representada pelos retratos e conjuntos armoriais, estivesse presente, como pessoas com a respiração suspensa, ao debate crucial que iria resultar no repúdio do conflito armado como único método de reconciliar diferenças políticas:

> No domingo, 9 de dezembro, as exigências do príncipe foram postas por escrito e entregues a Halifax. Os enviados jantaram em Littlecote. Um esplêndido grupo havia sido convidado para encontrá-los. O antigo saguão, decorado com cotas de malha que haviam visto as guerras das Rosas, e com retratos de nobres que tinham adornado a corte de Philip e Mary, estava agora repleto de fidalgos e generais. Em uma tal multidão uma pequena pergunta e resposta podiam ser trocadas sem atrair atenção. Halifax agarrou a oportunidade, a primeira que havia se apresentado, de extrair tudo aquilo que Burnet sabia ou pensava. "O que é que vocês querem?" disse o hábil diplomata: "Vocês querem colocar o rei em seu poder?". "De jeito nenhum", disse Burnet: "Nós não faríamos o menor mal à sua pessoa". "E se ele devesse partir?" perguntou Halifax. "Não há nada", disse Burnet, "que seja tão desejado." Não pode haver dúvida de que Burnet expressou um sentimento geral dos Whigs no campo do príncipe.[16]

A narrativa soberbamente esculpida de Macaulay é dedicada a dispor a temática do debate não violento como o valor político supremo, ao mesmo tempo em que destaca a histórica "cor local" da cena. Este encontro crucial não precisava ter ocorrido em

Littlecote, mas o fato de ter ocorrido habilitou Macaulay a valorizar sua análise ideológica com os valores representativos da autenticidade histórica. Não parece absolutamente anômalo que a edição de 1914 da *History of England* – publicada bem antes que o jovem Herbert Butterfield expusesse as impropriedades da "História Whig"[17] – contivesse uma ilustração de página inteira: "Vista do solar de Littlecote, Wiltshire. De uma fotografia". Esta intrusão de um registro de lugar indicial poderia surgir, segundo o nosso ponto de vista, para levantar questões inconvenientes. Quando, precisamente, foi tirada a fotografia? Especificamente para esta publicação? E ainda assim, ela de fato complementa a narrativa de Macaulay muito apropriadamente, já que a *History of England* é tanto um discurso ideológico – preocupado com escolhas e valores políticos – quanto um discurso ontológico, ao apontar em direção ao passado por meio de "efeitos de realidade".[18]

É claro que não há necessidade de partilhar a confiança de Macaulay na continuada doação da "Revolução Gloriosa" a fim de apreciar a coerência dos códigos que ele está usando.[19] Minha opinião é simplesmente a de que Littlecote foi construída, nesta importante narrativa do século XIX, como uma autêntica cena histórica, representante da história passada e também do século XVII, funcionando mítica e poeticamente, assim como desempenhando o papel de anfitriã do debate político. Esta é uma realização especialmente característica do período vitoriano e seus efeitos? Ou realmente os mesmos códigos operam em nossos dias?

A questão de formular esta pergunta dissimulada é sugerir que eles não operam. Se os museus da Austrália do Sul concentram-se sobre a temática simples e relevante da imigração e da diversidade das origens nacionais, o museu inglês que aspira à seriedade histórica deve certamente ter de contar não apenas com uma perspectiva multicultural, mas com os debates políticos que deram relevância, em diferentes épocas, a diferentes versões da "História de Nossa Ilha". Ver a história britânica à luz do mito da "Revolução Gloriosa" não é mais a opção nítida em que isto se constituía para Macaulay, e o historiador contemporâneo deve levar em conta a prolongada e produtiva reinvestigação da história ideológica da Guerra Civil que teve lugar no último meio século. Mas o que também deve ser levado em conta é o revisionismo acadêmico mais recente que denuncia por quanto tempo a ideologia Whig conseguiu sobreviver secreta, mesmo quando havia sido expressamente repudiada pelos historiadores.[20] Na verdade, isso também é válido, do mesmo modo, para a Austrália do Sul, visto que a exibição multicultural no Edifício do Velho Parlamento não pode esconder inteiramente o fato de que a evolução política diz respeito a valores políticos, e não simplesmente a uma combinação de diversos grupos étnicos numa sociedade harmoniosa. Minha própria oportunidade de visitar os museus da Austrália do Sul se deu na ocasião do lançamento de um Centro para Estudos Britânicos, cujo primeiro compromisso oficial foi uma palestra de Christopher Hill sobre "O lugar da revolução do século XVII na história inglesa".[21] Seria tentador (e não demasiadamente idealista) esperar que uma afirmação franca de uma posição no debate (tal como o doutor Hill oferece) pudesse ter ramificações além do estudo acadêmico da história inglesa e aprofundar o autoexame minucioso dos museólogos engajados tão vigorosamente em representar o passado australiano.

Mas esta é uma digressão que leva para longe de Littlecote e da questão posta sobre sua representação por Macaulay. É para Littlecote que devemos brevemente retornar – ou melhor para "A Terra de Littlecote", como ela foi intitulada (em caracteres góticos), sugerindo mais do que um sinal daquele paradigma de imaginárias recriações étnicas e históricas, Disneylandia.[22] Irrompendo de seu sóbrio traje de uma casa de campo da época dos Tudor a ser visitada, Littlecote agora se exibe numa ampla variedade de aspectos, muitos deles deliberadamente históricos. Ao final do extenso vale do rio onde a casa está situada, os restos de uma rica quinta romana com refinados mosaicos é livremente acessível ao visitante, que pode exercitar a imaginação nos escassos vestígios que a arqueologia fornece. No próprio solar, entretanto, a imaginação tem rédeas mais curtas. As principais salas de recepção foram guarnecidas com soldados, serviçais e a típica família do período da Guerra Civil em tamanho natural, que se refestelam em mesas jacobinas, entretêm-se junto à lareira, examinam mapas e fazem outras coisas moderadamente ativas associadas a seu predicado histórico. A capela cromwelliana, descrita com um sotaque ruralizado pelo alto-falante como "a única existente em seu gênero" é, entretanto, isenta destes colossos sem valor, assim como o é o Great Hall, onde os escudos de armas ainda estão ali como na narrativa de Macaulay, mas nesta ocasião representantes de raridade artística mais do que de consciência nacional: eles formam "a coleção única de brasonaria cromwelliana pertencente ao Arsenal Real".[23]

O espaço doméstico de Littlecote foi narrativizado, mas a narrativa é curiosamente contingente. O coronel Popham está considerando mandar sua esposa para a relativa segurança de Bristol, e os vários ordenanças, em suas salas adequadas, estão prontos a assumir seus lugares no perigoso plano. Os alto-falantes nos informam disso, em sequência, e adiantam o futuro (a senhora Popham não sobreviveria às engenhosas medidas tomadas para sua segurança). Mas nenhum sentido real do caráter do conflito da Guerra Civil, muito menos dos valores políticos assentados uns contra os outros, penetra esta comovente historieta. Littlecote narrada torna-se a herdeira do culto, à domesticidade sentimental contra um *décor* histórico, do final do período vitoriano, epitomado na pintura *And when did you last see your father?*, mais do que da seriedade Whig de Macaulay.[24] Great Hall, cenário das momentosas trocas entre Burnet e Halifax, é desprovido de qualquer recriação histórica, exceto o fato de que a senhora que o supervisiona foi persuadida a usar um vestido longo.

Guilherme de Orange, por alguns dias o mais distinto morador de Littlecote, efetivamente fez uma aparição fortuita. No fim de semana de 23 e 24 de julho de 1988, sua chegada a Littlecote, "em sua histórica jornada de Torbay a Londres", é reencenada por uma companhia de teatro local em conjunto com a sociedade da Guerra Civil Inglesa. Os gramados diante da casa estão repletos de pessoas em vestes militares do século XVII. O som de tambores distantes ecoa da estrada de Hungerford e a pitoresca procissão do príncipe

AS INVENÇÕES DA HISTÓRIA

aparece, exatamente às 12h30m. Ele diz umas poucas palavras sobre a ameaça do poder francês para um destacamento de atiradores que estão ocupados em manter suas espoletas secas durante uma chuvarada torrencial. Depois ele curva-se em atenção a uma Corte *Masque**. Antes de passar as tropas em revista mais uma vez e partir para Londres, ele tem o compromisso de comparecer a um Torneio de Justa. Enquanto isso, no Jardim Medieval (sic), as crianças estão doando o dinheiro dos pais a uma série de instituições beneficentes locais, recebendo em troca o direito de participar de "muitas atividades excitantes ... Castelo do Pulo, Pintura Facial, 'Cadeiroplanos', Carrossel na Fazenda das Criações Raras e muito mais..."

A temática de "A Terra de Littlecote" é perfeitamente inócua. A história é reconstruída através das noções guia de "família, sociabilidade e região do interior". A etnografia pode não vir abertamente, já que isto é uma celebração de britanismo, mas ela se insinua veladamente pela linguagem de singularidade e diferença ("coleção única de brasonaria cromwelliana", "Carrossel na Fazenda das Criações Raras"). Dos eventos históricos que tiveram lugar em Littlecote há poucos traços, exceto na redução da história doméstica da família Popham ou no avanço de Guilherme de Orange através de uma mistura de anacronismos. É este o "Grande Museu" – a Europa como uma convergência de códigos corrompidos, que converte aqueles que o consomem em "turistas" mentalmente esvaziados? Existe talvez um único sinal de que isso poderia não ser assim, porém é um sinal importante. Enquanto os visitantes misturam-se com as tropas aguardando a chegada de Guilherme de Orange, um estranho fenômeno está ocorrendo. Não existe organização central de espaço, nenhuma "cena" de ação histórica, nenhuma amplificação da fala de Guilherme, quando ela acontece, a um diapasão que domine a área (como nas salas narrativizadas

---

* Sem tradução em português. "*Masque*" significa, na Inglaterra, a "representação teatral de luxuosa montagem com tema alegórico ou lendário referente aos séculos XVI e XVII". (N. T.)

do solar). Enquanto cada soldado da sociedade da Guerra Civil Inglesa tenta acender sua pólvora e disparar sua saudação, levanta-se a questão quanto ao que ele pensa que está fazendo, não como um membro de um esquadrão, mas como uma pessoa dos anos 80 que foi vestida à moda do século XVII. O que ele está fazendo neste drama brechtiano de separatismo, enquanto a chuva cai? Algumas pessoas teriam uma resposta simples, até desabonadora, pronta, bem à mão. Eu acho o fenômeno dificilmente menos misterioso do que aquele de um australiano marcado por um sinal que entrega cartas "Pesquisando História" num ponto de ônibus.

Notas

1. Ver Stephen Bann, *The Clothing of Clio*: A Study of the Representation of History in Nineteenth Britain and France, Cambridge, 1984, p. 77-9

2. Ver Kenneth Hudson, *Museums of Influence*, Cambridge, 1987, p. 21-2. O catálogo do gabinete, ou Museu, de curiosidades de Bargrave está publicado em John Bargrave, *Pope Alexander the Seventh*, Camden Society, 1867, p. 113-40.

3. Ver p. 109-17

4. Ver Patrick Wright, *On Living in an Old Country*: The National Past in Contemporary Britain, Londres, 1985: um suplemento excelente para estes ensaios é "Rodinsky's place", *London Review of Books*, 1987, v. 9, n. 19, p. 3-5.

5. Donald Horne, *The Lucky Country*: Australia in the Sixties, Harmondsworth, 1964, p. 217.

6. Donald Horne, The Great Museum: The Representation of History, Londres, 1984, p. 1.

7. David Lowenthal, revisão de Patrick Wright, On Living in an Old Country, *Journal of Historical Geography*, 1987, v. 13, n. 4, p. 440. David Lowenthal compôs seu próprio repertório fascinante de atitudes contemporâneas para com o passado em *The Past is a Foreign Country*, Cambridge, 1985. Para o conceito de "valor de época" de Riegl, ver Alois Riegl, "The modern cult of monuments: its character and origin", trad. K. W. Forster e D. Ghirardo, em *Oppositions*, outono de 1982, Nova York, Rizzoli.

8. Citado em Wright, op. cit., 1985, p. 251.

9. Estas ruas disputam a honra de ser as mais históricas da Austrália, e a rua Macquarie, em particular, tem vários elegantes prédios reformados do início do período colonial. É evidentemente relevante que estes primeiros edifícios estão

AS INVENÇÕES DA HISTÓRIA   205

inseparavelmente ligados à colonização feita por sentenciados de Nova Gales do Sul, enquanto Adelaide foi implantada numa data posterior, por colonizadores livres.

10. Era uma locação apropriada para a inauguração do Centro para Estudos Britânicos da Universidade da Austrália do Sul. Eu deveria registrar aqui minha dívida para com o diretor, doutor Robert Dare, cujo convite para que eu fizesse uma palestra nesta ocasião forneceu o estímulo para o tema deste ensaio.

11. Ver Roland Barthes, "Rhétorique de l'Image", in *L'obvie et l'obtus*, Paris, 1982, trad. por Stephen Heath em Image Music Text, Londres, 1977. Para consideração do diorama como uma forma precursora do realismo fotográfico, ver Bann, *The Clothing of Clio*, p. 26 ss. Vale a pena notar a preservação em alguns museus australianos de dioramas de alta qualidade. No Museu de Guerra Australiano, em Canberra, entretanto, os excelentes dioramas foram insensivelmente entremeados com painéis fotográficos que parecem sugerir um constrangimento ao efeito tipicamente cenográfico do diorama.

12. Acrescentando-se ao artigo de Barthes, citado na nota precedente, vale considerar os usos mais amplos do código de "Italianicidade" em "Dirty gondola: the image of Italy in American advertisements", *Word & Image*, outubro-dezembro 1985, v. 1, n. 4, p. 330.

13. É obviamente o caso de que uma tal mensagem seja especialmente dirigida a pessoas jovens, e dificilmente ao viajante estrangeiro na Austrália do Sul. O fato de que os museus da Curadoria de História da Austrália do Sul sejam especificamente dirigidos a uma população local não é a coisa menos interesssante a respeito deles.

14. Macaulay, *History of England* (ilust. e ed. C. H. Firth), Londres, 1914, v. III, p. 1187.

15. Ver Walter Scott, *Rokeby* – A Poem in Six Cantos, 4. ed., Edimburgo, 1814 p. 225-6, 400-4. É relatado por Scott que aos visitantes ainda é mostrado um pedaço de cortinado, cortado e depois recosturado, que ajudou a detectar o criminoso logo de início. Este detalhe, que integrou até bem recentemente parte do *tour* de Littlecote, é agora omitido, já que os andares superiores estão reservados para o proprietário.

16. Macaulay, op. cit., 1914, v. III, p. 1191.

17. Ver Herbert Butterfield, *The Whig Interpretation of History*, Londres, 1968, para a falácia de que "a própria Clio está do lado dos Whigs" (p. 8).

18. Ver Roland Barthes, "The reality effect", trad. R. Carter, em Tzvetan Todorov (Ed.), *French Literary Theory Today*, Cambridge, 1982.

19. Ver J. M. Cameron, que, em uma investigação do relacionamento de romancistas ingleses com a tradição católica europeia, descreve como "intelectualmente debilitante" a interpretação Whig que "vê glória nos procedimentos de 1688" e reduz os conflitos da Guerra Civil a uma discórdia de facções (*20th Century Studies*, v. 1 março de 1969, p. 87).

206   STEPHEN BANN

20. Para um sumário das sucessivas posições na Guerra Civil e historiografia britânica do século XVIII, ver J. C. D. Clark, *Revolution and Rebellion*: State and Society in England in the Seventeenth and Eighteenth Centuries, Cambridge, 1986, p. 1-5.

21. Este sensacional discurso foi proferido numa elegante sala de reunião que era vivamente reminiscente da tradição da universidade inglesa (e do colegiado). Sobre o tema geral de quão longe o debate sobre a Guerra Civil, e outros temas centrais na historiografia britânica, pode informar o sentimento australiano de história – em mais de um nível acadêmico –, é interessante notar as visões de Donald Horne. Ao distinguir entre as duas "linhas" de atividade intelectual representadas por Sydney e Melbourne, no início do período de pós-guerra, ele sugere que para o último "exige-se ler os debates Putney", para o primeiro, "o relato de Platão do julgamento de Sócrates". Na Universidade de Melbourne, ele detecta "um sentimento de que a Revolução Puritana inglesa ainda está sendo combatida (ainda que em termos sociais...)" (*The Lucky Country*, p. 208).

22 Para uma análise acurada da Disneylandia, ver Louis Marin,"Disneyland: a degenerate utopia", em *Glyph* n. 1, John Hopkins University Press, Baltimore, 1977, p. 50-66. Marin tem coisas interessantes a dizer sobre o uso da família como um tema histórico neste contexto: "Aqui, o visitante torna--se um espectador ... sentado em frente a um palco circular em movimento, que lhe mostra cenas sucessivas tiradas da vida familiar no século XIX, no início do século XX, hoje, e amanhã. É a *mesma* família que vem apresentada nestes diferentes períodos históricos: a história desta família permanente é contada a visitantes que não narram mais sua própria história. A história é neutralizada; as cenas mudam apenas em relação à crescente quantidade de implementos elétricos, à crescente sofisticação do ambiente humano dominado por utensílios" (p. 63). Será evidente que "A Terra de Littlecote", a despeito das características espetaculares superimpostas, oferece a história bem diferentemente.

23. *Historic Houses, Castles and Gardens Open to the Public* (edição de 1988), p. 38: rubrica de Littlecote.

24. Para uma discussão do famoso quadro de William Frederick Yeames, do jovem cavaleiro sendo interrogado por puritanos, ver Roy Strong, *And when did you last see your father? The Victorian Painter and British History*, Londres, 1978, p. 136-7. O tratamento do período da Guerra Civil como um drama familiar tem subsequentemente se recomendado, é claro, a numerosos romancistas históricos e produtores de televisão.

O ESTRANHO NO NINHO:
NARRATIVA HISTÓRICA E A
IMAGEM CINEMÁTICA

Há uma cena esboçada diante de nós. À direita, um grupo de soldados levanta seus rifles com uma coordenação que não é muito perfeita. Eles estão indo embora na direção oposta à nossa e mal é possível colher qualquer expressão em seus rostos distantes. À esquerda, enfrentando os canos dos rifles levantados, existe um outro grupo de pessoas. O feixe de luz, forte mas oblíquo, que se demora sobre detalhes perdidos dos uniformes e equipamentos dos soldados, cai em cheio sobre seus rostos e revela-os como vítimas desta cena bifurcada. É, claro, a cena de um pelotão de fuzilamento. Mas o pelotão disparou ou não? Nós estamos flagrando, ou muito próximos de flagrar, um acontecimento que está sendo marcado como momentoso? E que tipo de evento é este? Claramente, num certo sentido, nós já sabemos a resposta para a última pergunta; e nós a conhecemos precisamente pelo que é comunicado metonimicamente pela crua discriminação de detalhes contribuintes: soldados, rifles, barricadas – e vítimas. É um evento que se mostra momentoso na mesma medida em que é histórico. Isto significa que ele nos convida a aceitá-lo como uma espécie de batedor de uma cavalgada com a qual ainda não travamos conhecimento. Artificialmente retirado, para servir à análise, da sequência narrativa à qual pertence, ele ameaça saltar de volta, com uma espécie de força magnética, a seu contexto histórico.

Mas o que significa "sequência narrativa" ou "contexto histórico" neste caso? Obviamente este "evento", que representa um momento impossível de coincidência entre a "ação" dos executores e a "paixão" das vítimas, não é um segmento que pudesse ser reajustado como uma nova transferência dos contornos rudes da realidade. Ele retorna à narrativa e à história, na medida em que já é (mas não plenamente) *narrativizado*; possui seu próprio poder virtual, sua própria capacidade de irradiar a sequência narrativa dentro da qual é rebocado.

Eu posso ter falado sobre numerosas imagens neste parágrafo inicial e minha descrição perfunctória deteve-se bem no momento a partir do qual você poderia ter adivinhado que uma delas, em vez de outra qualquer, está sendo discutida. O próximo passo é discutir as imagens por turnos, ou melhor, discutir o que será revelado como uma série de imagens, alcançando uma ampla variedade de tipos de mídia – água-forte, litografia, croqui a óleo, pintura a óleo e, finalmente, filme. Mas não será esquecido que essas imagens não podem ser satisfatoriamente analisadas separadas das narrativas constringentes às quais pertencem: existencialmente, na medida em que elas foram produzidas por artistas determinados em circunstâncias históricas específicas e, culturalmente, na medida em que foram tomadas por historiadores e outros comentaristas para servir de emblemas para as "verdades" da história.

Vamos começar por uma *oeuvre* que não pode ser facilmente evitada. A ilustração em 26 quadros da série "Desastres de guerra", de Goya, é a imagem inicial a ser vista se virarmos a primeira página do estudo de Gwyn Williams, *Goya and the Impossible Revolution*. Como neste ensaio, a presença da imagem provoca, em primeiro lugar, uma passagem de descrição, como se a cabal insistência da imagem excluísse uma abertura mais convencional, discursiva, para o capítulo e o livro. Desde a frase de abertura, é enfatizado que a imagem de Goya incorpora uma elipse: nossa atenção não

AS INVENÇÕES DA HISTÓRIA

se detém na cena bifurcada, mas move-se para um *close-up*, focalizando sobre os objetos primários de nossa atenção:

> Os executores nós não vemos. Seus rifles enfiados pela direita, afiados com baionetas, desumanos e implacáveis. O olho segue seu avanço, do cinza crepuscular para a escuridão. Quem são estas pessoas amontoadas? Elas são normais, comuns; suas vidas vulgares estão terminando agora numa matança brutal, devassa, sem rosto. Elas morrem sem heroísmo ou dignidade, e ainda assim há algo inexprimível na sua maneira de morrer que faz disso uma obscenidade ...[1]

O relato de Williams prossegue com uma tentativa de identificar as "pessoas amontoadas", conscienciosamente evitando quaisquer marcas de diferenciação que as estigmatizassem como outra coisa que "normais, comuns ... vulgares", e concluindo com a descrição do "alvo natural do olho pivotante, uma mulher do povo, atormentada, de joelhos, braços estendidos, o rosto voltado para o céu negro e indiferente". Até aqui, a imagem pode servir para nos aprisionar, com um pequeno auxílio retórico. E então o historiador dá um passo inesperado:

> Poderia ser em qualquer lugar; poderia ser My Lai. A rubrica, entretanto, está em espanhol; o gravador é Francisco Goya. Assim, sabemos que os rifles são franceses e que esta é a Guerra da Independência espanhola de 1808-1814; a primeira guerra de guerrilha, a primeira "guerra popular" da história moderna, que também foi a primeira das guerras civis modernas da Espanha.

O historiador oscilou, num trecho cujo virtuosismo nos surpreenderia mais se não estivéssemos acostumados a tais acrobacias, do geral ao particular e de volta outra vez; desde a evocação de um tipo de tudo perfeito (tipificado pelo imediato e contemporâneo – My Lai) às circunstâncias particulares, datadas da Guerra da Independência espanhola; desta guerra em particular à guerra *genérica* da qual é um protótipo ("guerra popular"); da bastante inocente categoria de "guerra civil" à implicação de que a Espanha, afinal, era não apenas o foro de "guerras civis" em geral, mas da Guerra Civil espanhola. Uma espécie de sutura narrativa está tendo lugar aqui: a que é dirigida para tornar o singular inteligível e o geral, concreto.

O simples fato de que isso possa ser feito com tanta eficiência sustenta-se numa certa ideologia da imagem que está sendo reivindicada. Antes da imagem, nós somos impotentes para reagir; a natureza, na forma do "olho pivotante", assume o ofício de ler o quadro e não tem dificuldade em "extrair" da leitura uma série de valores, cuja expressão se revela como transparentemente manifesta (humano/desumano, heroísmo/falta de heroísmo, amontoadas/brutal etc.). É pela referência a tais valores que a universalidade da imagem é trazida até nós: "Poderia ser em qualquer lugar". Mas a intrusão da linguagem rompe este sentido de comunhão naturalmente sancionado. "A rubrica, entretanto, está em espanhol ... Assim, sabemos que os rifles são franceses." Deixando para trás o reino ideal no qual as essências conformam--se antes de tomarem a substância de acontecimentos históricos concretos ("poderia ser My Lai"), somos levados a concordar com a existência da Torre de Babel. "Assim, sabemos ..." – mas nós realmente não estávamos em condição de saber antes? Estava a imagem realmente suspensa em um reino de essências imediatamente acessíveis, não particularizadas, do qual somente a linguagem poderia arrancá-la para a liberdade?

O historiador *de Goya and the Impossible Revolution* pode querer fazer-nos pensar assim, mas apenas por alguns momentos. Vire a folha e temos uma página dupla de *O Três de Maio de 1808* (1814), de Goya. Aqui está o protótipo da estampa que acaba de ser descrita para nós, datada de seis anos antes, e trazendo um título que data de outros seis anos antes. Aqui o pleno confronto entre vítima e executor é tornado manifesto, sem nenhuma exclusão do pelotão de fuzilamento. A descrição pode prosseguir como antes, mas com uma atenção ainda maior aos efeitos intensificados da pintura a óleo ("Uma lanterna no chão joga uma luz cegante sobre uma colina encurvada e uma coluna de vítimas esperando sua vez"). O clímax dessa descrição apaixonada é acompanhado, como antes, por uma espécie de irradiação do significado geral derramando-se sobre a cena histórica. "A pintura de 1814, O Três de Maio de 1808, parece atemporal, transcendente, eterna; é a 'condição humana'. Inesquecível."[2] Mas aí vem a frase forte que rebate o clímax retórico (está o historiador ciente do risco de que a repetição faz a tragédia cair numa farsa e são aquelas aspas em torno de "condição humana" destinadas a servir como um primeiro alerta deste perigo?): "Isto também é totalmente ambivalente."

Para apreciar esta ambivalência, temos de saber que Goya pintou uma peça que faz companhia a O Três de Maio de 1808; é o O Dois de Maio de 1808 (1814). Há bons motivos para supor que os dois quadros foram criados para servir como complemento um para o outro, não apenas por causa da óbvia sequência de "antes e depois" dos títulos, mas também pela concentração adicional de forças antagônicas que serve como base composicional para ambos os trabalhos. Em O Três de Maio, as vítimas espanholas estão sendo expostas aos executores franceses; em O Dois de Maio, é a causa da execução, o assalto anterior de um povo enfurecido sobre uma desbaratada tropa de cavalaria francesa que está sendo trazida diante de nós. A distribuição de figuras na composição efetivamente confirma o que o historiador determina ser o caso: que é o mesmo homem visto no ato de atacar, um mameluco em O Dois de Maio, quem está olhando desafiadoramente nos olhos do pelotão de fuzilamento em O Três de Maio. A representação de Goya da "figura de Cristo das plebes de Madri" não é, portanto, para ser tomada simplesmente como o equivalente secular de uma vítima exemplar. Ele teve seu próprio dia de matança e (como nos lembra o historiador) há todos os motivos para pensar por que Goya quereria nos fazer sentir ambivalentes quanto a um tal levante populista contra as forças ocupacionistas francesas. O próprio Goya não se colocava tanto ao lado do povo quanto dos illustrados, o pequeno grupo de espanhóis que congregou forças com os franceses e que viriam eles mesmos a se tornar as vítimas da fúria popular de seu tempo. Se Goya ainda deseja que reajamos emotivamente à cena de O Três de Maio –, já que não é mais do que óbvio – ele não está esperando que leiamos no desafio do pueblo a promessa utópica de uma nova ordem social. Está, ao contrário, registrando o material cru, sem tratamento, de uma sequência de dias (2, 3 de maio), fora do qual nenhuma promessa segura pode ser extraída. Sua revolução é, como coloca o historiador em seu título, "impossível".

Assim, podemos fazer uma pausa, enquanto passamos a um segundo grupo de imagens, neste caso mais diversificadas e mais intrincadamente interligadas do que o último. Em 19 de junho de 1867, enquanto Paris estava realizando sua *Exposition universelle*, o imperador Maximiliano, do México, foi executado por um pelotão de fuzilamento, junto com os dois generais mexicanos que haviam permanecido leais a ele. Reportagens do evento começam a aparecer na imprensa francesa no início de julho e um relato extenso foi publicado em 10 de agosto.[3] Edouard Manet, que estava suficientemente comovido com o distante incidente a ponto de estigmatizá-lo como um "massacre" em sua correspondência, começou num certo momento do verão a trabalhar em uma pintura que representava A *execução do imperador Maximiliano*; O *Três de Maio* de Goya, que ele havia visto dois anos antes em Madri, serviu sem dúvida como modelo para esta nova composição e, na primeira pintura relacionada com o título (agora em Boston), as qualidades dramáticas do trabalho de Goya foram abertamente reproduzidas. Entretanto, esta seria apenas a primeira das *Execuções* de Manet. Seguiu-se uma segunda versão, consideravelmente maior, que hoje existe apenas na forma de grandes fragmentos separados (retalhados após a morte de Manet), preservados na National Gallery, em Londres; subsequentemente, houve uma terceira versão, que está completa e pode ser encontrada no Kunsthalle, em Mannheim, e uma litografia, que é datada de 1868, que de fato só foi gravada e vendida após a morte de Manet. A este grupo de quatro trabalhos deveríamos acrescentar ainda um outro pequeno grupo: a água-forte de Manet, A *barricada* (1871?), que está pintada no frontispício de uma prova da litografia da *Execução*, e sua litografia, A *barricada* (1871?), que deriva diretamente da água-forte anterior.

20. Goya, O Três de Maio de 1808 (1814).

21. Manet, A *Execução do Imperador Maximiliano do México* (1867), Städtische Kunsthalle, Mannheim.

Nesta sequência de quatro imagens inicialmente confusa, podemos supor a prioridade de Goya (embora não possamos dar como certo o relacionamento tão calorosamente discutido de Manet com a pintura espanhola, e com Goya em particular). Também podemos dar como certa uma cronologia que acompanha a sequência de versões que eu estabeleci aqui muito superficialmente – uma cronologia que segue o registro histórico dos anos 1867-1871, não sem incidentes na crônica turbulenta da França do século XIX. Mas o que obviamente nós não podemos calcular é a exata dimensão das indignação de Manet com o incidente longínquo. Que ele estava interessado em ganhar com as fontes disponíveis um relato correto dos detalhes visuais da execução é muito evidente: Maximiliano usa um chapéu mexicano de aba larga (um detalhe particularmente visível na litografia). Que ele também estava preocupado em destacar, através de paralelos iconográficos, o "martírio" de um homem inocente, também fica claro a partir do posicionamento do imperador (novamente, na litografia), como Cristo, entre os dois ladrões: a axiomática singularidade desta comparação não pode nos deixar cegos para o fato de que ela foi feita e de que Manet, entre todos os pintores, estaria plenamente consciente de que seu público iria provavelmente detectar a comparação. Mas por que Manet estaria tão aflito para colocar a questão de maneira rude? A única resposta que faz sentido é que Manet visualizou a morte de Maximiliano como um resultado direto da política internacional de Napoleão III, que havia engendrado a colocação de um arquiduque austríaco no trono do México e depois o abandonou. Ao celebrar a queda de um imperador, Manet estava dissimuladamente castigando as políticas de um outro.

É importante fazer algumas ressalvas neste ponto sobre o aspecto público do gesto de Manet. O *Três de Maio* de Goya foi mantido (como nos lembra Williams) fora de cena no Prado por muitas décadas, durante as quais outras pinturas do mesmo acontecimento mantiveram seu lugar. A intenção de Manet era submeter esta pintura ao Salon, mas, quando completou uma versão que era de seu grado (a pintura de Mannheim), recebeu uma notificação oficial de que ela não seria aceita. Um destino semelhante aguardava a litografia sobre o mesmo tema. Enquanto a pedra ainda estava no estúdio do impressor litográfico Lemercier – e antes que ela tivesse realmente recebido seu título –, chegou às autoridades a informação de que esta imagem embaraçosa estava para ser gravada e posta em circulação. Manet recebeu uma carta oficial instruindo-o a não prosseguir com a impressão e determinando que recolhesse a pedra para guardá-la em seu estúdio, onde ela permaneceu intocada até sua morte, em 1883.

Um dado interessante emerge deste pequeno relato da censura oficial durante os últimos dias do Segundo Império. Manet havia reconhecido a necessidade de moderar o efeito público da litografia e previniu-se chamando-a simplesmente *Morte de Maximiliano*. Mas o impacto era claramente independente do título, e deve ter marcado sua impressão sobre as autoridades simplesmente por um exame minucioso da imagem revertida na pedra litográfica, já que neste estágio não havia sido atribuído ainda nenhum título definitivo ao trabalho. Manet sentiu um certo orgulho por este fato, chamando-o de *"une bonne note pour l'oeuvre"* ("uma boa nota para a obra").[4] Era, em outras palavras, um trabalho cujo tema subversivo estava imediatamente evidente: um trabalho cujo impacto visual, sozinho, era o bastante para causar inquietação. E ainda assim era um trabalho baseado numa correspondência muito escrupulosa não apenas com os registros existentes da execução – se admitirmos que ele consultou o jornalista Albert Wolff[5] –, mas também com os trabalhos de Goya. Até certo ponto, Manet diverge de Goya na medida em que a sequência prossegue: a pintura de Boston é corretamente vista como próxima do *Três de Maio* em sua dramática espontaneidade, mas, por outro lado, ela é diferente do *Três de Maio* ao deixar o fundo mal definido e um tanto aberto. Não propriamente a visão evocada de Manet da pintura original na Espanha em 1865 mas, mais provavelmente, a gravação da pintura incluída no *Goya*, de Yriarte (1867), o havia ajudado em sua preparação das sucessivas versões. À época da versão de Mannheim, ele havia encerrado a composição central em uma parede curva – emoldurando a ação, como as construções de fundo da composição de Goya – e disposto nesta parede alguns espectadores. Foi sugerido que, na pintura de Mannheim, estes são figuras que evocam as gravações da série "Desastres de Guerra", de Goya, enquanto na litografia eles são reminiscentes de sua *Tauromachia*. Em ambos os casos, a conclusão deve ser a mesma. Enquanto Manet trabalhou nesta série por um ano ou mais, as variações de obra para obra foram governadas pelo que poderia ser chamado o paradigma do goyesco, mais do que por qualquer novo conhecimento das circunstâncias da execução.

Esta sugestão experimental parece endossar o que quase se tornou o juízo convencional sobre Manet, originando-se, como ocorre, das tentativas iniciais de Zola (escrevendo, mal é preciso dizer, em um contexto muito diferente do nosso) de definir sua

AS INVENÇÕES DA HISTÓRIA

realização em termos puramente formalísticos. Manet, segundo esta opinião, é o pintor que atravessa os movimentos de estilo e invoca os grandes pintores do passado, mas não consegue realizar mais do que uma demonstração de bravura. Evidentemente, esta é uma afirmação exagerada do mito e tem havido um certo número de refutações recentes e convincentes a seu respeito.[6] Mas ela é recorrente, em uma forma bastante pura, no estudo de Goya e o Musée Espagnol, recentemente publicado por José Cabanis. Este toma a sequência das elaborações de Manet sobre o tema de Maximiliano como ilustrativa de uma transição bastante simples – da "emoção" genuína registrada no evento longínquo, à busca desinteressada da arte em nome da arte. O trecho merece citação mais completa, por causa do modo como interpreta o relacionamento entre os trabalhos, e destes com seus autores:

> L'esquisse première de son Exécution de Maximilien, qui est à Boston, pouvait témoigner de l'émotion causée en Europe par la fin de l'empereur du Mexique. Son dernier état, en revanche, [a pintura de Mannheim] est le Tres de Mayo d'un témoin non plus horrifié, mais indifférent. On nous assure cependant que Manet peignant son Maximilien faisait un acte politique, et était ému, et d'ailleurs l'Administration impériale en jugea ainsi, puisqu'elle interdit qu'on en fit une lithographie, qui aurait popularisé et répandu cette émotion. Mais quand la censure existe, elle s'effarouche de peu. Le résultat est là et la différence éclate: le Tres de Mayo était un appel à la vengeance, ou tout au moins demande qu'on n'oublie jamais, et les Espagnols y ont répondu: le Maximilien de Manet ne suggère ni vengeance, ni souvenir, ce n'est qu'un fait divers qui a servi d'un prétexte à une peinture.[7]

Toda esta passagem tem, deve-se admitir, uma certa consistência mítica. Nós temos a "emoção" de Manet com a morte do imperador distanciando-se, num certo período de tempo, até a indiferença. (E, ainda assim, o próprio evento nunca foi nada além de remoto e seu efeito sobre Manet intimamente ligado à sua atitude hostil para com o outro imperador – era Napoleão III menos impositivo em 1868 do que havia sido em 1867?) Nós temos o apelo à vingança de Goya contrastado com o mero "pretexto para uma pintura de Manet". (Mas a própria atitude de Goya é em si mesma bem mais complicada, como vimos: ela ganha significado pela disposição em par do *Dois de Maio* com o *Três de Maio* e equivale, no mínimo, a uma visão ambivalente dos levantes populares, dedicado como era Goya aos interesses da minoria iluminada.) Sob esta série de julgamentos confiantemente apresentada, espreita inquestionavelmente uma ideologia particular do Modernismo, na qual Manet é levado a desempenhar seu papel tradicional, de pintor que transmutou definitivamente as preocupações da vanguarda do "conteúdo" para a "forma" e iniciou, assim, uma tendência que artistas "comprometidos" vêm tentando reverter até os dias de hoje.

Entretanto, Cabanis é mais penetrante quando coroa este parágrafo com uma observação ulterior sobre o relacionamento entre Goya e Manet. Partindo das anotações de Stendhal, ele seleciona um lembrete escrito pelo autor para servir a si mesmo: "Bom tema para uma pintura: Tancredo batizando sua amante Clorinda, que ele acaba de matar. É talvez o melhor quadro possível. Escrever a Guérin em Roma".[8] Como Cabanis infere, "tais *temas* pareciam intoleráveis a pessoas que haviam visto Goya, que sinaliza ali de fato uma mudança decisiva". Certamente, uma pintura como O *Três de Maio* não pode estar enquadrada no gênero "bons temas", ratificado pela convenção classicista ("Escrever a Guérin em Roma"). E a diferença reside numa certa transformação da prática de *tornar visível*. Como Cabanis nos lembra, um dos "Desastres" da série de Goya carrega o título "Eu vi" (a gravura com a qual este ensaio começou tem um título relacionado com este, "Não se pode olhar"). Manet é relutantemente admitido à companhia de Goya sob este rótulo: "Manet, pareceria, também queria pintar 'o que ele viu'". Assim ficará perfeitamente claro que "o que ele viu" não é de modo algum uma descrição literal da *Execução*: nem o próprio Manet, nem qualquer membro de seu pretendido público, poderia deixar-se convencer disso. Como Flaubert, que escolheu a antiga Cartago como cenário de seu romance histórico, *Salambô*, justamente porque quase nada era conhecido sobre o lugar, Manet pode bem ter conscientemente selecionado um evento contemporâneo que ninguém (ou ninguém no ambiente

AS INVENÇÕES DA HISTÓRIA

parisiense) poderia ter visto. Mas isso não elimina a necessidade de olhar mais perto para a questão que é trazida ao primeiro plano por tal estratégia (do mesmo modo com que o "naturalismo" de Flaubert é trazido ao primeiro plano por *Salambô*?): poder-se-ia chamar isto, por comodidade, de "efeito testemunha". Os títulos de Goya – "Eu vi", "Não se pode olhar" – revelam de um modo particularmente impressionante do impacto: eles evocam a intensa dialética revelada pela leitura de Poussin por Jean-Louis Schefer através dos textos de Santo Agostinho ("Nós vamos, como que a uma fonte, a encontrar, em nosso desejo de ver, algo contraditório").[9] Com Manet, uma tal estrutura é sem dúvida posta em jogo. Mas existe também um outro elemento, que Manet adquire de um contexto cultural e epistemológico já bem afastado do de Goya. Ao chamá-lo de "efeito testemunha", nós já estamos admitindo implicitamente a prioridade de Goya: ao mesmo tempo, estamos nos comprometendo com uma investigação renovada de uma sequência de trabalhos cujo interesse de modo algum se exauriu.

O ano de 1870 trouxe consigo, é claro, a queda precipitada de Napoleão III e o breve e sangrento episódio da Comuna de Paris. Manet estava fora de Paris nos primeiros meses de 1871, mas é bem provável que tenha voltado nos últimos dias de maio, quando estavam ocorrendo execuções sumárias dos *communards*. Há evidências pelo fato de que tanto ele quanto Degas eram violenta e verbosamente contrários aos "métodos enérgicos de repressão".[10] Manet determinou-se a criar uma pintura registrando esta conjuntura na história francesa e completou uma grande água-forte, que pode ter sido intencionalmente um estudo preliminar para um grande quadro e, mais uma vez, resultou numa litografia postumamente publicada: o título era *A barricada*. Os detalhes do procedimento de trabalho de Manet para o esboço inicial são curiosos o bastante para atrair algumas observações e um pouco de desconcerto. Porque a mistura paradoxal (ou aparentemente paradoxal) de Manet entre "arte" e "vida" parece ter atingido o seu limite. Por um lado, parece razoavelmente claro que ele consultou os registros fotográficos amplamente disponíveis do final da Comuna; o fundo levemente desenhado do esboço coincide com uma das muitas fotografias que mostram a Rue de Rivoli, com os restos das barricadas atulhando as calçadas. Por outro lado, está claro que ele transferiu, bastante diretamente, o pelotão de fuzilamento da litografia da *Execução de Maximiliano* para a nova composição. O esboço é em parte derivado de uma prova da litografia da *Execução*, aplicada a uma nova folha de papel e deixando a marca do contorno das figuras por um processo de decalque.[11] Se nós olharmos por trás do esboço acabado, podemos então ver o contorno da composição da *Execução* pelo avesso. Manet seguiu o plano geral da composição – com seus elementos essenciais derivados de *O Três de Maio* – de maneira extremamente escrupulosa. Ele mudou, entretanto, os uniformes dos soldados; e substituiu um *communard* com a mão levantada pelo impassível imperador com o grande sombreiro. Estes traços estão essencialmente mantidos na litografia subsequente, sobre a qual nós conhecemos, além disso, um fascinante detalhe. Manet, muito provavelmente, mandou fazer uma fotografia do esboço e trabalhou nela – novamente por um processo de decalque – para produzir a imagem na pedra litográfica que foi, é claro, revertida na última prova. Esta hipótese está baseada no fato de que as figuras, embora exatamente as mesmas em termos relativos, foram reduzidas proporcionalmente.

Estou insistindo sobre essa história técnica dos trabalhos de *A barricada* porque é difícil separá-la do relato anterior dos quadros da *Execução*. Aqui está um Manet comprometido não com um desvio transatlântico para uma causa política que ele, em particular, não só apoiava mas, evidentemente, valorizava e o fazia tão profundamente que sua saúde ficou seriamente abalada nesse período. E aqui está Manet revelando, numa dimensão notável, o caráter artificial de sua arte, sua dependência de redesenhar e retrabalhar os motivos já "emprestados" dos trabalhos de um mestre anterior. Onde está o "efeito testemunha" nisso tudo? Poder-se-ia ser tentado a dizer que está de algum modo amarrado ao uso da fotografia por Manet.[12] Ele fez uso, afinal, como se discutiu, das fotografias contemporâneas das consequências da

Comuna, com sua prova irrefrangível do "Isso aconteceu". E ainda, Manet também parece ter usado a fotografia no processo (puramente técnico) de transferir a imagem do esboço para litografia. Na verdade, todo o processo que nós acompanhamos traz ao primeiro plano a série de operações empreendidas – cópia por contato, decalque, reversão da imagem – de modo tal a destacar a ligação com o processo da fotografia. Manet está preservando não simplesmente um conjunto de temas, mas uma série de conexões indiciais. A fotografia ingressa nesta série de conexões em dois momentos críticos importantes: como "prova", antes de tudo, e secundariamente, como um meio de reprodução e redução. De que modo, então, o "efeito testemunha" está preso à fotografia?

Esta pergunta talvez possa ser respondida por meio de uma digressão. Na primeira parte da década, quando se dá a execução do imperador Maximiliano, houve uma tentativa sofrida e, na verdade, sem precedentes para compilar um registro fotográfico da Guerra Civil americana. Uma coleção como as Visões Fotográficas da Guerra, de Mathew B. Brady, publicada em 1862, era um elaborado inventário de pessoas e lugares reunidos sob o signo da reconciliação. Como o próprio Brady delineou em uma declaração feita ao Congresso em 1869, quando colocou uma coleção à venda:

> As fotografias mostram os campos de batalha da Rebelião e seus memoráveis incidentes e localidades tais como acampamentos militares, fortificações, pontes, cortejos ... junto com grupos e retratos dos atores proeminentes no cumprimento do dever; antes e depois do fogo da batalha ... o todo formando uma completa História Pictórica de nossa grande Luta Nacional.[13]

Como argumentou Alan Trachtenberg, em seu informativo artigo sobre estas "Fotografias da Guerra Civil", as condições técnicas da fotografia nesse período tornavam virtualmente impossível alcançar um efeito de espontaneidade. Se houvesse pessoas, elas tinham de manter suas posições por tempo suficiente para coincidir com o tempo de exposição: daí a predominância de composições nitidamente posadas das figuras vivas – e registros singularmente vigorosos dos mortos imóveis. Era a cena da ação histórica que estava sendo fotografada, mais do que a da própria ação: "antes e depois do fogo da batalha", mas não o fogo em si mesmo, já que isso teria desafiado os poderes transcritivos do processo da placa úmida. Mas essa deficiência técnica de modo algum elimina o fato de que a fotografia, quaisquer que fossem suas limitações práticas, implicava a possibilidade de uma reprodução perfeita. Trachtenberg está certo em prefaciar seu artigo com uma citação de Valéry: "A mera anotação da fotografia, quando nós a introduzimos em nossa meditação sobre a gênese do conhecimento histórico e seu real valor, sugere esta pergunta elementar: PODERIA UM TAL FATO, COMO ELE É NARRADO, TER SIDO FOTOGRAFADO?".[14]

As implicações da declaração de Valéry são certamente consideráveis e o exemplo dos álbuns das fotografias da Guerra Civil dá à questão um relevo especial. Vamos admitir que tais fotografias, tiradas sob as condições técnicas dos anos 1860, não representavam – e não podiam fazê-lo – os "fatos como eles são narrados"; com efeito, elas representavam o que poderia ser denominado a "cena vazia" da ação histórica, com as figuras presentes cuidadosamente posadas, caindo quase inevitavelmente na postura de retardatários meditando sobre os horrores da guerra.[15] Mas essa inadequação temporal da fotografia, por assim dizer, não pode ter inibido o desenvolvimento de uma noção de perfeita adequação a "fatos como eles são narrados". Para compreender este ponto, que Valéry estabelece de modo tão eficaz, temos de considerar que a fotografia não é para ser pensada como uma "invenção" a que os seres humanos tiveram de se adaptar o melhor que podiam; faz mais sentido encarar a "invenção" da fotografia como um estágio crucial, determinante no que tem sido chamado de "máquina de satisfação dos desejos" da cultura ocidental.[16] De acordo com essa leitura, tanto a fotografia como a cinematografia seriam desenvolvimentos técnicos na acelerada autorrealização de uma forma abrangente de "espetáculo" – que Victor Burgin denominou um "regime espelhado integrado". Assim, pode ser permissível ver a invenção da fotografia, nas palavras de Barthes, como um "fato antropológico" absolutamente novo.[17] Mas nós poderíamos esperar ver ecos dessa novidade em outros domínios da imagem; até a pintura poderia ser tida como receptiva à insistência da "máquina de satisfação dos desejos".

Após esta breve divagação, é oportuno retornar à *Execução de Maximiliano*, e ao *Três de Maio*, de Goya. Qual é a diferença essencial entre a pintura de Goya, por um lado, e, por outro, a sequência de *Execuções* e *Barricadas* que estivemos analisando? No que diz respeito à composição, nós temos assumido desde o início que existe uma íntima similaridade – íntima o bastante para justificar a noção que Manet "emprestou" de Goya. Mas esta similitude composicional mal mascara uma diferença fundamental nos respectivos tratamentos de espaço e tempo. Goya situa o trabalho nocionalmente no momento que antecede a ação do pelotão de fuzilamento. Mas nós bem poderíamos perguntar como um tal momento "nocional" está de fato expresso na pintura. Efetivamente, os códigos tradicionais da arte pós-renascentista estão sendo distribuídos. O *chiaroscuro* – a construção de espaço de acordo com um contraponto dramático de luz e escuridão – está sendo usado para dirigir nossa atenção à centralidade da figura com os braços levantados. A iconografia – a dotação dos gestos e posições de significação codificada na tradição pictórica – está sendo empregada para sugerir uma comparação com o Cristo crucificado. E a fisiognomonia – o tratamento da expressão facial de acordo com um repertório de emoções e estados mentais visualmente codificados – está sendo usada, ou abusada, na expressividade hiperbólica do rosto da vítima. A intersecção de todos esses códigos cria a "cena" da pintura. Mas nós bem poderíamos concluir que seu efeito combinado é orientado de modo tal para "destemporalizar" esta cena, ou pelo menos para dar-lhe aquele tipo de generalidade e fixidez dentro do processo histórico que também é inferido pelo título: O *Três de Maio*.

Em contrapartida, a sequência de quadros de Manet evita quase completamente os códigos de *chiaroscuro*, fisiognomonia e iconografia, exceto na medida em que eles são inferidos com referência a Goya. A exceção reside, indiscutivelmente, na pretensa comparação entre Maximiliano e os dois generais, e Cristo entre os dois ladrões. Mas, se esta é uma referência a um código iconográfico, – como eu sugeri anteriormente –, então ela também é uma referência malfeita: em que sentido poderiam os leais generais de Maximiliano ser considerados "ladrões"? O que é particularmente impressionante nos trabalhos de Manet, e sem precedente em Goya, é um elemento que sai do domínio dos códigos e transgride códigos: um elemento que é, em termos semióticos, não simbólico, mas indicial. Essa é a representação, por uma rajada de pigmentos animados, da mesma fumaça que foi emitida pelos canos dos rifles do pelotão de fuzilamento. Assim ela nasce, no quadro de Boston; assim ela permanece na pintura mais formal e elaborada de Mannheim. Ela é suprimida na versão fragmentada de Londres, mas retorna (um esplêndido rasgo de linhas a lápis em torno de um vácuo branco) na litografia de Maximiliano e nas duas *Barricadas*. Manet escolheu, nos quadros de Maximiliano, exprimir um momento preciso: o pelotão disparou e atingiu os dois generais presentes; o oficial distanciado à direita está comandando, e irá em breve concluir a execução do impassível Maximiliano. As duas *Barricadas* não são tão complexas – nenhuma sequência de tiros está inferida, mas uma execução sumária. Em ambos os casos, entretanto, a proposta é semelhante. Ela dá como certa, enquanto uma virtualidade da cena, a estrutura da pergunta de Valéry: "Poderia um tal fato, como ele é narrado, ter sido fotografado?"

Que ele pudesse fazer isso precisamente pelo uso da nuvem de fumaça como um indicador é um fato de considerável importância. Em seu *Modern Painters*, Ruskin chamou atenção para um momento crucial no fim da Idade Média, quando "o céu é introduzido", em lugar do tradicional ouro puro ou fundos matizados de manuscritos iluminados; a seu ver, esta é a mudança decisiva de um paradigma "simbólico" para outro "imitativo", e o desenvolvimento da arte ocidental "gradualmente, cada vez mais, propõe a imitação como um fim, até que ela atinge a paisagem turneriana".[18]

AS INVENÇÕES DA HISTÓRIA

Obviamente, uma imitação de céu acarreta uma imitação de nuvens, e uma das habilidades características de Turner e de seus contemporâneos está na representação de nuvens – um território onde o pintor ainda derrota confortavelmente o fotógrafo tecnicamente impedido, pelo menos por toda a década de 1860, já que o último deve usar duas exposições, se deseja registrar tanto o detalhe dos céus como o detalhe da terra. Contra esta visão relativamente simples da nuvem como um indicador proeminente de fidelidade à paisagem, nós podemos justapor as muito mais sutis e elaboradas proposições da *Théorie du nuage*, de Hubert Damisch, que apresenta a nuvem (de Correggio a Chagall) como um elemento dialético na transformação do gênero perspectivo, significando a transcendência de um espaço "terreno" literal.[19] Não há necessidade aqui de elaborar sobre estas duas teorias que dão proeminência ao papel da nuvem, como *significante* e *significado*, no desenvolvimento progressivo da arte ocidental. Mas podemos certamente adicionar a esta lista um outro uso da nuvem, não o natural mas a versão feita pelo homem, como ocorre nesses trabalhos de Manet. Este uso é o da nuvem como um *significante* para realidade – "o fato como ele é narrado": a nuvem como um fiador do "efeito testemunha".

Mais de meio século separa *O Três de Maio*, de Goya, das pinturas de *Maximiliano* e *Barricada*, de Manet. É o que separa também uma *visibilidade* intensificada, alcançada mediante reforço dos códigos tradicionais, de uma *visibilidade* que está integralmente ligada ao "efeito testemunha".[20] Meio século depois de Manet, a "máquina de satisfação dos desejos" criou bem mais. A fotografia engendrou não apenas tipos de mecanismos que permitem um tempo de exposição mais curto e uma imagem mais "instantânea", mas também a possibilidade técnica de ligar imagens individuais numa série contínua reconhecível de tempo-espaço, por meio da exploração da credulidade do olho humano. O "gênero espelhado integrado" está quase completo e a adição de uma trilha sonora sincronizada complementa o gênero espelhado, com um novo tipo de índice, que representação visual nenhuma jamais possuiu no passado. Seria possível continuar o tema da impressão de Manet incondicionalmente confiada aos eventos contemporâneos. O grande pioneiro francês do cinema, Georges Meliès, foi descrito por sua esposa como "pró-Dreyfus e anti-Boulanger" e, em setembro de 1899, ele completou um filme de treze minutos sobre o "Caso Dreyfus" que foi seu mais longo trabalho até então.[21] Tanto Lumière (em 1897) quanto Pathé (em 1899) fizeram filmes sobre o mesmo tema. Mas aqui eu não tentarei separar a corrente de "filmes de história" da evolução geral do cinema, nem avaliar particularmente as implicações epistemológicas da adequabilidade do novo veículo a temas históricos. Devo encerrar minha discussão à distância de mais de meio século depois de Manet, e tomar uma outra imagem que, como um "*still*" fotográfico, seja como for, parece pertencer à mesma família das discutidas anteriormente.

É uma imagem de interior, mais do que externa. Mas a iluminação foi disposta de modo a apresentar da maneira mais eficaz, tal estrutura composicional. A luz forte, presumivelmente externa, que entra pelo lado direito escolhe apenas as braçadeiras brancas nos uniformes do pelotão de fuzilamento, que tem suas costas voltadas para nós, e cai de modo mais pronunciado sobre o pequeno grupo de vítimas que está expressivamente exibindo várias posturas enquanto a ameaça da execução se aproxima. Mas este não é o olhar exagerado de Goya, ou o "efeito testemunha" de Manet. Existe um excedente de particularidade analógica para nos assegurar que esta imagem pode se encaixar dentro do gênero de "fatos como eles são narrados". À luz deste excedente, um rosto superexpressivo, ou uma lufada, ou uma fumaça pareceriam simplesmente estranhos e desnecessários. Não falta material que pudesse nos levar, se assim nos dispuséssemos, a fazer uma leitura iconográfica ou simbólica desta imagem: as urnas e balaustradas quebradas, entremeadas de sacos de areia, oferecem um *memento mori* particularmente expressivo que poderia ser relacionado a seus precedentes e seus modelos hipotéticos. Mas estamos perfeitamente cientes, quando olhamos para a imagem, de que esta seria uma curiosidade. O que nos fascina é o curioso contraste entre o detalhe pletórico da cena, que é assegurado pelo processo fotográfico, e a

AS INVENÇÕES DA HISTÓRIA

dupla falta que se faz manifesta. Eis aqui uma imagem que é carente, antes de tudo, por ser um *"still"* de um filme; é um momento impossível, em oposição ao *Três de Maio*, que é constituído pelo artista como um "evento", e aos quadros de Maximiliano, que são *significados* (pela nuvem ou fumaça) como "momento histórico". Em segundo lugar, ela é carente na medida em que é, e claramente se afirma como tal, uma representação ficcional.

Em primeiro lugar, existe a impossibilidade do momento. Ninguém jamais viu esta imagem, exceto como um *"still"* – e é muito provável que, como um *"still"*, ela tenha sido tirada por uma câmera separada, próxima mas não com o ponto de vista idêntico ao da câmera de filmagem. Um oficial está comandando o pelotão de fuzilamento: tudo isso nós podemos depreender da disposição da figura à direita. Nos quadros *Maximiliano*, de Manet, esta separação entre oficial e pelotão é explicitada e trabalhada numa sequência de tempo crível (que também é a sequência da narrativa reportada da morte de Maximiliano): o pelotão disparou e atingiu os dois generais, mas é o oficial quem terá de liquidá-los. Neste caso, o gesto do oficial é ambíguo. Ele está prestes a dar a ordem para o pelotão atirar? Ou ele deu a ordem (daí os rifles levantados) e agora está garantindo uma suspensão temporária da execução? Não é nenhuma crítica da imagem dizer que não podemos ser claros quanto a este ponto, a menos que nós a vejamos no contexto do filme do qual é tirada, *La Marseillaise* (1937), de Jean Renoir. Quando vemos o filme, esta imagem desaparece numa espécie de não existência narrativa, já que toda a nossa especulação é respondida. A execução que assombra tão próxima no *still* fotográfico nunca irá ocorrer. Uma fração de segundo após a imagem estar registrada na tela – já que nossos olhos constituem um imaginário espaço contínuo a partir dos sucessivos estímulos óticos –, a câmera gira em panorâmica para os lances mais baixos da escada. Roederer chegou para tomar o rei Luís XVI sob sua proteção e conduzi-lo à Convenção pelos Jardins das Tulherias. A catástrofe não irá ocorrer. Ou melhor, *esta* catástrofe em particular não terá lugar. O rei, que está ausente desta cena, resultará na vítima designada.

228 STEPHEN BANN

22. Still de Jean Renoir, *La Marseillaise* (1937), British Film Institute, National Film Archive Stills Library.

AS INVENÇÕES DA HISTÓRIA 229

Esta imagem da execução que não ocorre invoca, portanto, algumas das perguntas fundamentais sobre a convergência entre a imagem e o evento e entre o discurso ficcional e o histórico. Roland Barthes descreveu o *status* do discurso histórico como "uniformemente assertivo, afirmativo. O fato histórico é linguisticamente associado a um *status* ontológico privilegiado: nós relatamos o que ocorreu, ou o que foi incerto. Para resumir: o discurso histórico não está familiarizado com a negação (ou apenas muito raramente, em casos excepcionais)".[22] De acordo com este princípio, tanto Goya quanto Manet estão corroborando e endossando um discurso histórico. Goya está dizendo: *esse tipo de coisa* aconteceu no Três de Maio (e os códigos da tradição pictórica foram usados legitimamente para estabelecer a visibilidade do evento). Manet está dizendo: este momento, com suas pistas claras sobre o que acabou de acontecer e o que está prestes a acontecer, teve lugar em 19 de junho de 1867, e o sopro de fumaça está ali para ratificar a proximidade. Jean Renoir, entretanto, não está dizendo nada desse tipo. Estou bem consciente de que há uma distinção lógica entre as proposições: *esse evento não ocorreu e esta cena historicamente atestada de um pelotão de fuzilamento* (que estava prestes a alcançar seu objetivo desejado) *tornou-se um pelotão de fuzilamento* manqué *por causa da chegada de Roederer*. Mas, evidentemente, esta distinção é por demais refinada para nossa experiência do filme de história. Porque o filme de história faz numerosas coisas de uma só vez. Ele sistematicamente tolda a distinção entre o "tendo--estado-ali" da cena retratada e o "tendo-estado-ali" do processo de filmagem. (Somente a natureza perfeitamente analógica do processo fotográfico permite que este efeito tenha lugar. Todavia, está claro que pintores como Delaroche anteviram, já na década de 1820, que a possibilidade de uma tradução quase fotográfica de um tema histórico pareceria endossar sua veracidade histórica.)[23] Mas ele também, pela própria natureza do processo ficcional, nos sujeita a um processo de "preenchimento" para fins estritamente narrativos, que nós aceitamos como totalmente legítimo. O rei deve ser conduzido das Tulherias à Convenção por Roederer. Isso nós reconhecemos ser necessário (e é claro que não precisamos ser estudiosos da Revolução Francesa para concluir sobre a historicidade deste evento em particular, dentro do contexto de assistir ao filme). Antes que Roederer chegue, o diretor está bastante legitimado em arrumar – por que não? – um pequeno "gancho".

Um tipo de sequência que não é inteiramente espúrio pode, portanto, ser traçado de acordo com nossas diferentes, ainda que formalmente relacionadas, imagens de um pelotão de fuzilamento. Em Goya, a morte exemplar de um homem do povo é retratada. Como os quase contemporâneos bustos de Messerschmitt, seu rosto é lugar de um ultrajante excesso de emoção; o vocabulário da expressão fisiognomônica é testado até o ponto da exasperação.[24] Nos quadros *Maximiliano*, de Manet, particularmente na litografia, exatamente o reverso é verdadeiro. Os traços de Maximiliano mal são perceptíveis, muito menos expressivos, e o único sinal visível que se apega a ele é o chapéu mexicano de abas largas, algo absurdo. Seria um signo de mexicanidade que devesse, portanto, ser lido como um signo da determinação de Maximiliano em morrer como um imperador *mexicano*? Seria um signo de sua modesta, ainda que comovente, identificação com o povo mexicano? (Alguns destes membros do povo mexicano que estão testemunhando o espetáculo do alto do muro, como espectadores numa corrida de touros, certamente estão usando esse tipo de adorno de cabeça.) Ou isso seria apenas um sinal da fraqueza do estrangeiro – um signo do fato de que dele, diferentemente de seus ajudantes nativos, não se poderia esperar que suportasse o calor do dia, e foi-lhe permitido usar esse artigo de proteção? Evidentemente, nós não podemos decidir e o enigma do chapéu plana diante de nós, dramatizando o fato de que o homem que está no centro deste pequeno acontecimento está, ele próprio, *deslocado*.

Em *La Marseillaise*, como vimos, o pelotão de fuzilamento é meramente um espetáculo secundário, intercalado na narrativa do tumulto das Tulherias. Mas se nós olharmos para a caracterização do filme de Renoir, ele revela-se articulado sobre a mesma oposição

AS INVENÇÕES DA HISTÓRIA

básica que discernimos em Goya e Manet. *La Marseillaise* tem dois heróis e duas vítimas: o próprio rei e o homem do povo, Bomier, que faz a viagem desde Marselha com as tropas voluntárias e finalmente morre no curso da luta pelas Tulherias. Jean-Louis Comolli analisou excelentemente a diferenciação dessas duas "personagens", que não é simplesmente uma diversificação dentro do mesmo modelo de representação, mas uma diferença de gênero. Bomier, representado pelo ator Ardisson, é "espontaneamente anarquista": sabemos disso pelo desenvolvimento da ficção, e não podemos sabê-lo por nenhuma outra fonte.

> Talvez Bomier tenha existido, talvez tenha havido um "verdadeiro" Bomier, mas isso não importa, para nós ele existe apenas no filme, não há outros traços dele além daqueles deixados pelo corpo de Ardisson nas imagens de Renoir. Para nós, Bomier é uma personagem ficcional que, a despeito de seu papel em um "filme histórico", tem todas as propriedades de uma personagem imaginária.[25]

Essa "personagem imaginária" está livre para se manifestar por inconsistência e excesso, que são entretanto assumidos pela narrativa como marcas de autenticidade:

> Assim, as contorções faciais de Ardisson, sua impulsividade pluridirecional, seu desempenho exagerado em mímica, gesticulação e voz, tudo contribui para uma personagem dividida, cheia de vazios e resíduos, mas a personagem está ali por tudo isso: este só pode ser Bomier, com manifesta autenticidade.[26]

Em contrapartida, Pierre Renoir como Luís XVI é um "corpo excessivo". O ator pode apenas "confrontar seu corpo com o suposto (e supostamente familiar) corpo de Luís XVI: interferência, até rivalidade entre o corpo do ator e aquele outro corpo, o "real", cujo desaparecimento (histórico) deixou traços em imagens outras que não a cinemática e que têm de ser levadas em conta".[27] Onde Ardisson está perfeitamente equacionado em seu papel, Pierre

Renoir deve demonstrar uma distância entre seu próprio corpo, cujos traços podemos ver na tela, e aquele outro corpo, de Luís XVI, a que ele nunca poderá chegar. Ou melhor, já que o diretor, Jean Renoir, deve obviamente ser levado em consideração aqui, o filme tem de ser construído de modo tal a permitir, e até a incorporar, essa incerteza constitutiva, esse "borrão na imagem". Daí a importância do tipo de detalhe que André Bazin anotou admiravelmente em seus comentários manuscritos de *La Marseillaise*: "enquanto passa em revista as tropas nas Tulherias, Luís XVI vê-se embaraçado pelo fato de que sua peruca está torta".[28] Metonimicamente, a impropriedade da peruca transmite a inadequação de Luís a seu papel e, efetivamente, a falta de ajustamento do corpo do ator à personagem historicamente atestada.

De *O Três de Maio* a Bomier, do chapéu de Maximiliano à peruca de Luís XVI, pode parecer que os termos de comparação estejam sendo forçados demais no interesse de uma apurada equivalência. Mas nossa preocupação ainda é com a relação da imagem a uma narrativa histórica, e com o modo característico pelo qual a imagem cinemática herda a transformação dinâmica da relação da imagem com a realidade que foi ratificada, embora não causada, no século XIX, pela invenção da fotografia. A discussão é a de que tanto Goya quanto Manet, em suas diferentes conjunturas históricas, anteciparam a questão do relacionamento de visibilidade da história. Mas seus trabalhos permanecem latentes entre narrativas: aquelas de suas próprias vidas e devotamentos, assim como aquelas que nós e nossos contemporâneos possamos projetar neles. Estas imagens, de *O Três de Maio* e da *Execução de Maximiliano*, exigem uma narrativa legitimadora. E onde elas podem encontrá-la? Até certo ponto, elas encontram legitimidade no filme de história; mas não em todo possível exemplo desse gênero em proliferação. O gênio de Jean Renoir está precisamente em sua capacidade de assumir as contradições implícitas, do que foi chamado aqui de "efeito testemunha" e de transformar em tensão dialética o que de outra maneira foi retratado como uma série de ambiguidades e contrassensos.

AS INVENÇÕES DA HISTÓRIA

Evidentemente, a realização de Renoir é também parte da história do cinema. Mesmo já no *The Dreyfus Affair*, de Meliès, a escolha do elenco foi usada para superdeterminar a reivindicação do filme narrativo de aproximar a realidade histórica: o próprio Dreyfus foi representado por "um ferreiro que apresentava uma forte semelhança com o homem verdadeiro".[29] Nos grandes debates que acompanharam o crescimento do cinema russo dos anos 20, a questão foi testada mais além, na controvérsia sobre "cinema sem atores" e o método documental que opunha trabalhos tais como *The Great Road*, de Esther Shub, às criações de Pudovkin e Eisenstein.[30] Mas Renoir é indiscutivelmente o primeiro diretor a entender que esta pode não ser uma questão de escolher entre um método documentário, sem atores, e as "tramas idealistas da arte cinematográfica teatral", mas de articular a lacuna entre os dois. A singular história de produção de *La Marseillaise*, e sua íntima relação com os alinhamentos contemporâneos dentro da Frente Popular Francesa, foram tratados extensivamente em outra parte e não precisam ser sublinhados.[31] O que é relevante aqui é o modo triunfante como Renoir acomoda a imaginação histórica, permitindo que a imagem afirme tanto sua ausência quanto sua presença: o desconforto de Pierre Renoir dentro do corpo imaginado de Luís XVI é apenas uma maneira de sublinhar a estrutura de repúdio sobre a qual a narrativa ficcional (e histórica) repousa. Nós todos sabemos bem que este não é Luís XVI, e aquela não é a história. E ainda assim...

Destacar esta estrutura de repúdio é, entretanto, arriscar-se a assimilar o filme de história no filme de ficção, e é com a imagem de história que desejo concluir este ensaio. O *still* do malogrado pelotão de fuzilamento de *La Marseillaise* pode representar um momento de passagem na narrativa do filme e, como tal, uma imagem impossível – prefigurando uma catástrofe que não tem lugar. Mas ele é mantido, não obstante, dentro do regime sobre o qual Valéry escreveu: Poderia um tal fato, como ele é narrado, ter sido fotografado? Quer dizer, nós respondemos a ele – por todos os seus paralelos iconográficos com os trabalhos de Goya e Manet –

23. Still de Robert Rossellini, *Prise de pouvoir par Louis XIV* (1966), British Film Institute, Nacional Film Archive Stills Library.

AS INVENÇÕES DA HISTÓRIA

à luz dos ganhos cognitivos que foram conquistados com a "revolução antropológica" da fotografia, ou do inelutável progresso da "máquina de satisfação dos desejos". A esse respeito, como Barthes corretamente observou, o *still* é o estranho homem de fora que nos conta ao mesmo tempo menos e mais do que o filme do qual ele deriva. O "sentido obtuso" que fazemos dele está mais próximo da verdade de nosso próprio desejo.[32]

Uma imagem final do discípulo de Renoir, Roberto Rossellini, interrompe a série de pelotões de fuzilamento com *Prise de pouvoir par Louis XIV* (1966), e mostra o cardeal Mazarin sendo sangrado por seus médicos, não muito tempo antes de sua morte. Em sua ponderada composição, ele reflete em um modo estudado as pinturas de leito de morte do pintor do início do século XIX, Paul Delaroche, tal como o seu *Cardinal Mazarin mourant* (1830). Delaroche, em sua intensa preocupação com o realismo histórico, está registrado como o pintor que previu que a fotografia iria matar a arte da pintura. As indiscretas revelações de Rossellini sobre *Prise de pouvoir* teriam, talvez, justificado seus piores temores, tão decisivamente violam as salvaguardas da mimese: "Meu Mazarin também não é um ator. Ele é um verdadeiro italiano, entretanto, supersticioso, e estava tão preocupado por representar um homem morto que só poderia fazê-lo se tivesse um rabanete em suas mãos sob os lençóis para lhe trazer boa sorte".[33] Aquele rabanete (como a história) está indubitavelmente em *algum lugar*, em quadro e não fora de quadro, preso na mão e escondido sob os lençóis.

Notas

1. Gwyn A. Williams, *Goya and the Impossible Revolution*, Harmondsworth, 1984, p. 1.

2. Idem, ibid., p. 5.

3. Ver catálogo: *Manet 1832-1883*, Paris, 1983, p. 273 ss.

4. Idem, ibid., p. 279

5. Em uma edição de *Le Figaro* (11 de agosto de 1867), Wolff deu uma descrição exata dos uniformes dos soldados no pelotão de fuzilamento, baseada em fotografias que

lhe haviam sido comunicadas. É possível que Manet tenha pedido para ver estas fotografias, particularmente para ter detalhes da vestimenta das três vítimas. Mas também é possível que a decisão de Manet, de alterar os uniformes no trabalho em andamento em setembro de 1867, tenha sido baseada simplesmente na garantia verbal de Wolff de que o pelotão de fuzilamento usava uniformes semelhantes aos do exército francês (ver catálogo *Manet*, p. 275)

6. Ver Eric Darragon, "Manet et la mort foudroyante", em *Avant-guerre sur l'art*, primeiro trimestre (1981), p. 15-32. Uma causa convincente é estabelecida neste artigo para a visão de que o *Pertuiset, le Chasseur de lions*, de Manet, pressagia um sério interesse no colonialismo do século XIX, com o caçador (de caça grande) como sua epítome. Um estudo recente que destaca coerentemente o sentido crítico e histórico de Manet, assim como seu brilho como artista, é o *The Painting of Modern Life*, de T. J. Clark, Nova York, 1984.

7. "O primeiro esboço para sua *Exécution de Maximilen*, que está em Boston, pode ter dado testemunho da emoção causada na Europa pela morte do imperador do México. Em contrapartida, sua etapa final [a pintura de Mannheim] é *O Três de Maio*, de uma testemunha que não mais está horrorizada, mas indiferente. Mas nós somos certificados de que Manet, ao pintar seu *Maximiliano*, estava desempenhando uma ação política, e encontrava-se emocionalmente afetado; e, além de tudo, a administração imperial julgou que assim fosse, já que proibiu a tiragem de uma litografia da pintura, o que teria popularizado e difundido a emoção de Manet. Mas quando existe censura é preciso muito pouco para alarmá-la. Se nos debruçamos sobre isso, a diferença é impressionante: *O Três de Maio* é um apelo de vingança, ou pelo menos um apelo para que o evento esteja sempre em mente, e os espanhóis responderam a ele: o *Maximiliano*, de Manet, não implica nem vingança nem memória, é apenas uma notícia que serviu como pretexto para uma pintura." José Cabanis, *Le Musée espagnol de Louis-Phillipe: Goya*, Paris, 1985, p. 151.

8. Idem, ibid., p. 153. Pierre-Narcisse Guérin (1774-1833) estudou para pintor em Roma, de 1803 a 1805, e trabalhou como diretor da Academia Francesa em Roma, de 1822 até quase a hora de sua morte.

9. Ver Jean-Louis Schefer, L'espèce de chose mélancolique, Paris, 1978, p. 31: este ensaio sobre o *Et in Arcadia Ego*, de Poussin, foi publicado em uma tradução inglesa de Paul Smith, em *Word and Image*, v. I, n. 2, abril de 1985.

10. Catálogo *Manet*, p. 323.

11. Idem, ibid., p. 324.

12. Isso certamente não teve a intenção de excluir a probabilidade de que o "efeito testemunha" possa ser correlacionado com estratégias composicionais específicas e com uma mudança na posição do espectador envolvido. Em um ótimo artigo, que apareceu de forma sucinta após o primeiro rascunho desta tese ter sido escrito, Wolfgang Kemp analisa o *The Death of Marshal Ney*, (1868), de Léon Gérôme, em contraste com o *Justice and Vengeance Pursuing Crime*, (1808), de Proudhon. Sua

AS INVENÇÕES DA HISTÓRIA

comparação relaciona-se com o modo como a oposição Goya-Manet é usada aqui, particularmente na medida em que ele destaca a contingência implicada no trabalho de Gérôme: "O observador de Gérôme nos impressiona como alguém que está tão isolado e abandonado inteiramente a seus próprios recursos como que por acidente, e deve primeiro tentar entender o que vê" ("Death at work: a case study on constitutive blanks in nineteenth-century painting", *Representations*, v. 9 primavera de 1985, p. 118). Uma formulação tão impressionante não exclui, é claro, a possibilidade explorada aqui, que é a de que a existência da representação fotográfica serviu como uma espécie de precondição para o envolvimento do espectador analisado por Kemp. Mais precisamente, a fotografia estabeleceu (e foi ao mesmo tempo estabelecida por) um tipo de "espectador envolvido", desconhecido para a pintura do início do século XIX; e é este tipo de espectador ideal que é construído no trabalho de Gérôme, como efetivamente no de Manet.

13. Citado em Alan Trachtenberg, "Albums of war: on reading civil war photographs", em *Representations*, v. 9, 1985, p. 3-4.

14. Idem, ibid., p. 1.

15. Para a noção da "cena vazia", ver Stephen Bann, *The Clothing of Clio*: A study of the representation of history in nineteenth century Britain and France, Cambridge, 1984, p. 44 ss.

16. Victor Burgin, "Lookin at photographs", *Screen Education*, v. 24, 1977, p. 24.

17. Roland Barthes, "Rhétorique de l'image", em *L'obvie et l'obtus*, Paris, 1982, p. 36, trad. Stephen Heath, em Roland Barthes, *Image Music Text*, Londres, 1977.

18. John Ruskin, *Modern Painters*, Londres, 1897, v. III, p. 215.

19. Ver Hubert Damisch, *Théorie du nuage*: Pour une histoire de la peinture, Paris, 1972.

20. Talvez valha a pena destacar por meio de um exemplo adicional que a nuvem é um *significante* para a realidade, um indicador do momento da execução: a essa altura, poderia até ser dito que ela camufla o fato da morte. Numa coleção de fotografias da história mexicana recentemente publicada, há uma imagem que duplica em um grau notável os elementos constituintes dos trabalhos de Manet (e os de Goya antes dele): três vítimas, a segunda das quais está diferenciada por uma venda sobre os olhos, e um pelotão de fuzilamento agrupado que acontece, entretanto, de estar armando uma linha de fogo da esquerda para a direita. A cena é mostrada pouco antes de o pelotão abrir fogo, e o oficial, na extrema direita, está levantando sua espada a fim de dar o sinal. A cena permaneceria armada neste momento impossível, antecipatório, se não fosse por uma outra imagem, tirada logo depois da execução, que mostra as três vítimas caídas ao chão. A história aqui é construída em relação à sequência de "antes" e "depois", mais do que expressa pela presença da indicadora nuvem de fumaça. As duas imagens referidas trabalham semioticamente, entretanto, significando o peso e a materialidade do corpo – desafiando a gravidade no primeiro caso, e sucumbindo ao repuxo da terra no segundo: com uma certa pungência, a

238 STEPHEN BANN

espada levantada do oficial e os rifles igualados do pelotão de fuzilamento são ecoados na segunda imagem pela linha descendente de uma bengala apontada, com a qual um assistente civil designa as vítimas como mortas (ver *Tierra y Libertad*: Photographs of Mexico from the Cassola Archive, Museu de Arte Moderna, Oxford, 1985, p. 24-5).

21. Paul Hammond, *Marvellous Meliès*, Londres, 1974, p. 42.

22. Roland Barthes, "The discourse of history", trad. Stephen Bann, *Comparative Criticism*, v. 3, 1981, p. 14.

23. Ver Stephen Bann, op. cit., 1984, p. 70-6.

24. Ver Ernst Kris, "A Psychotic Sculptor of the Eighteenth Century", em *Psychoanalytic Explorations in Art*, Londres, 1953, p. 128-50.

25. Jean-Louis Comolli, "Historical fiction – a body too much", trad. Ben Brewster, *Screen*, v. 19, 1978-1979, p. 41-53.

26. Idem, ibid., p. 45.

27. Ibid., p. 44.

28. André Bazin, *Jean Renoir*, Nova York, 1971, p. 67.

29. Hammond, op. cit., 1974, p. 42.

30. Ver Stephen Bann (Ed.), *The Tradition of Constructivism*, Nova York, 1974, p. 132.

31. Ver Goffredo Fofi, "The cinema of the Popular Front in France", *Screen*, v. 13, 1972.

32. Ver Roland Barthes, "Le troisième sens", em *L'obvie et l'obtus*, p. 43-61; também em Barthes, *Image Music Text*, p. 52-68.

33. *Sighting Rossellini*, ed. D. Degener (Pacific Film Archive, Berkeley, s. d.); extrato datado de outubro de 1966 (não pag.).

A VERDADE EM CARTOGRAFIA

Na teoria dos signos, há um acordo geral sobre o *status* dos mapas e sua necessária correspondência com o mundo real. Peirce divide a classe global de *ícones* em três subdivisões: *imagem, diagrama e metáfora*. Mapas, nos termos dessa análise, seriam diagramas, não que reproduzem as "qualidades simples" de seus referentes, mas que representam "as relações ... das partes de uma coisa por relações análogas com suas próprias partes".[1] Eco, embora observando o fato de que "Saussure chamava de símbolos o que Peirce chamava de ícones", classifica os mapas sob a designação útil, ainda que proibitiva, de "expressões produzidas pela *ratio difficilis*". O critério é o de que

> toda transformação operada sobre a combinação sintática da expressão espelha uma possível reorganização na estrutura de seu conteúdo. Se, em um mapa geográfico, se altera a linha de fronteira entre a França e a Alemanha, pode-se prever o que aconteceria se num mundo possível ... a definição geopolítica de ambos os países fosse diferente.[2]

Por mais útil que possa ser, essa definição básica do mapa como um signo não elimina a possibilidade de ele ser levado a funcionar em formas mais complexas de significação. Svetlana Alpers escreveu notavelmente sobre "O Impulso da Cartografia na Arte Holandesa", chamando a atenção para o modo como o mapa dos Países Baixos pintado por Vermeer, incluído no plano de fundo de seu *Art of Painting*, serve para epitomar a arte descritiva do pintor. Como ela própria escreve, "a eloquência disseminada da *descriptio*, que é uma figura retórica, passa a receber uma forma pictórica".[3] Através do mesmo processo de transformar o mapa impresso em pintura, o artista assinala o triunfo da representação. "Foi preciso Vermeer realizar em pintura o que os geógrafos dizem que tinham em mente."

Neste breve ensaio, proponho olhar para o que poderia parecer ser o contrário exatamente do processo que Alpers analisou. Em vez do mapa, por assim dizer, transcendendo a si mesmo na dimensão mais plena da representação em pintura – seu caráter diagramático servindo particularmente para atestar a veracidade da "arte de descrever" de Vermeer –, nós temos o mapa retirado da plenitude da experiência que ele representa (ou assim poderia parecer à primeira vista). As *Coast to Coast Walks*, de Hamish Fulton, inscrevem sobre o mapa das Ilhas Britânicas o registro datado de seus movimentos de 1971 a 1986. Este registro existe lado a lado com outra evidência visual da carreira de Fulton enquanto um artista da paisagem durante o período – fotografias (com e sem legendas), desenhos e pinturas de linhas do horizonte, mensagens compostas de palavras e letras – mas sua relação com este outro material poderia ser considerada problemática. De qualquer modo, a questão está colocada. Se a *descriptio* é mais do que uma figura retórica, então como deve ser caracterizado este excedente de representação? Qual é o significado cultural, se não geográfico, de um mapa sobre o qual o curso de uma sequência de jornadas está diagramaticamente registrado?

Para responder à pergunta, é útil ter uma visão ampla do que estou chamando de "verdade em cartografia". Considerado como um diagrama, um mapa é verdadeiro ou falso conforme satisfaça ou não as condições restritivas da *ratio difficilis* de Eco. Considerado um artefato cultural, ele bem pode operar segundo critérios

AS INVENÇÕES DA HISTÓRIA   241

mais complexos de verdade ou falsidade. O mapa dos Países Baixos reproduzido por Vermeer é tanto um diagrama exato como uma metáfora interna da sua precisão em registrar, que é encontrada em sua excelência na arte de pintar. Mas também é perfeitamente possível que um mapa seja falso, não apenas porque é um diagrama inexato ou falsificado, mas porque seu papel em uma mensagem complexa é tal que rebate, mais do que sublinha, a verdade da representação. Em outras palavras, para compreender o trabalho de Fulton, nós temos de considerar de que modo um mapa pode ser inexato, ou retoricamente falso, dentro de uma construção intertextual particular. Poderiam ser dados incontáveis exemplos, desde o desenvolvimento histórico de diferentes tipos de imaginário durante os últimos duzentos ou trezentos anos. Meus exemplos selecionados irão talvez conseguir iluminar as afirmações que estão sendo declaradas em *Coast to Coast Walks*, desmentindo-as.

Quase tudo o que vale a pena saber sobre a vida e as realizações do falsificador inglês do século XVIII, Charles Julius Bertram, pode ser encontrado na edição revista da vida de William Stukeley por Stuart Piggot – o conhecido antiquário sobre cuja credulidade Bertram se impôs com tanto sucesso.[4] Bertram era um jovem de 23 anos, ganhando sua vida como professor de língua inglesa na Royal Marine Academy, de Copenhague, quando escreveu a Stukeley por recomendação do filólogo e historiador dinamarquês Hans Gram. A correspondência se desenvolveu e, oportunamente, Bertram teve ocasião de mencionar "um manuscrito em mãos de um amigo, de *Richard de Westminster*, sendo uma história da *Bretanha Romana*, que ele considerava uma grande curiosidade: e um mapa antigo da ilha em anexo".[5] O interesse de Stukeley foi imediatamente despertado, e uma meticulosa troca de indagações e respostas teve lugar entre o estabelecido acadêmico e seu respeitoso discípulo. Por incrível que pareça, foi o próprio Stukeley quem conseguiu identificar, para sua própria satisfação, o determinado Richard de Westminster que era indicado como autor do texto. "Mergulhando diligentemente nos pergaminhos *Abby*", ele conseguiu localizar um certo Richard de Cirencester, do final do século

XIV, que era conhecido por ter escrito uma história inglesa e parecia a pessoa ideal para o novo papel. Bertram prontamente deu seu assentimento a esse trabalho de detetive.

O fato de que Stukeley fosse capaz de descobrir o Richard histórico é realmente curioso, já que sabemos agora que o manuscrito de Bertram era uma invenção inteiramente sua. Setenta anos após o texto ser publicado em Copenhague, fortes dúvidas foram expressas quanto à sua autenticidade pelo historiador de Northumberland, John Hodgson, e por volta de 1869 o aparato de crítica textual havia demolido completamente quaisquer reivindicações de atenção pendentes.[6] A informação errônea sobre Richard teve de ser cuidadosamente extirpada do corpo dos estudos britânico-romanos, e tudo o que foi deixado resumiu-se ao abstruso registro do próprio Charles Bertram, que morreu em 1765, com a idade de 42 anos. Teria sido toda a empreitada, pergunta Piggott, "a tentativa de um jovem solitário para chamar atenção sobre si mesmo pela descoberta espetacular no mundo do aprendizado e assim promover seu *status* acadêmico e financeiro"?[7] Talvez sim, respondemos. Mas a psicologia do falsificador não é fácil de caracterizar, e pode haver outras razões pelas quais Bertram escolheu essa trilha em particular para um modesto autoengrandecimento.

O mapa da Bretanha Romana segundo Richard é, de qualquer modo, uma viva demonstração das habilidades que Bertram aplicou à sua tarefa autoimposta. Dedicado a William Stukeley, e magnificamente ornamentado com seu escudo de armas, o mapa apresenta ao mesmo tempo a fonte de sua autoridade definitiva e a razão para sua existência nesta frágil nova versão gravada. Uma guirlanda de folhas de louro circunda o título: "*Mappa Brittaniae Facie Romanae Secundum Fidem Monumentorum Perverterum Depicta*". Charles Bertram confiou na "boa-fé dos monumentos extremamente antigos", mas a versão moderna na qual vemos o mapa vem totalmente de seu próprio trabalho: "O próprio C. Bertram desenhou, produziu e gravou".

O próprio mapa traz a data de 1755, mas a edição da história de Richard na qual ele apareceu foi publicada em 1757, com as duas histórias autênticas de Gildas e Nennius complementando "Ricardus Corinensis". Bertram também providenciou o frontispício e a página de rosto. O primeiro exibe um *scriptorium* medieval com três medalhões pendurados em um pilar para identificar "Gildas, Nennius, Ricardus" (há, é claro, quatro monges no quadro, e a implicação *poderia* ser a de que o jovem monge à esquerda recebendo um mapa da Bretanha fosse o próprio Charles Bertram). A segunda, a página de rosto, é, à primeira vista, menos reveladora. Além do título grandiloquente, existe apenas um elaborado desenho emblemático enramado em torno de um escudo de armas, sendo isso projetado mas não realmente gravado sobre o ubíquo Charles – "Companheiro da Sociedade de Antiquários de Londres".

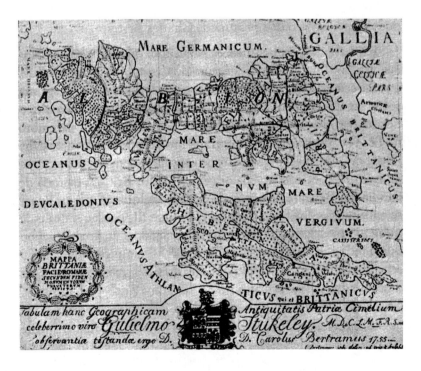

24. Charles Bertram, mapa da Bretanha Romana (1755), British Library.

O mapa, que é na verdade uma falsificação, seguramente não se proclama como tal. A representação icônica dos *"scriptores historiae"* está ali para fornecer autenticação adicional para o mapa que nós vemos sendo medido (pelo uso de um par de compassos) e depois legado (em uma visão aumentada) ao substituto do editor. Mas o ramalhete emblemático não parece estar servindo ao mesmo objetivo. Eco comenta que "emblemas, escudos de armas (brasões), e outros artifícios heráldicos" são "alegorias visuais – ainda que múltiplas e difíceis de decifrar – que já estão codificadas".[8] Isso pode parecer intrigante. Brasões não são frequentemente tomados como alegorias e ninguém irá pensar que vale a pena examinar as estrelas, listas e águias de duas cabeças de William Stukeley em busca de uma mensagem codificada sobre o ilustre antiquário. Mas isso poderia ser feito se houvesse interesse na história e nas alianças do clã Stukeley. Vamos supor que uma estratégia semelhante pudesse ser aplicada na procura de Charles Bertram.

Existem, de fato, boas razões para supor que Bertram está nos falando por intermédio desse acúmulo de imagens – na verdade, que ele está falando mais francamente do que jamais o fez em sua correspondência com Stukeley. No centro da composição está o brasão de sir Roger Bertram de Mitford (nascido em 5 de dezembro de 1224) e, por trás dele, uma grande rocha gravada com o nome "Bertram", da qual surge um tronco atrofiado com um único ramo florescente, rotulado em sua origem "Carolus Brit". A história de família dos Bertram de Mitford é curta, e inglória, já que sir Roger se alinhou com os barões contra Henrique III, perdeu o título de nobreza a que provavelmente estaria habilitado e, ao final, "alienou quase todos os seus bens consideráveis".[9] Sua única filha morreu sem prole e o que restava de sua fortuna retornou para os descendentes de suas quatro irmãs. "Carolus Brit" – ou, digamos, Charles Bertram – dificilmente poderia desconhecer essa história que tornava o lema inscrito "Por Deus e pelo Rei" particularmente irônico e seu único *status* possível como um "rebento" de uma antiga linhagem, extremamente suspeito. O filho de um tintureiro de seda, que muito provavelmente deixou Londres por causa de sua imprudência comercial, está fazendo, portanto, uma reivindicação não consubstanciada de ser parte de uma família ilustre cuja desgraça tenta camuflar. Ou é isso exatamente o que aconteceu?

O escudo de armas Bertram está colocado, com sua rocha, como uma peça central de uma murada de pedra na qual estão dispostos vários atributos das artes e ciências: livros, instrumentos geométricos, um tinteiro, um globo, um mapa e a figura de Hércules com a pele do leão da Nemeia.[10] Na superfície em nicho da murada está entalhado um segundo lema, mais proeminentemente exibido do que *"Deo et Regi"*. É *"veras divitias eripit nemo"* – a verdadeira riqueza ninguém leva embora. Os objetos que emblematicamente dão testemunho do prestígio das artes e ciências estão, por conseguinte, identificados com a ideia de riqueza verdadeira e permanente e um possível contraste é estabelecido com as terras e riquezas da família Bertram, que lhe foram arrancadas em consequência de rebelião e infortúnio. Então, não há dúvida de que Charles Bertram está acima de tudo, reivindicando seu papel erudito? Não importa que ele não tenha nenhum direito real a carregar as armas de Bertram, já que as únicas riquezas que perduram são aquelas que advêm do exercício da mente. A vaidade, portanto, reivindica o *status* do nome que aparece sobre ela: Charles Bertram, Companheiro da Sociedade de Antiquários de Londres etc.

Mas a contradição é certamente aguçada por esta interpretação. Apenas os frutos da ciência perduram. Charles Bertram, entretanto é um falso cientista, porque inventou um falso mapa e uma falsa crônica, assim como ele é um falso componente da outrora ilustre família. Confessamente, não se espera que saibamos, quando abrimos nosso exemplar dos três *"scriptores historiae"*, que o texto de Richard é uma falsificação. Mas, uma vez que nós temos esse conhecimento (e Bertram por acaso suspeitou que seria eventualmente descoberto?), as indicações concorrentes desconstroem uma à outra de um modo desconcertante. Bertram estabelece sua falsa descendência contra sua verdadeira realização, mas sua realização é de fato tão falsa quanto sua decendência. O mapa, que aparece na página de rosto entre os emblemas do aprendizado e no frontispício como um símbolo do que é legado por autoridades impecáveis, é a expressão cifrada do que Bertram designa como preeminentemente verdadeiro, enquanto, na realidade, permanece inteiramente falso.

25. Charles Betram, página-título de *Britannicarum Gentium Historiae Antiquae Scriptores Tres* (1757), British Library.

Nós agora, podemos, ser capazes de avançar um pouco mais em direção ao que Piggott chama de "motivação complexa" de Charles Bertram. Podemos ser capazes de vislumbrar como o estranhamento do jovem com seu país natal, causado por um pai imprevidente, está expresso na necessidade de recuperar a Bretanha simbolicamente – pela asserção de um laço familiar que era altamente duvidoso e pela elaborada encenação de uma charada visual na qual a (atrofiada) riqueza da família Bertram é jogada contra as imponderáveis (porque definitivamente infundadas) riquezas da suposta crônica. De qualquer forma, a gravação do mapa

AS INVENÇÕES DA HISTÓRIA   247

de Bertram parece quase a condensação de seu desejo de tomar posse daquilo que havia perdido (e que de fato nunca havia possuído). Sem dúvida é significativo que, em seu excêntrico espaçamento da palavra "albion" a letra "B" pouse precisamente naquele espaço entre os marcos que abrigavam as terras perdidas de sir Roger Bertram de Mitford.

Em 1816, para dar as boas-vindas à dinastia dos Bourbon, que havia voltado à França pela segunda vez em consequência de Waterloo, L. G. Michaud (orgulhosamente descrito como *"Imprimeur du Roi"*) publicou as memórias de madame La Marquise de la Rochejaquelein. A página de rosto indica que essas memórias foram escritas pela própria madame de La Rochejaquelein e certamente poucas mulheres de seu estrato tiveram uma experiência tão picaresca dos anos revolucionários. Falando dela alguns anos antes, o jovem, *sous-préfet* imperial Prosper de Barante, havia comentado:

> Hoje eu devo ter a vantagem de ver a mulher mais interessante que existe: quero dizer, madame de La Rochejaquelein; ela foi anteriormente casada com M. de Lescure, o líder de Vendée. Com ele, ela atravessou toda a guerra, ela escreveu despachos, ela fez curativos nas suas feridas, ele morreu em seus braços. Subsequentemente, ela vagou por meses a fio, vestida como uma mulher camponesa, guardando os rebanhos ... Desde então, ela se casou com o irmão do companheiro de armas do seu marido.[11]

O interesse de Barante certamente não foi diminuído pelo encontro previsto com a heroína de Vendée; ele tornou-se um visitante regular do *château* não longe de Bressuire, onde ela estava vivendo e persuadiu-a da necessidade de registrar suas experiências para a posteridade. Mas o próprio Barante não poderia ter antevisto o modo tragicamente tendencioso como sua experiência da revolução viria a ser concluída. Nos levantes monarquistas do oeste da França que acompanharam a queda do Império em 1814, seu segundo marido – Louis de La Rochejaquelein – estava à frente da insurreição que colocou Bordeaux nas mãos dos Bourbon. Quando Napoleão voltou de Elba e precipitou o breve e desastroso episódio dos Cem Dias, La Rochejaquelein novamente declarou-se a favor do rei, e foi morto em uma escaramuça em 4 de junho de 1815.[12]

As memórias de madame de La Rochejaquelein, assim, tinham um objetivo imediato bem como ulterior. Para a França da Restauração, ainda se recuperando dos anos turbulentos do declínio de Napoleão, elas ofereciam um novo tipo de herói. O artista G. de Galard produziu um retrato póstumo de Louis de La Rochejaquelein fardado, que foi usado como o frontispício do livro de sua esposa, com um versículo da Bíblia ("*le zèle de votre maison m'a dévoré*") indicando sua devoção fatal à Casa de Bourbon. O governo real não tardou em perceber a utilidade de tais ícones do heroísmo militar e no ano seguinte, Luís XVIII fez as primeiras encomendas do que viria a ser uma importante série de retratos dos protagonistas das guerras de Vendée: Henri de La Rochejaquelein, o príncipe de Talmont, Charette, Bonchamps e, é claro, o primeiro marido da própria memorialista, o marquês de Lescure.[13]

O objetivo ulterior era, evidentemente, deixar registradas as experiências pelas quais madame de La Rochejaquelein havia passado, começando com seu breve período na corte de Versailles, mas atingindo um clímax em 1793, quando uma grande parte do noroeste da França estava em armas, no apoio aos Bourbon e em desafio ao governo da Convenção em Paris. Dois mapas especialmente desenhados estão inseridos no princípio de seu relato. Especialmente desenhados e gravados por E. Collin (*23 Quai des Augustins, Paris*), eles representam uma tentativa de condensar, do modo mais vívido e acessível possível, a informação básica sobre um distúrbio localizado que, na época imperial, havia sido rigorosamente excluído de proeminência pública e, agora, estava sendo ostentado como um exemplo da continuidade entre as antigas lealdades da França pré-revolucionária e os novos clamores pela Restauração dos Bourbon.

A despeito de toda informação contida nesses mapas eles estão cheios de ambiguidades, precisamente por causa da dificuldade em comunicar a mensagem ideológica que se pretendia fazer soar alto

AS INVENÇÕES DA HISTÓRIA 249

e claro. O mapa é, como observamos, um diagrama que representa as relações de partes em seu referente designado: para Eco, o exemplo usado para esclarecer esta relação de analogia é a possibilidade de que alguém pudesse "alterar a linha de fronteira entre a França e a Alemanha" e, assim, visualizar diferentemente a "definição geopolítica de ambos os países". Mas, e se a linha de fronteira e a porção que diferenciava um do outro fossem exatamente o que está em questão? E se estivéssemos preocupados não com territórios nacionais nocionalmente estáveis como "França" e "Alemanha", mas com maneiras mutuamente incompatíveis de dividir o mesmo território, cada uma das quais representando uma particular leitura da história e, por conseguinte, da geografia? Este é justamente o caso do grande mapa do "*Pays insurgé en Mars 1793*," que está no início das *Memoires*.

A ambiguidade já está ali, no próprio título dado ao mapa: "País insurreto em armas em março de 1793; conhecido sempre por seus habitantes pelo nome de '*Pays de Bocage*' e hoje, impropriamente, pelo o de Vendée". Esse teatro de guerra (o mapa também usa a metáfora, inscrevendo na margem superior: "*Partie du Théâtre de la Guerre des Chouans*") é, portanto, de uma identidade não especificável, mensurada contrariamente às divisões costumeiras do território nacional francês. A sequência de letras maiúsculas suavemente inclinadas que atravessam o mapa indicam que as três províncias envolvidas são a Bretanha (ao norte), Poitou (ao sul) e Maine (a leste), enquanto os departamentos são Loire-Inférieure, Vendée, Deux-Sèvres e Maine-et-Loire. Mas a identidade da região é pouco definida, tanto pelas fronteiras provinciais tradicionais, quanto pelas novas fronteiras departamentais impostas nos primeiros dias da Convenção e conferidas de realidade administrativa sob o Império.

A tentativa de Napoleão de pacificar a área e de associá-la aos benefícios de seu domínio é efetivamente elogiada por uma nota no canto inferior direito do mapa, que recorda que ele construiu "uma boa prefeitura, alguns celeiros de estuque e outros edifícios" na espraiada cidade de La Roche-sur-Yon, rebatizada "Napoleon-

-Vendée" em sua honra. Neste mapa da Restauração, o local da prefeitura está sendo chamado "La Roche-sur-Yon (Bourbon Vendée)", mantido, como tudo o mais da estrutura administrativa imperial, pelos prudentes Bourbon. E a designação "imprópria" de

26. Detalhe de E. Collin, Mapa do *Pays de Bocage* em março de 1793, de *Mémoires de Mme. de La Rochejaquelein*, 1815.

AS INVENÇÕES DA HISTÓRIA

Vendée é, claro, o mesmo nome sob o qual os insurgentes da área foram obrigados a ver descritas suas guerras contrarrevolucionárias – naquela época como hoje.

O cartógrafo estabelece um compromisso cauteloso ao desenhar suas fronteiras. Leves banhos de amarelo, rosa, verde e azul indicam as partes dos quatro departamentos envolvidos na insurreição, e a área inteira recebe uma certa unidade não apenas pelo código de cor, mas pelo traçado de uma fina margem de *fleurs-de-lys* de tipógrafos ao longo da borda externa da *"Enceinte du Pays insurgé enluminé en plein"*. Mas ele também teve de se precaver registrando o sistema de estradas – *"Grandes routes"*, *"Chemins vicinaux"* etc. – que corta o território. Há um código especial para "estradas recém-construídas" que, na prática, significa "estradas que não foram concluídas até depois da guerra". Em torno de La Roche-sur-Yon, em particular, uma rede de estradas traçada com um par de linhas pontilhadas é o sinal claro da relativa impenetrabilidade dessa área remota, antes que a Convenção a pacificasse e Napoleão a contemplasse com a honra de seu próprio nome.

O cartógrafo esforça-se pelo maior grau possível de explicitude, e fazendo isso inevitavelmente perpetua os efeitos da invasão do governo central – revolucionário, imperial e monarquista –, que havia estabelecido fronteiras, instalado prefeituras e construído estradas. Mas esse autodesignado *"Pays de Bocage"* ainda está enxameado, como ele é representado para nós pelo mapa, dos signos de uma identidade alternativa, extremamente resguardada. As delicadas cifras coroadas com uma cruz (para igrejas) e com uma bandeira (para *châteaux*, como a própria casa de madame de La Rochejaquelein em Clisson) estão pontilhadas por toda a extensão do "território insurgente", como na verdade estão os pequenos arvoredos que indicam bosques ou florestas. Os inumeráveis nomes das localidades em si mesmos, particularmente os das vilas e aldeias em itálico, que levaram as tropas monarquistas a "tomar à força ou de surpresa" as cidades republicanas, são fascinantes em suas sonoridades estranhas e exóticas: Aizenay, La Genetoux,

Venansault, Fromage, La Chaize-le Vicomte, S. Hilaire-le Vouhis, Creil de Bourne, Basoges-en Paillers, Landesgenusson...

Esse murmúrio quase subversivo do *"Pays de Bocage"* é reproduzido em um outro diapasão no segundo dos dois mapas, que representa a longa marcha da *"Grande Armée Vendéenne"* para fora de sua área nativa, através da Bretanha e da Normandia, até que finalmente encontrou o desafio das tropas republicanas perto de Savenay e foi forçada a debandar. Madame de la Rochejaquelein entra nos mais elaborados detalhes desse episódio conclusivo da saga da Vendée, quando ela finalmente foi separada de seus diamantes, obrigada a vestir-se como uma mulher camponesa e encontrou seu único consolo gastronômico na manteiga bretã.[14] Sua história do exército que se desmanchou é combinada ao artifício do mapa, que faz desabrochar a cena da *débacle* em um *"Plan supplémentaire du Pays entre Savenay et Pont-Château"*. Há os nomes de locais que predominaram sobre esta reabsorção do exército rebelde em seu terreno nativo: as paróquias de La Bournelière, Prinquineau e La Chapelle des Quatre Evangélistes (ou Delaunay); o Château de la Hay de Besne, o Bois d'Yoais e o Moulin de la Grée.

Estes mapas das guerras da Vendée, com suas linhas de demarcação sobrepostas, suas anomalias cronológicas e suas pletóricas acumulações de nomes, constituem assim o "teatro" para o relato narrativo de madame de La Rochejaquelein. Mas não é apenas por seu retrospecto histórico que a narrativa parece carecer de uma dimensão crucial: a despeito dos mapas (ou talvez, em parte, por causa deles) a heroína da Vendée se lança à sua história sem nos dar nenhum juízo do *milieu* no qual esta violenta insurreição teve lugar. Entretanto, Prosper de Barante, o jovem subprefeito que iria mais tarde se tornar prefeito na nova cidade de Napoleon-Vendée, sentiu esta limitação precisamente quando assumiu a tarefa de preparar as memórias de sua amiga para publicação. O que se fazia necessário, e que ele se encarregou de fornecer no princípio da narrativa, era uma *"Description du Bocage"*.

AS INVENÇÕES DA HISTÓRIA

Esta região humilhada e erroneamente nomeada na intersecção de três províncias deveria ter suas próprias qualidades especiais caracterizadas:

Esta região do interior difere, em sua aparência, e ainda mais nos costumes de seus habitantes, da maioria das províncias francesas. Ela é feita de colinas, geralmente não muito altas, que não formam parte de cadeia alguma de montanhas. Os vales são estreitos e nada profundos. Córregos muito pequenos fluem ali, vindos de numerosas direções diferentes: alguns seguem na direção do Loire; um ou dois em direção ao mar; outros se reúnem e lançam-se na planície, formando pequenos rios. Por toda parte há muitas rochas de granito. Você pode imaginar que um território que não oferece nem cadeias de montanhas, nem rios, nem grandes vales, nem mesmo uma inclinação geral, deve ser como uma espécie de labirinto. Raramente você encontra altitudes que sejam suficientemente elevadas sobre as outras colinas de modo a que sirvam como um ponto de observação e dominem a região campestre ...

Uma única grande estrada, que vai de Nantes a La Rochelle, cruza essa região. Essa estrada e a que vai de Tours a Bordeaux deixam um espaço vazio de mais de trinta léguas entre si, no qual você só pode encontrar estradas transversais. Os caminhos através do Bocage são todos, por assim dizer, escavados entre duas divisas. Eles são estreitos e algumas vezes as árvores, unindo seus galhos, cobrem-nos com uma espécie de dossel...

Os relacionamentos mútuos entre os senhores e seus camponeses não carregam absolutamente nenhuma semelhança com o que poderia ser visto no resto da França. Reinava entre eles uma espécie de unidade que era desconhecida em qualquer outro lugar ... Quando havia uma caça a lobos, javalis selvagens ou veados, o pároco alertava do púlpito os camponeses. Todos tomavam seus rifles e dirigiam-se alegremente ao ponto de reunião indicado. Os caçadores controlavam os pistoleiros, que se conformavam rigorosamente às ordens que lhes eram dadas. Depois, eles eram conduzidos à batalha exatamente do mesmo modo, e com a mesma docilidade.[15]

A "*Description du Bocage*", de Barante, é estritamente funcional. Ela combina habilmente o detalhe social e geográfico de modo tal a explicar por que foi *aqui*, e não em qualquer outro lugar, que um fenômeno tal como as guerras da Vendée puderam ocorrer. A esse respeito, ele antecipa a preocupação com uma visão "ecológica" do homem em seu hábitat social e natural, a qual iria se tornar uma característica do Realismo do século XIX. (Balzac, cujo primeiro romance publicado, *Les Chouans*, tratava do heroísmo feminino nas guerras da Vendée, nitidamente extraiu muito das *Mémoires de Madame de La Rochejaquelein*, e da proveitosa edição que Barante fez delas.) Mas, para Barante, existe um outro investimento, mais profundo, na sociedade que ele acabara de testemunhar e que ocasionalmente podia vislumbrar através dos escombros. As memórias de madame de La Rochejaquelein eram para ele um laço tênue mas vital com uma história cuja continuidade havia de outro modo sido brutalmente rompida pelo interlúdio revolucionário: elas formavam "um último testamento da velha França".[16]

Enquanto o mapa fraudulento de Charles Bertram sugere um ato simbólico de tomada de posse (num sentido geral, mas talvez também num sentido particular), Barante recria a "velha França" através da evocação de uma terra conhecida essencialmente dos seus próprios habitantes, aquele "*Pays de Bocage*" cuja "unidade" de caráter ilude as atenções do cartógrafo: O "*Pays de Bocage*" é efetivamente uma parte da França contemporânea, que viveu a mesma história e carrega as marcas da modernidade administrativa em suas fronteiras departamentais e em suas estradas recuperadas. Mas ele é também uma espécie de abismo, que o mapa não pode abranger – ou, para usar a metáfora do próprio Barante, um "labirinto" que não pode ser esquadrinhado por perspectiva dominante alguma. Se Bertram se engaja nas fantasias de um expatriado isolado, Barante está consciente de pertencer a toda uma nação de expatriados que haviam sido expulsos sem cerimônia de "*l'ancienne France*".

É interessante observar, entre parênteses, que a França iria mais tarde recuperar, pela prodigiosa imaginação de seu maior historiador, uma visão de continuidade e plenitude possível que incluía o "*Pays de Bocage*" entre todos os outros componentes históricos da nação francesa. Não há chance de se fazer um mapa para representar o "*Tableau de la France*" de Michelet, por ele ser precisamente a *mise-en-cause* de qualquer tipo de linha de fronteira – exceto a que magicamente defende o experimento singular de identidade nacional francesa do resto da Europa. Roland Barthes descreveu, com discernimento notável, o caráter da realização de Michelet:

O Tableau de France em si, que é comumente apresentado como o ancestral das geografias, é de fato o relato do experimento químico: sua enumeração das províncias é menos uma descrição do que uma lista metódica dos materiais, as substâncias necessárias para a elaboração química da generalidade francesa. Poder-se-ia dizer que é algo como a nomenclatura colocada à frente de uma boa receita: tome um pouco da Champanhe, um pouco da Picardia, um pouco da Normandia, Anjou e Beauce, mexa-as em torno de um núcleo, a Île-de-France, ponha em infusão neste polo negativo, e você terá a nação superlativa da Europa: França.[17]

É uma admirável, palatável versão de uma receita para identidade nacional, e suas consequências podem ser observadas até no tratamento de Michelet do local de nascimento da progenitora do sentimento nacional francês, Joana d'Arc. "Foi precisamente entre a região do Vosges da Lorena e a região das planícies, entre a Lorena e a Champagne em Domrémy, que nasceu a formosa e valente donzela destinada a carregar tão gloriosamente a espada da França."[18] Como, de fato, poderia ter sido em qualquer outro lugar? Infelizmente, a versão não palatável de Flaubert alfineta a *inspiração poética* de Michelet, quando pondera categoricamente sobre o hábitat de Emma e Charles Bovary, Yonville-l'Abbaye:

> Aqui está você, nos limites da Normandia, Picardia e Île-de-France, uma região bastarda cuja fala é sem inflexão como seu cenário é sem predicados. É aqui que eles fazem o pior queijo Neuchâtel de todo o distrito, enquanto o solo é dispendioso para se trabalhar, sendo fragmentado, cheio de seixos e areia e necessitando de grande quantidade de adubo.[19]

Para a França, então, o curso da história pós-revolucionária determina uma série de possíveis estratégias para ler (e escrever) o país como um mapa. No caso de Barante, o *"Pays de Bocage"*, que num certo sentido resiste aos símbolos do cartógrafo e às linhas de fronteira do administrador, é investido de todas as atrações de uma "velha França" que agora se desvaneceu para sempre. Para Michelet, as fronteiras das antigas províncias são revestidas de significação simbólica, embora elas tenham perdido quase toda importância política; sua posição torna-se crucial porque serve não como verdadeiras fronteiras, mas como um tipo de membrana permeável através da qual os constituintes misteriosamente fundidos da identidade nacional francesa são intercambiados. Daí o aparente paradoxo de um nascimento distintivamente francês (o de Joana d'Arc) em um ponto onde duas províncias se encontram; e daí (na versão de Flaubert) a possibilidade de um irônico revés, sem nenhuma alquimia sutil de essências provinciais, além da revelação de uma zona morta, exaurida de toda especificidade.

É desnecessário dizer que o curso da história britânica, durante o mesmo período, engendrou uma série de possibilidades muito diferente. Ou, para ser mais exato, a falta de qualquer alternativa para as fronteiras imemoriais dos condados (no caso da Inglaterra, da pré-Conquista em suas origens) impediu o tipo de cobertura confusa que notamos no mapa de Collin do "*Pays de Bocage*". Mas existe, talvez, uma região que corresponde ao "*Pays de Bocage*" no contexto inglês, não porque tenha sido o teatro de uma calamitosa guerra contrarrevolucionária, mas porque era preeminentemente investido do tipo de valores "antigos" atribuídos à região francesa por Barante. As *Recollections of the Lakes and the Lake Poets*, de Thomas de Quincey, descrevem a região da infância de Wordsworth como um lugar resistente mais à prática do turismo que à de involuções, transpassadas não por um remanescente heroico de revolta mas por um poeta de espírito cultivado:

E nos dias dos quais estou falando (1778-1787), os turistas, até então, eram poucos e raros em quaisquer partes do país. Mrs. Radcliffe não havia começado a cultivar o sentido do pitoresco em seus populares romances; guias, com a única exceção das "Cartas Póstumas de Gray", não haviam surgido para atrair atenção pública a esta Calábria doméstica; as estradas eram rústicas e, em muitos casos, não largas o suficiente para admitir diligências; mas, acima de tudo, todo o sistema de acomodações para viagem era bárbaro e antediluviano para as exigências do mimado sul. Até agora a terra havia descansado; a febre anual não abalou estas mesmas colinas; e (o que era a imunidade mais acertada de todas) o mau gosto, a voga pseudorromântica, não havia violado as mais terríveis solidões entre as antigas colinas com decorações de teatro lírico. Wordsworth, portanto, desfrutava deste labirinto de vales com uma excelência que ninguém pode ter experimentado desde o início do século atual. O todo era um paraíso

AS INVENÇÕES DA HISTÓRIA

de beleza virgem; e mesmo os excelentes trabalhos do homem, por toda a terra, eram envelhecidos pelos matizes cinzentos de um pitoresco antigo; nada era novo, nada era rude e não cicatrizado.[20]

De Quincey, como Barante, coloca em primeiro plano juntamente os elementos que tornam essa região resistente ao mapeamento: ambos pousam, significativamente, sobre a figura do labirinto para transmitir sua definitiva impenetrabilidade. Mas onde o labirinto de Barante nutre uma "unidade" social, uma raça não dividida pelas costumeiras distinções sociais, o labirinto de De Quincey é explorado pela figura exemplar do poeta; e tampouco suas viagens cessam com a chegada do homem. De Quincey deseja especular sobre a distância percorrida, a pé, pelo poeta maduro, muito da qual, nos arredores de seus estimados lagos: "Eu calculo, com base em dados legítimos que, com pernas semelhantes a estas, Wordsworth deva ter atravessado uma distância de 175 a 180 mil milhas inglesas ..."[21]

Eu tenho construído uma origem alternativa para as *Coast to Coast Walks* – alternativa no sentido de que muitos precedentes existem dentro das artes contemporâneas para incorporação e uso dos mapas em um sistema estético secundário. Marcel Duchamp, sempre alerta para a escala de possibilidades semióticas nas artes plásticas, respondeu a uma encomenda da *Vogue* de 1943, para um desenho de capa retratando George Washington, com uma colagem de papelão, gaze, pregos, iodo e estrelas douradas; colocado verticalmente, ele exibia o perfil de Washington, e horizontalmente, o mapa dos Estados Unidos, tornado estranhamente repulsivo pelas conotações da bandagem de gaze. Um discípulo de Duchamp numa geração posterior, Jasper Johns, fez uma versão mais limpa, mais à base de tintas, dos Estados Unidos em seu *Map* (1963), em que o caráter diagramático dos contornos e das letras em estêncil nomeando os estados está submerso na textura suntuosa da pintura encáustica e colagem sobre tela. Mais recentemente, o artista italiano Luciano Fabro devotou grande parte de sua carreira a uma série de trabalhos variados incorporando o mapa da Itália. No começo da série, ou perto disso, está *L'Italia – carta stradale* (1968), em que o mapa rodoviário do país encontra-se montado sobre uma superfície rígida e suspenso, próximo de seu "pé" de Reggio Calabria, sobre um vácuo.

Seria ingênuo demais aplicar o termo "ironia" como um comentário suficiente sobre todos esses trabalhos. A desagradável colagem de Duchamp (que na verdade não foi aceita pela *Vogue*) utiliza inteligentemente o registro de *imagem*, *diagrama e metáfora* (as subdivisões de Peirce para a categoria de *ícone*). O perfil do presidente (uma imagem) converte-se no mapa dos Estados Unidos (um diagrama), e os dois são, ademais, metaforicamente é claro, relacionados.[22] Johns usa o mapa, assim como faz com a bandeira ou com o escudo, como um veículo diagramático para a representação, destacando a primazia do fato de que o trabalho é realizado em pintura, em um modo não dessemelhante da estratégia que Alpers detecta em Vermeer. A série das *Paisagens*, de Fabro, estendendo-se de 1970 a 1983, é baseada (como nos assegura a apresentação em uma exposição recente) numa "longa observação dos contornos geográficos da Itália. O uso de diferentes materiais, combinado com a repetição obsessiva da forma cria muitas imagens, cada uma engendrando sua própria cadeia de sugestão ... Os trabalhos vêm situar a história e o povo tanto quanto a geografia da nação".[23] O mapa das estradas revela que a Calábria não é mais o paradigma de uma província não descoberta, citado por De Quincey; mas uma Itália suspensa por seu pé, como o infante Aquiles pelas mãos de Tétis, não pode deixar de provocar ideias sobre o modo como os italianos veem um ao outro e como são vistos pelo mundo exterior!

Mas o interesse de Fabro pelo mapa da Itália origina-se, ainda assim, do modo como um tal diagrama pode ser manipulado para seus próprios objetivos. Como com Duchamp e Johns, a estratégia representativa assume primazia sobre o próprio mapa e sobre o que ele pode revelar. Talvez esteja essencialmente dentro de uma tradição poética que o mapa seja capaz de exibir uma riqueza de significação acima e além de seu *status* como um signo, quando ele se torna (por assim dizer) um veículo para contemplação. Em suas "Notas sobre Eurípides", compostas em conexão com sua tradução revista de *Ion*, a poetisa americana H. D. escreveu notavelmente sobre o simples exercício de olhar para um mapa, como se o próprio processo de atenção fosse capaz de desvelar verdades imanentes que fogem à condição do mapa como um signo:

> Olhe para o mapa da Grécia. Depois vá embora e volte, e olhe, e olhe, e olhe para ele. Os contornos irregulares estimulam e inflamam a imaginação, bandeira de enigma do tempo para liberdade e independência cáustica, um farrapo de um país, todo irregular, com pequenos pedaços rasgados, despetalando aquelas ilhas, "lírio em lírio que faz renda no mar". Olhe para o mapa da Grécia. É um hieroglifo. Você será incapaz de lê-lo e ir embora e, depois de anos, voltar e logo começar a soletrar o significado de seu contorno. Então, você irá compreender que não sabe absolutamente nada sobre ele, e começará tudo de novo, aprendendo uma linguagem cifrada. Eu nunca me canso de especular sobre o poder daquele contorno, precisamente sobre sua misteriosa linha, além das coisas que ele representa. Aquela folha sustentando um pendente para toda a Europa parece indicar a força e seiva de vida da coisa de que ela deriva. A Grécia é na verdade a árvore-da-vida, a corrente sempre presente, a nascente de água pura ...[24]

Para H. D., não se trata simplesmente de o mapa da Grécia provocar uma torrente de substituições metafóricas: bandeira, farrapo, flor, folha, e assim por diante. Ele também serve como um hieroglifo, uma inscrição em uma língua que só pode ser aprendida por uma espécie de divinação, já que o "poder" do contorno é comunicado bastante independentemente das "coisas que ele representa".

O mapa de Hamish Fulton, das Ilhas Britânicas, não é o tipo de cifra mística para o qual H. D. chama atenção. Mas ele também não é o signo manipulável que Duchamp, Johns e Fabro expressaram em uso inventivo. É o produto de um regime cultural no qual palavra e imagem são de igual importância, ambas sendo determinadas pela matriz de uma história que foi brevemente evocada aqui. Se existem mapas que exprimem uma tomada de

27. Hamish Fulton, *Coast to Coast Walks* (1987).

posse fraudulenta (como a Bretanha Romana, de Bertram), há também mapas que registram um limite autêntico das fronteiras. Assim como Wordsworth entrou em contato com o "labirinto" da Região dos Lagos por sua prodigiosa capacidade de caminhar, também Fulton atravessou, ao longo dos anos, a longitude e a latitude das Ilhas Britânicas. As suaves linhas em curva que são os indicadores de suas viagens marcam, não a rede disponível de rotas, como num mapa de estradas, mas as trilhas determinadas que ele tomou, sempre (tanto quanto possível) ao longo de caminhos retirados e não percorridos. Outros trabalhos baseados numa sequência semelhante de caminhadas já nos iniciaram no tipo de trilha escolhida: *"The Pilgrims' Way – A Hollow Lane on the North Downs"*, em uma publicação de 1975, e *"The Dover Road"*, assinalada por um marco miliário quase obliterado, de 1977. A diferença neste caso reside simplesmente na escala da operação – o tempo levado, as milhas viajadas e a completude global do projeto, com suas duas linhas serpenteantes atravessando a extensão da Grã-Bretanha e Irlanda, enquanto as linhas horizontais são tecidas nos intervalos adequados.

Assim, Hamish Fulton nos ofereceu o registro do labirinto que ele próprio criou. Um tal registro não é, na verdade, a representação de uma Bretanha "antiga", vista nostalgicamente como irrecuperável. Mas é, como aconteceu, uma inscrição sob a superfície dos mapas usuais. Limitado pelo contorno geral das Ilhas Britânicas com seus "pequenos pedaços rasgados, despetalando-se", ele dá testemunho contudo, de uma exploração altamente particular. É um padrão de trilhas existenciais inscrito dentro do contorno de uma figura convencional, que ele preenche e transforma no processo. Em sua força indicadora e em sua irrefutabilidade retórica, ele demonstra "a verdade em cartografia".

Notas

1. C. S. Peirce, *Philosophical Writings*, Ed. J. Buchler, Dover, Nova York, 1955, p. 105.

2. Umberto Eco, *Semiotics and the Philosophy of Language*, Macmillan, Londres, 1984, p. 138.

3. Svetlana Alpers, *The Art of Describing*: Dutch Art in the Seventeenth-Century, John Murray, Londres, 1983, p. 158-9.

4. Ver Stuart Pigott, *William Stukeley*: An Eighteenth-Century Antiquary, Thames & Hudson, Londres, ed. rev. e aum., 1985, p. 126-38.

5. William Stukeley, *Account of Richard of Cirencester*, Londres, 1757, p. 12-3.

6. Ver Piggott, op. cit., 1985, p. 135.

7. Idem, ibid., p. 138.

8. Eco, op. cit., 1984, p. 136.

262 STEPHEN BANN

9. *The Complete Peerage*, Ed. V. Gibbs, St. Catherine Press, Londres, 1912, v. II, p. 160. Talvez valha a pena notar que, embora Bertram seja tido como havendo morrido sem um herdeiro masculino legítimo, este fato não estava claro no século XVIII.

10. É difícil estar certo do por quê de Bertram ter incluído a figura de Hércules. Costumeiramente associado com retórica e persuasão, Hércules foi também, na tradição francesa, equivalente à monarquia francesa e (após a Revolução Francesa) à noção de poder coletivo do povo. O significado anterior é provavelmente o certo. (Ver Lynn Hunt, "Hercules and the radical image in the French Revolution", *Representations*, v. 2, 1983, p. 95-117.)

11. Prosper de Barante, *Lettres ... à Madame de Stäel*, Clermont-Ferrand, 1929, p. 289. A tradução do francês é minha, como em todas as outras passagens, a menos que de outro modo declaradas.

12. Nomeado marechal de campo na Primeira Restauração em 1814, Louis de La Rochejaquelein estava na Inglaterra quando Napoleão desembarcou em Golfe-Juan. Ele viajou para a França e tentou invadir a Vendée em nome de Louis XVIII, mas foi morto em 4 de junho de 1815 por tropas favoráveis ao imperador.

13. Ver *De David à Delacroix*: La peinture française de 1774 à 1830, catálogo de exposição no Grand Palais, Paris, 1974-75, Édition des Musées Nationaux: Paris, 1974, p. 475.

14. Marquesa de La Rochejaquelein, *Mémoires*, Michaud, Paris, 3. ed. 1816, p. 405.

15. Idem, ibid., p. 37-42.

16. Barante, op. cit., 1929, p. 340.

17. Roland Barthes, *Michelet*, trad. R. Howard, Blackwell, Oxford, 1987, p. 29.

18. Jules Michelet, *Joan of Arc*, trad. Albert Guérard, Universidade de Michigan, Ann Arbor, 2ª impressão, 1974, p. 5.

19. Gustave Flaubert, *Madame Bovary*, trad. Alan Russell, Penguin, Harmondsworth, 1980, p. 82-3.

20. Thomas de Quincey, *Recollections of the Lakes and The Lake Poets*, Penguin, Harmondsworth, 1978, p. 157-8.

21. Idem, ibid., p. 135.

22. Duchamp pode ter também em mente a metonímia pela qual nós falamos de "*Head of Sate*" ["Cabeça" (chefe) de Estado].

23. Ver brochura não paginada publicada pela Fruitmarket Gallery, Edimburgo, por ocasião da exposição de Fabro, *Landscapes*, jan.-fev. 1987.

24. H. D., *Ion*: A Play after Euripides, Black Swan Books, Redding Ridge, CT, nova edição, 1986, p. 132-3.

A HISTÓRIA DA ARTE EM PERSPECTIVA

No mapeamento atual das disciplinas, a história da arte habita um lugar particularmente instável (e, por essa mesma razão, extraordinariamente interessante). Não se trata simplesmente de que diferentes paradigmas sejam aceitos dentro de diferentes ramos da disciplina, como no caso de uma ciência humana como a antropologia, em que o funcionalismo e o estruturalismo estavam em luta, uma ou duas décadas atrás, sobre o enquadramento epistemológico no qual os achados empíricos deveriam ser colocados. Para a história da arte, é o caso de escolher, inequivocamente, um tratamento centrípeto ou centrífugo. Para o historiador da arte de orientação centrípeto, a prática é definida por um conjunto de normas geralmente aceitáveis que foram incorporadas como um resultado de quase um século de existência institucional. Para o historiador da arte "centrífugo", qualquer força gravitacional desse tipo é contrariada pelas forças que estão trabalhando para dividir, mais uma vez, os componentes que foram reunidos na formação da disciplina.

As referências à "Nova História da Arte" estão, portanto, apontando para alguma coisa bem mais profunda que uma transferência de paradigmas. Não é meramente uma questão de se a "teoria" suplanta o "empirismo", mas de se a história da arte pode manter sua pretensão de ser o discurso privilegiado para identificar e interpretar os objetos de arte do passado. Se ela faz isso, com efeito, pela exclusão ou supressão dos componentes que implicam diferenças de tratamento, então existe toda probabilidade de que estas práticas repudiadas retornem, como o fantasma de Banquo, para reunirem-se no banquete dos historiadores da arte.

Um ou dois desses espectros ameaçadores estão reunidos em um recente número especial do jornal *History of Human Sciences*.[1] Em um artigo que chama diretamente para o compromisso interdisciplinar do jornal, John Onians reflete sobre a arte e a arquitetura da Grécia antiga e pergunta se sua autoridade não deriva de sua base na matemática e da conexão, tanto da arte quanto da matemática, com a prática da guerra. Outros colaboradores dirigem-se não às fundações históricas da arte ocidental, mas à base retórica e histórica do discurso do historiador da arte. David Carrier coloca a questão em relação à "arte-escrita" de Winckelmann e Pater, e conclui que suas diferenças podem ser interpretadas como a transferência de um tropo dominante para um outro. Sua mensagem diz que os historiadores da arte contemporâneos deveriam estar mais autoconscientes de suas estratégias retóricas. Richard Sthiff levanta uma questão semelhante, embora de uma perspectiva muito diferente. Como pode a crítica de Arte lidar com as questões da história da arte? Ele presta particular atenção às diferentes maneiras pelas quais o Modernismo poderia ser caracterizado em relação a vários mitos da origem da arte ocidental e em relação a nossa atual consciência de sua fase "pós-moderna". Para ele, o debate crucial reside no grau de importância a ser atribuído à leitura "indicial", mais do que à "icônica", da arte modernista, e o problema da história só pode ser encarado por meio desta análise semiótica.

Não é minha intenção remontar às origens das discussões destes ensaios. Mas vale a pena salientar, como traço comum entre eles, a preocupação com a escrita crítica e sua relação com o discurso da história da arte. Na verdade, esta atenção dirigida à linguagem crítica é um dos signos mais reveladores da "Nova História da Arte", já que, tanto explícita quanto implicitamente, desafia as abordagens existentes.[2] Para simplificar a matéria drasticamente, a história da arte finalmente se aglutinou como resultado da mescla de três diferentes tradições de pensamento e prática: a venerável tradição da escrita crítica em arte (remontando a tempos tão longínquos quanto os da clássica *ekphrasis*, mas renovada e vastamente difundida no final do século XVIII e no século XIX); a pseudociência do *connaisseur* – ou da especialização – (iniciada por Morelli no final do século XIX, e carregando suas fascinantes redes de ilações, como salienta David Carrier, com as técnicas explanatórias da psicanálise); e a avassaladoramente poderosa corrente do positivismo histórico, que emergiu como um paradigma dominante no pensamento europeu do século XIX, num tempo em que o discurso sobre a arte ocupava um *status* indefinido e flutuante.

Para mencionar o aspecto institucional, a história da arte dominante de nosso próprio tempo (no caso da Grã-Bretanha e da América, a história da arte que se expandiu dos institutos de pesquisa especializados para escolas do segundo grau trouxe uma onda contínua de popularidade) identificou-se com a história, repudiou a especialização do *connaisseur* e ignorou a crítica. As primeiras duas partes desse juízo podem parecer extremadas demais. Está, entretanto, seguramente relatado que os calouros do nosso mais antigo Instituto de História da Arte são avisados, quase imediatamente após cruzarem os portões, que devem ser historiadores, não *connaisseurs*.[3] A terceira parte do juízo dificilmente poderia ser discutida. Ao menos no mundo anglo-americano (e Norman Bryson está certo em insistir na diferença crucial com a França), as esferas do crítico e do historiador são rigidamente discriminadas uma do outra. "A história da arte, por um lado, e a escrita sobre arte contemporânea ('crítica de arte'), por outro, ocorrem em dois mundos diferentes, com pessoal, modos de financiamento, jornais e convenções de escrita diferentes."[4]

Vale prestar ao menos um pouco de atenção, não tanto à questão de por que isso deveria ser assim (uma investigação na psicologia e comportamento social dos adeptos de uma disciplina "menor" seria exequível, mas dificilmente muito interessante) quanto à questão de como as coisas poderiam ser diferentes. Num sentido verdadeiro, o dividendo da "Nova História da Arte" é que ela nos habilita a ver de que maneira o foco, e a direção do estudo de arte poderia ser transformado: por exemplo, dando à especialização do *connaisseur*, com sua ênfase no minucioso estudo direto do trabalho como objeto, o privilégio sobre a história, que deve antes de tudo contextualizar aquele objeto; ou dando à crítica, com seu sentido autorreflexivo das possibilidades poéticas da linguagem, prioridade sobre o positivismo, que vê a linguagem como transparente ao significado, e não decididamente instrumental. Este, por certo, não é o único foco da "Nova História da Arte", que compreende uma multiplicidade de outras ênfases e inflexões que não podem ser discutidas aqui. Mas ele efetivamente se aplica, de maneira significativa, a numerosos trabalhos recentemente publicados que poderiam ser colocados sob tal tópico.

Esse foco efetivamente se aplica ao primeiro dos dois livros que serão resenhados aqui: *Painting as an Art*, de Richard Wollheim. Tenho plena consciência de que o professor Wollheim não apreciaria o título de "Novo Historiador da Arte," e que ele seria hostil, de um modo geral, a um bom número dos trabalhos que inquestionavelmente caem dentro dessa categoria. Ele não é um historiador da arte de orientação centrífuga, mas um filósofo e esteta, olhando de fora para dentro. Não obstante, é importante, neste caso, não confundir atitude com essência. Embora ele sutilmente proteste que não seja um historiador da arte, e portanto deva ser considerado um amador nesse campo, deve ser dito, por outro lado, que seu domínio das fontes, sobre um campo muito vasto, torna esse estudo uma realização inteiramente diferente das incursões constrangedoramente experimentais no mundo da arte que nós passamos a esperar por parte do filósofo profissional. Embora ele se declare um partidário da Velha História da Arte, mais do que da Nova, pode-se argumentar (como eu pretendo fazer) que suas preocupações estão intimamente relacionadas com as dos novos historiadores da arte, mesmo quando diverge deles: a afinidade com as ideias de Michael Fried, por exemplo, é inequívoca, e, embora ele muito raramente cite os argumentos psicanalíticos de Norman Bryson e Julia Kristeva, seu próprio modo de proceder ganha considerável enriquecimento se o considerarmos como um diálogo com o deles.

Ao lado desses fatores, existe o ponto crucial (para meus objetivos) de que Wollheim sustenta sua contribuição para esse debate no próprio ato de declarar suas afinidades reacionárias. Se a tradição dominante se identifica com a história (isto é, com o positivismo), ao mesmo tempo em que repudia a especialização do *connaisseur* e ignora a crítica, então Wollheim é, objetivamente, um revolucionário. Porque na verdade ele valoriza, e muito, a crítica: sua devoção aos escritos e ao exemplo de Adrian Stokes é geralmente evidente, assim como é especialmente clara no excelente encerramento sobre "Pintura, metáfora e o corpo". Do mesmo modo, ele assevera sua fidelidade à tradição da especialização ao mesmo tempo em que expõe os defeitos inerentes à hegemonia histórica: "A história da arte está profundamente infectada pelo positivismo, e cruciais para o positivismo são a supervalorização do fato, a rejeição da causa e o fracasso em apreender a centralidade da explanação".[5] Quase todas as implicações revolucionárias dessa abordagem podem ser resumidas pelo fato de que ele realmente não vê necessidade de uma "história da arte", ou pelo menos não irá admitir a reivindicação da história para expulsar os outros discursos da arte de seu campo de operação institucionalmente sancionado:

> Normalmente, nós não chamamos o estudo objetivo de uma arte de história dessa arte. Nós o chamamos de crítica. Falamos de crítica literária, crítica musical, crítica de dança. O que, então, é um traço especial das artes visuais, algo que deve estar acima e além da forma geral em que todas as artes estão ligadas a uma tradição, e que tem, pretensamente, a consequência de, se quisermos entender a pintura, ou a escultura, ou a arte gráfica, devemos atingir uma compreensão histórica de todas elas? Eu não sei e, dado o pequeno progresso que a história da arte fez na explicação das artes visuais, estou inclinado a pensar que a crença de que existe um tal traço é em si mesma algo que precisa de explicação histórica: é um fato histórico.[6]

Isso é realmente uma insinuação de que Colosso tem pés de barro. E nem chega a ser surpreendente que *Painting as an Art* tenha recebido algumas críticas hostis por parte de historiadores da arte. A resenha de Nicholas Penny é talvez uma das mais reveladoras dentre estas, e voltarei a ela, já que serve como um papel de tornassol da afronta na história da arte. Não se pode negar que Wollheim estabelece alguns pontos justos e reveladores. Ele, de fato, usa para uma grande parte do estudo, um jargão filosófico que poderia ser tomado como superescrupuloso em sua dissecação minuciosa das categorias (um filósofo "extraterritorial" deve, afinal, se proteger para não ser alvejado pelas costas por seus próprios colegas). Ele também faz uma série de observações sobre trabalhos envolvendo artistas em frente a seus cavaletes, que não são corroboradas (e, em um dos casos, explicitamente contrariada) pela evidência visual. Mas a justa crítica de Penny está combinada a uma cegueira a respeito das principais controvérsias de Wollheim, que são intensamente reveladoras. Ele realmente não vê, ou não irá admitir, que existe um problema fundamental na tendência historicizante da história da arte. Ele cita alguns exemplos clássicos dos erros que podem ser cometidos pela compreensão errônea do contexto histórico: a sujeira que obscurecia os ancestrais de Cristo na Capela Sistina, de Michelangelo, por exemplo, foi tomada como representando intencionalmente seus lugares "nas sombras da história" por alguns comentaristas que não haviam tido o privilégio de apreciar a recente limpeza. Mas ele não parece se dar conta de que nenhum exemplo de peritos que tenham sido enganados quanto ao significado de uma obra de arte (tendo sido ou não este engano promovido pela deterioração física) servirá para endossar suas reivindicações de positivismo histórico. Este é um problema de hermenêutica, e não de senso comum. *A priori*, não há razão para que não devesse ser tão fecundo olhar longa e intensamente para uma pintura (como Wollheim nos diz que faz) como o é procurar longa e diligentemente por toda evidência documental que possa ser usada para esclarecer seu contexto histórico.

AS INVENÇÕES DA HISTÓRIA

Mas Wollheim incorre na ira de Penny mais particularmente porque olhou longa e intensamente para pinturas, ou pelo menos porque insinuou que este é o processo que o teria levado a seus *insights*. O relato contém mais do que uma sugestão de autoparódia:

> Eu desenvolvi um modo de olhar para pinturas que consumia tempo maciçamente, e era profundamente gratificante. Porque eu cheguei a reconhecer que, com frequência, levava a primeira hora, ou mais ou menos isso, diante de uma pintura para que associações perdidas ou concepções errôneas motivadas se acomodassem ... Observei que me tornei um objeto de suspeitas dos passantes, e assim também a pintura para a qual estivesse olhando.[7]

Naturalmente que perturba a economia de um museu bem administrado (e provoca a ira de um curador bem treinado) se tais excessos forem permitidos. Mas nós faríamos bem em tomar esse relato de um processo de atenção enlevada à obra de arte visual como um indicador da forma pela qual um objeto, tal como uma pintura, resiste obstinadamente à interpretação (isso é o mesmo que dizer, a uma interpretação *adequada*), a despeito da acumulação de informação histórica em torno dele. O segundo dos dois escritores de arte contemporâneos, cujo trabalho será resenhado aqui, Hubert Damisch, vem concordar com este ponto. Damish, que escreveu um extenso e extraordinariamente fascinante estudo sobre três pequenos quadros relacionados, reconstrói um cenário diferente para Wollheim, mas propõe o mesmo dividendo epistemológico:

> Após ter passado longas horas diante da *Città ideale* ["Cidade Ideal"], e tendo-se debruçado sobre ela para estudá-la com lente de aumento, enquanto ela repousava sobre a mesa do restaurador, na oficina em Urbino, você adquire a convicção de que nada nesta pintura foi deixado ao acaso, e de que qualquer interpretação necessariamente tem de levá-la em consideração nos seus menores detalhes, sem ao mesmo tempo perder de vista o enigma que ela oferecia diretamente ao observador.[8]

Por enquanto, não estou sugerindo nenhuma convergência particular de método, ou de achados, entre Wollheim e Damisch. Wollheim é, como dissemos, um filósofo que faz propaganda de sua transgressão no território da história da arte. Damisch é, por outro lado, um modelo do que eu chamei de historiador da arte "centrífugo", que está continuamente chamando a atenção para as circunstâncias nas quais seu tratamento do material da Renascença difere das suposições convencionais da disciplina.[9] Para ambos, a impropriedade das interpretações que eles implícita e explicitamente rejeitam resume-se, no final, a um simples fator. Outros historiadores da arte simplesmente não viram o que estava ali para ser visto. Além disso, a adequação de suas próprias interpretações sustenta-se ou desmorona-se diante do mesmo teste: após todo o material histórico e contextual ter sido levado em conta (e há muito disso em Wollheim, mas quase um excesso em Damisch), a demonstração deve proceder a um relato estrito, inclusivo, do trabalho individual. O que não pode ser mostrado é, por definição, nada mais do que contingente. Mas "mostrar", é claro, significa mostrar através dos recursos de linguagem, e aqui o fator poético está intimamente envolvido no processo hermenêutico.

Eu uso o termo "hermenêutico" em um sentido geral, em vez de específico, por estar consciente de que Wollheim, por exemplo, renega explicitamente associação com qualquer escola do gênero. Enquanto Damisch escolhe um método que tem de ser qualificado, em última instância, como estruturalista (com todas as qualificações que tornam sua análise totalmente diferente dos estudos áridos e ultrapassados que se poderiam imediatamente associar com aquele rótulo), Wollheim, categoricamente, e em duas ocasiões, declara sua oposição a "escolas de pensamento", tais como "estruturalismo, iconografia, hermenêutica e semiótica".[10] Seu protesto contra todos estes métodos, antigos e novos, é que eles cometem o supremo erro de assimilar o significado pictórico ao linguístico.

O que exatamente está envolvido na oposição de Wollheim à infiltração de "significado linguístico" na pintura?; e, ainda, ela realmente o coloca num campo totalmente diferente de Damisch? A resposta, como já sugeri, é tanto sim como não. Como foi discutido, o ponto notável que estes dois trabalhos têm em comum é uma insatisfação radical com o que poderia ser chamado de

AS INVENÇÕES DA HISTÓRIA

história da arte normativa, e a própria seriedade com que os dois autores perseguem a meta da explicação apropriada cria uma afinidade entre eles. Ao mesmo tempo, os argumentos de Wollheim apontam, decisivamente, numa direção bem diferente. É um traço de sua abordagem o fato de ele combinar a rejeição do "significado linguístico" com uma defesa febril do intencionalismo. Isso certamente cria alguns problemas ao longo do caminho. Porque Wollheim insiste em discutir e ilustrar o famoso *L'Instruction Paternelle*, de Ter Borch, como um exemplo de pintura mal compreendida que pode agora ser interpretada corretamente: agora que a descrição de Goethe do tema como o de um pai admoestando sua filha por alguma "transgressão menor" foi posta de lado, em favor da visão de que uma jovem prostituta está recebendo uma proposta de um cliente, nós podemos ficar seguros com o novo significado que "está realmente ali para ser visto no quadro – quer dizer, desde que ele coincida com a intenção cumprida do artista".[11] Parece justo destacar que um repertório de diferentes possiblidades está "ali para ser visto no quadro". Nicholas Penny nos informa de que os *cognoscenti* já estão interpretando o tema como um encontro para acertar um contrato de casamento. Minha própria visão do trabalho coincide com a expressa por Svetlana Alpers, que num certo sentido reabilita Goethe: o ponto essencial, já perceptível a Goethe, que escolheu a pintura como tema para um *tableau vivant*, é o de que esta é uma intriga *encenada*, e que os ricos amigos e parentes de Ter Borch teriam sido induzidos a servir como modelos. Consequentemente, a identificação precisa da relação entre o homem e a mulher – indispensável, se vemos o trabalho como um emblema moralista – é intencionalmente ambígua. O que é fundamental não é o significado do relacionamento representado, mas a brilhante estratégia representacional de voltar a cabeça da jovem mulher para longe de nós – um artifício que transforma o banal *tableau vivant* numa demonstração tantalizadora da autonomia do espaço pictórico.[12]

Eu acharia difícil argumentar que essa estratégia fez parte da "intenção cumprida" do artista. Que ela tenha se me deparado é parcialmente devido ao fato de que eu olhei para outras pinturas subsequentes, em particular as do século XVIII francês, e li o que Michael Fried tem a dizer sobre elas em seu estudo *Absorption and Theatricality*.[13] Deste modo – e, para Damisch, um tal fenômeno cria a necessidade de uma leitura estruturalista da história da arte desde o Renascimento –, a evolução das pinturas individuais, empiricamente acesssíveis, também pode ser vista como o desenvolvimento de uma série de transformações de um dado sistema, em termos muito amplos, o sistema estabelecido pelos pioneiros da ciência da perspectiva. Antes de tudo, é importante reconhecer as excepcionais forças do estudo de Wollheim em numerosas áreas: embora ele possa proclamar sua fidelidade à especialização e à Velha História da Arte, seu patente conhecimento de muitos dos mais importantes escritos contemporâneos sobre arte e sua profunda prática em psicanálise deixam uma marca indubitável.

Há, entretanto, dois Wollheim diferentes representados aqui, e é importante discutir as alegações que eles fazem em termos diferentes. O primeiro Wollheim é o filósofo e esteta, preocupado em definir uma teoria da representação adequada que irá permitir ao mesmo tempo a dimensão de reconhecimento público e o respeito, ignorado, às intenções e práticas do artista. Neste objetivo, ele certamente é mais bem-sucedido do que as autoridades filosóficas que cita. Existe um autêntico interesse no modo como ele define o conceito de "tematização", quer dizer: o processo pelo qual o artista, depois de criar um marco inicial, começa a se dar conta de seu relacionamento com o espaço circundante, com a margem do papel ou da tela e com outras propriedades materiais da superfície (embora Wollheim não vá admitir que o artista possa efetivamente tematizar a insipidez, e aí reside uma querela com Clement Greenberg, que culmina em sua posterior análise de De Kooning). Existe também um real dividendo a ser ganho ao aceitar esta noção de "duplo-desdobramento", que é a propriedade que nos permite "ver [coisas] na" superfície pintada. Muitos dos erros grosseiros do tipo realista ou ilusionista são evitados se nós aceitarmos este relato sobre como o significado pictórico é trazido

AS INVENÇÕES DA HISTÓRIA   273

à tona, como que por um contínuo teste de Rorschach. E a mesma noção permite que Wollheim estabeleça o ponto essencial de que representação não deve de modo algum ser identificada com figuração.

Mas a finalização dessa parte do estudo está destinada a ser qualificada pelo que a complementa: isto é, a análise aproximada de uma ampla gama de pinturas. Pode acontecer que alguns dos termos bem definidos de Wollheim ganhem aceitação geral. Pode ser que não (e certos deles, como a noção de "significado secundário", parecem-me consideravelmente menos *ben trovato* do que os já mencionados). De qualquer modo, o segundo Wollheim não é simplesmente um advogado engenhoso pela escrupulosidade de seus termos técnicos. Ele é um amante da pintura que também pensou profundamente a respeito do discurso contemporâneo sobre as obras de arte, e percebeu onde deveria ser diferente. Nesse sentido, ele se torna perfeitamente bem qualificado para ingressar no rol como um expoente da "Nova História da Arte".

Tomemos, por exemplo, suas fascinantes especulações sobre a pintura de Manet. A moderna teoria literária há muito está familiarizada com a necessidade de levar em consideração a função do "autor inferido" e "leitor inferido" ao lidar com o processo de comunicação. A teoria artística foi mais lenta para lidar com este problema, em parte por causa de sua tendência a ser confundido com a questão técnica do "ponto de vista". Wolfgang Kemp, entretanto, deu uma importante contribuição para o tema.[14] Em *Painting as an Art*, Wollheim apresenta Manet por meio das misteriosas paisagens de Caspar David Friedrich, distinguindo nitidamente o "ponto de vista" do "protagonista" (com frequência, no caso de Friedrich, uma figura com suas costas voltadas para nós, contemplando a cena), com cuja rica vida interior supostamente nos devemos identificar, em *nossa* contemplação da cena. Isso o conduz à alegação muito mais audaciosa de que em Manet também, embora nenhuma *Rückenfigur* esteja presente, é exigido um espectador interno. No caso de *Mademoiselle V. in the Costume of an Espada*, essa figura substituta deve desempenhar prodígios ginásticos:

274 STEPHEN BANN

Começando como um mero observador, transformando-se em agente, o espectador interno move-se, para cima e para baixo, para frente e para trás, para dentro e para fora dos vários empecilhos que, atulhando o espaço em torno da figura central, incorporam as dificuldades que ele tem em efetuar o encontro no qual colocou seu coração.[15]

Isso pode parecer forçado, mas estou convencido de que é uma descoberta que se origina do longo e intenso exame minucioso dos trabalhos feitos por Wollheim, e que isso efetivamente corresponde a uma propriedade em Manet que é individual e enigmática. Penny derrama desdém sobre a tentativa de Wollheim em discriminar entre o tipo de isolamento reprimido, vago, no qual tantas das figuras de Manet parecem ficar, e o relacionamento possivelmente frígido representado no *Duc et Duchesse de Morbilli*, de Degas ("Talvez Wollheim careça de simpatia pelas convenções da sociedade elegante onde a afeição é com frequência expressa oblíqua e ironicamente – como aqui, na aparente arrogância [sic] do Duc de Morbilli"[16]). Mas, seja Wollheim simpático ou não às convenções da sociedade elegante, a diferença entre as duas visões ainda permanece. Em Degas, o relacionamento, ou a falta de, está expresso nas fisionomias e posturas corporais dos modelos; num trabalho como *Le Déjeuner*, de Manet, entretanto, o isolamento mútuo das figuras tem pouca ou nenhuma carga psicológica, e pode ser descrito somente como um efeito pictórico. É um mérito para Wollheim o fato de ele ter tentado explicar por que este efeito funciona tão eficazmente. E seu comentário posterior, sobre o modo como Manet usa o "brilho de pinceladas" para contrapor o "efeito de chamariz" implícito no uso de um espectador interno, vai direto ao cerne da questão.

A inquestionável habilidade de Wollheim para concretizar um tema teórico contemporâneo em função de um exemplo pictórico revelador também está bem demonstrada em seu tratamento de Poussin, que se centra no requintado trabalho prematuro *Rinaldo and Armida*. Aqui, ele está ilustrando o que denomina "o modo da textualidade" e o "modo do empréstimo". Ele prevê a objeção de que, para alguém que se manifesta fundamentalmente contrário à imposição do "significado linguístico" na obra de arte visual, um

AS INVENÇÕES DA HISTÓRIA

tal modo como a textualidade poderia parecer estar repleto de obstáculos. Mas a dispensa sem muita dificuldade. "Porque sustentar que significado pictórico e linguístico são bem diferentes não significa alegar que uma pintura não pode nunca significar o que uma peça de linguagem significa".[17] Seu projeto, portanto, é elucidar as circunstâncias precisas nas quais um texto (no sentido mais estrito e literal) pode operar dentro de uma pintura. Para Poussin, de qualquer modo, ele se sai com a sugestão de que a pintura, concisa e inequivocamente, reverte o significado do texto original. Ou, para ser mais preciso, o poema de Tasso que dá a Poussin o tema para *Rinaldo and Armida* representa o ato de misericórdia de Armida para com o cavaleiro cristão adormecido, como o triunfo da razão sobre a concupiscência. Mas a pintura de Poussin, que endurece o perfil de Armida e intensifica a voluptuosidade de Rinaldo, implica que, antes que possa conquistá-la, "ele deve assumir sua sexualidade ... Para [Poussin] a derrota do desejo pela razão é vivenciado como a vitória de um tipo de desejo sobre outro".[18]

O restrito tratamento de Wollheim da noção de textualidade não irá satisfazer qualquer um que espere um confronto direto com a teoria francesa contemporânea. Mas vale a pena conhecer sua demonstração dos modos pelos quais a pintura de Poussin vai de encontro às filosofias que lhes são atribuídas. Ao discutir *The Ashes of Phocion collected by his Widow*, por exemplo, ele usa sua habilidade no estudo pormenorizado para determinar que o fundo de paisagem do ato descrito no título (As cinzas de Fócion recolhidas por sua viúva) não é meramente uma moldura, mas uma indicação do modo como devemos interpretar o comportamento da viúva. Poussin não ratifica uma filosofia geral de "estoicismo", como se alega com frequência. "A energia para tais atos de piedade transcendentes, este quadro nos mostra, não vem da moralidade convencional, vem dos movimentos naturais do instinto."[19] É útil colocar a demonstração de Wollheim do "modo de empréstimo" no contexto das teorias literárias com as quais ele está bem familiarizado, e em particular com as conhecidas teses sustentadas em *Anxiety of Influence*, de Harold Bloom. Para Bloom, a tradição literária é infinitamente controvertida, já que o tema de qualquer grande poema é, essencialmente, um outro poema precursor. O poeta vigoroso tem de desempenhar o feito quase impossível de conquistar prioridade sobre seus antecessores. Para Wollheim, os efeitos repressores da tradição nunca são tão grandes a ponto de obstar a expressão intencional da subjetividade. Na verdade, a controvérsia entre o "texto" (no sentido de uma filosofia prescrita, uma interpretação preconcebida) e a pintura trabalha maciçamente a promoção do artista visual, que tanto subverte como transcende sua fonte no processo material de sua arte.

É claro que Wollheim não resolveu realmente, em sua discussão, a questão mais ampla da tradição artística. Para ele a história não pesa quase nada sobre o pincel do artista. É pena que seu estudo (ou, pelo menos, a primeira versão dele) tenha vindo cedo demais para que ele fosse capaz de tomar conhecimento da mais sistemática tentativa de um historiador da arte de mensurar as implicações das ideias de Bloom sobre a tradição da arte visual: *Tradition and Desire from David to Delacroix*, de Norman Bryson, é mencionado brevemente numa nota de pé de página, mas pouco discutido. Isso é uma pena, já que alguns dos mais fortes argumentos de Bryson apoiam-se nas pinturas de Ingres, e Ingres é o tema do capítulo mais controvertido e audacioso de Wollheim, que traz o sugestivo subtítulo de "Ingres, the Wolf Man, Picasso". Na verdade, os modos como Bryson e Wollheim tratam as pinturas de Ingres são, em larga medida, comparáveis: ambos prestam particular atenção às implicações psicológicas de sua persistente e excruciante distorção do espaço. Mas o principal intento do capítulo de Wollheim é muito diferente. Onde Bryson o considera um pintor que está se desviando energicamente dos mestres do Renascimento – em particular, de Rafael, cuja *La Fornarina* aparece, invertida, em "inúmeros estudos de banhos" de Ingres –, Wollheim esboça o contexto de um romance de família. É o próprio pai de Ingres, em vez dos pais da tradição, quem provoca as excentricidades e excelências de sua arte.

É impossível fazer justiça à sutil e muito hábil explanação de Wollheim em uma breve resenha. É suficiente dizer que ele acrescentou mais um exemplo ao gênero que começou com o ensaio de Freud sobre Leonardo, e que só raramente apresenta trabalhos que reproduzissem com tanta fidelidade o *insight* e o critério do fundador do movimento psicanalítico. Freud baseia sua caracterização de Leonardo como um tipo narcisista sobre uma pequena seleção de trabalhos relacionados. Wollheim apresenta a hipótese de que virtualmente todos os temas caracterizados na longa e prolífica carreira de Ingres podem ser vistos como demonstrações cuidadosamente contrapostas da mesma exigência fundamental: "O pai deve comover-se." Essa exigência psicológica determina fenômenos tão díspares como a inadequação de sua primeira tentativa de pintar o retrato de seu pai, o uso repetido da história de Antiochus e Stratonice (na qual um pai realmente "se comove", embora não na parte da narrativa de fato representada por Ingres) e o tipo particular de triunfo transmitido pelo famoso retrato de M. Bertin, o qual Wollheim elucida com uma anedota mostrando as circunstâncias nas quais Ingres achou possível retratar o *pater familiaes*. Eu considero a discussão absolutamente cativante. Considero também que um dos pontos gerais que Wollheim levanta é de particular interesse. A identificação com o pai, sugere Wollheim em deferência a Freud, envolve uma necessária idealização. "A figura idealizada promete liberar o artista das dores e incertezas do ofício." Mas o grande pintor reconhece que essa promessa é ilusória, e deve ser contraposta ao compromisso com os processos de sua arte: "O aspecto redentor da arte é que, na verdade, ela recompensa o passo em direção às identificações mais realistas: e ela faz isso precisamente por se libertar da falta de esforço do preconceito, e voltando à tentativa e erro, à criatividade do trabalho".[20] O estágio final da discussão, e o mais original, é o de que o "trabalho" pode ser representado, para Ingres, nas próprias distorções e contorções do espaço que fazem as diferentes versões de *Antiochus and Stratonice*, por exemplo, tão instigantes quando são analisadas de perto.

Se a parte em que Wollheim fala sobre Ingres é seu mais ambicioso exercício na psicanálise da arte, seu capítulo de encerramento sobre Bellini, Bellotto e De Kooning (entre outros) é o mais fluente e pujante de todo o estudo. Onde a intricada parte sobre Ingres é um tributo a Freud, este capítulo é um tributo a Adrian Stokes, e às noções psicanalíticas de Melanie Klein que Stokes planejou levar para dentro da estruturada crítica estética. Mas é, apenas mais uma vez, uma característica da discussão de Wollheim que se aproxima de um debate contemporâneo imediato. Julia Kristeva escreveu um brilhante ensaio sobre a "Maternidade segundo Bellini", no qual o gradualmente emergente sentido de distância entre a Madona e o Menino no curso de seu trabalho é rapidamente contrastado com a mútua absorção dos protagonistas em trabalhos paralelos de Leonardo. Onde Leonardo fetichiza o corpo perfeito (assim ela argumenta), Bellini assegura um deslocamento da autoimagem narcisista e transfere *jouissance* para as superfícies coloridas e perspectivas de paisagens de trabalhos como *A Madona da Campina*. A fascinante discussão de Wollheim da última pintura, *The Drunkenness of Noah*, é um complemento satisfatório para este debate, já que ela demonstra os artifícios que habilitam "o frágil e distinto corpo [de Noé] a se espalhar e se apropriar do quadro como um todo".[21]

Mais diretamente consoante com os escritos de Stokes, e acompanhando ainda mais de perto este tema da pintura como um corpo, é a inesperada passagem na qual Wollheim discute uma série de trabalhos ligados à arquitetura, de Bernardo Bellotto, seguidor de Canaletto e do artista galês do século XVIII, Thomas Jones. Os que estão familiarizados com os escritos de Stoke sobre a arquitetura renascentista, e sobre a paisagem urbana de Veneza, irão reconhecer a maneira pela qual as saídas dos edifícios – seu modo de mediar o espaço interior e exterior são metaforicamente identificadas com os orifícios do corpo humano. Mas dificilmente estarão preparados para a habilidade de Wollheim em fazer isso em um só passo, quanto à representação dos edifícios na superfície pintada. Ao escrever sobre o comprido e parcialmente emboçado muro que se alinha na frente da *Vista de Schloss Königstein a partir do Ocidente de Bellotto*, ele é tanto intensamente stokesiano quanto agradavelmente original. A metamorfose é encenada: a superfície de tinta de Bellotto, tendo-se tornado uma superfície, torna-se uma pele: não é, claro, em seu caráter localizado, mas em seu efeito geral".[22]

Imagina-se o quanto o fato de o estudo de Wollheim ter sido originalmente apresentado em Washington, como as A. W. Mellon Lectures na Fine Arts durante 1984, contribuiu para sua decisão de encerrar com um capítulo sobre De Kooning. Certamente teria sido difícil, em vista do equilíbrio entre o tradicional e o contemporâneo, que é um traço tão glorioso da National Gallery of Arts, ignorar completamente os apelos do período pós-guerra. Longe de ter feito isso, Wollheim cuidadosamente planejou sua argumentação a respeito de superfície, pele e corpo, como um receptáculo (um tema kleiniano fundamental), de modo que ela conduza a um virtuoso trecho sobre a realização de De Kooning. Ele insinua que não irá absolutamente aceitar os ardis, linhas e sonhos do expressionismo abstrato, e suas dúvidas sobre a possibilidade de "tematizar" a insipidez por certo contribuem para seu abandono implícito da maior parte do grupo e para seu apoio a De Kooning e Rothko – ambos tão claramente preocupados em conquistar um espaço. Mas sua despretensiosa sugestão de que existe algo de veneziano no trabalho de De Kooning (uma sugestão semelhante à feita por Kristeva) é a gota-d'água que finalmente faz com que a crítica de Nicholas Penny desmorone em silêncio. Wollheim argumenta que as pinturas em estilo veneziano de De Kooning podem ser consideradas como receptáculos abarrotados "de experiências infantis de chupar, tocar, morder, evacuar, reter, lambuzar, regurgitar, afagar, se molhar".[23] Após uma tal relação, que recurso pode existir além da *aposiopese*?

Eu desdobrei essa discussão extensa sobre *Painting as an Art*, de Wollheim, com comentários ocasionais derivados desta resenha minuciosa, visto que ela demonstra muito bem a força restritiva de um tipo de norma da história da arte, que se afirma sempre que certos limites são transgredidos. A meu ver, Wollheim poderia ter tomado liberdades muito maiores com o cânone tradicional da história da arte, e ter sido muito menos respeitoso do que ele foi para com o conhecimento existente; ainda assim, seríamos tentados a dizer que é melhor ser perdulário do que fazer economia de palito. Mas existem dificuldades óbvias na visão de Wollheim. Pode-se concordar, até certo ponto, com a premissa psicanalítica de que existe uma natureza humana comum, pelo menos dentro do contexto ocidental, e o encontro íntimo com as pinturas do passado não precisa ser ofuscado pelo prisma da evolução histórica. Mas há outras coisas em funcionamento na história da pintura, as quais a resposta pessoal à superfície pintada não pode abarcar inteiramente. Wollheim pode estar bastante certo em rejeitar terminantemente o tipo de problemática pseudorrevolucionária desenvolvida em *Art and Illusion*, de Gombrich, mas ele não pode pretender que todos estes modos de falar sobre a história da representação sejam igualmente ilusórios. Para tomar um pequeno exemplo, ele menciona de passagem que a *Rout de San Romano*, de Uccelo "representa uma batalha".[24] Mas é precisamente isso o que é contestado em um artigo recente. Poderia parecer que a Batalha de San Romano foi inconcludente, e portanto Uccello teve, na verdade, de *construir* uma batalha: isto seria o mesmo que representar um conflito ordenado no qual a vitória florentina estivesse inequivocamente assinalada. Que ele era capaz de fazer isso, enquanto ao mesmo tempo, como um artista, celebrava seu talento sobre as aparências, deveu-se à sua habilidade em reverter a seu favor as novas técnicas da perspectiva.[25]

A forma pela qual o desenvolvimento da perspectiva na época do Renascimento ingressa na história da arte é de fato o interesse do segundo estudo a ser resenhado aqui: *L'Origine de la perspective*, de Hubert Damisch. Esse livro denso, detalhado e cativante irá de fato desconcertar quem quer que tenha pensado que a questão estivesse firmemente amarrada e pudesse ser esquecida: tanto que o desafio do ensaio juvenil de Panofsky sobre "Perspectiva como uma forma simbólica" havia sido percebido e apropriadamente replicado por uma grande quantidade de estudos modernos, cada vez mais especializados. Para Damisch, esta é uma ilusão que só pode ser vista como uma estratégia autopreservadora da corrente dominante em história da arte. Porque a verdade é que a perspectiva não irá se curvar às tentativas de mostrá-la como uma série de soluções puramente técnicas para o problema da criação de um quadro. Nem irá ela, deve ser dito, curvar-se à tentativa ingênua de fazê-la equivalente acriticamente ao desejo de poder do homem político da pós-Renascença, como uma leitura rápida de Nietzsche e Foucault poderia sugerir. A perspectiva, cuja "origem" Damisch de certa forma se dá ao trabalho de revelar, é radicalmente heterogênea em suas aplicações. Enquanto irrecuperavelmente ligada a certos mitos de base, como a descrição de Manetti das duas experiências com perspectiva de Brunelleschi, ela tem um *status* cognitivo que não a faz mais que o resultado de uma investigação fortuita, empírica. Desse modo, ela apresenta dificuldades evidentes para qualquer um que tente confiná-la dentro de uma "história" – embora existam dificuldades que também são lugar-comum em qualquer tentativa de traçar a "história da ciência". Como Damisch destaca, com relação à discussão de Derrida sobre *L'Origine de la géometrie*, de Husserl:

> a possibilidade de uma história da ciência necessita voltar ao significado da palavra "história", e de algo como um "redespertar" de seu significado ... Mas, e quanto à [história da] arte – e quanto à arte vista em um momento particular de sua história quando ela pareceu tomar um novo ponto de partida por ligar seu destino ao de uma disciplina apresentada como científica, que dificilmente poderia deixar de se mostrar revolucionária?[26]

Dizer que Damisch efetivamente não responde a esta questão seria injusto. Embora ele adote deliberadamente a postura socrática de multiplicar as perguntas inconvenientes, em lugar de oferecer a solução concisa, torna-se bastante claro o que não irá ser válido como uma explicação do significado cultural e epistemológico da prática da perspectiva. A tendência entre especialistas das ciências humanas de tratar o espaço da perspectiva, com seu ordenamento em relação a um único ponto de vista, como uma espécie de pecado original pesando sobre o destino do Ocidente, é convenientemente mantida ao largo; assim como o é a tendência entre historiadores da arte de ver a perspectiva como puramente instrumental, como o recurso para uma ilusão cada vez mais perfeita. O que Damisch substitui por esses mitos complementares é uma leitura cuidadosa dos relatos das experiências de Brunelleschi, nos quais seu significado para a criação do quadro e seu significado para a ciência são cautelosamente (mas não completamente) alavancados em separado. O duplo interesse da primeira experiência de Brunelleschi, olhando dos portais do Duomo em direção ao batistério, é resumido pelo fato de que ele é tanto uma *mostra* quanto uma *demonstração* (as duas palavras italianas envolvidas são *mostrare* e *dimostrare*). Na medida em que o efeito é *demonstrado* – pelo gesto que traz o espelho para o campo de visão e substitui o reflexo de uma pintura pela vista do batistério real – ele pertence ao futuro da ciência experimental. Na medida em que a pintura mostra o batistério – em perspectiva correta – ela pertence ao futuro da arte, embora não necessariamente ao futuro do *trompe-l'oeil* e do ilusionismo. Damisch expressa a diferença numa fórmula simples: "*Dans la peinture, ça montre; dans le miroir, ça démontre*".[27]

Portanto, consoante com a tese habilmente demonstrada de Damisch, poder-se-ia dizer que a perspectiva está tanto dentro como fora da história da arte, e que, na medida em que ela faz parte dessa história, ela necessariamente propõe uma reinterpretação do que é significado por um relacionamento histórico entre pinturas. Por um lado, como insiste Damisch:

> Nós não podemos nos dar ao luxo de não levar em conta que os pintores e arquitetos do Renascimento estavam numa posição de lançar ... um certo número de problemas e de oferecer soluções para eles que iriam posteriormente levar a desenvolvimentos decisivos em domínios aparentemente tão distantes como o teatro e a cenografia ... e a matemática ou a geometria.[28]

Por outro lado, devemos respeitar a especificidade do tipo de "mostrar" que a superfície pintada tornou preeminentemente possível, e não tentar prover a pintura com uma série de álibis nos múltiplos domínios da prática da perspectiva.

Evidentemente, essa discussão permaneceria num nível muito teórico, caso Damisch não tivesse nos oferecido uma exaustiva análise de um pequeno grupo de pinturas que sublinha sua opinião da maneira mais pujante. A mais conhecida delas, e provavelmente a primeira em termos cronológicos, é a *Città Ideale* na Galeria Nacional de Marche, que foi variavelmente atribuída a Laurana, a Piero della Francesca, e outras mãos renascentistas. Damisch, a despeito de sua exaustiva consideração das discussões existentes sobre a autoria, não sente a necessidade de dar a sua própria visão inequívoca da questão. Nem pensa que é importante avaliar se o mesmo artista foi ou não responsável pelas duas outras obras que ele escolhe tomar para completar a série:[29] um painel pintado de proporções semelhantes mantido em Baltimore, na Walters Art Gallery, e um outro exemplo, que é o menos acessível, por estar no Staatliche Museum de Berlim Oriental. Os três trabalhos, que Damisch sonha em ser capaz de ver reunidos numa exposição temporária, em algum estágio futuro, com não pouca frequência têm sido considerados como pertencentes uns aos outros, embora o que possa ser sua propriedade comum tenha atraído soluções bem diferentes.

A discussão acadêmica existente oferece, como Damisch se apressa em destacar, uma série de diferentes modos de assimilar essas obras intrigantes – que, a propósito, são todas cenas urbanas, sem um vestígio de *istoria* – num domínio adjacente ao da pintura propriamente dita. A hipótese mais audaciosa e conhecida é a de Richard Krautheimer, que argumentou com o auxílio de documentos contemporâneos da dramaturgia que os dois primeiros painéis representavam "A Cena Trágica e Cômica", segundo uma tradição de usar a paisagem urbana como uma tela de fundo que remonta a Vitrúvio. Mas essa proposta se desfaz, em última análise, diante da questão básica da incompatibilidade física entre a ordem "imaginada" da "pintura plana" e as construções materiais da cenografia, que envolve efeitos de relevo.[30] Adotar a hipótese de

Krautheimer é neglicenciar as mesmas propriedades que fazem do painel de Urbino (e de seus companheiros) o que ele é.

Um argumento semelhante pode ser dirigido contra as duas outras hipóteses principais que procuram reinterpretar essas obras à luz de uma prática artística afim. Muito já se falou sobre o impressionante domínio do detalhe arquitetônico, especialmente no painel de Urbino, e uma origem florentina foi plausivelmente proposta na base da íntima similitude entre os *Palazzi* fictícios e um certo número de reproduções renascentistas autênticas. Mas essa evidência é por demais ambígua, já que ela entende que formas construídas influenciam formas pintadas, em vez de se dar o contrário, e assim tende a favorecer uma data para os painéis que é posterior à que outras evidências de estilo sugeririam. O argumento definitivo, que busca estabelecer a conexão entre estas aparentemente desmotivadas representações e a perícia da marchetaria *trompe-l'oeil* (como notavelmente praticada no *studiolo* do duque em Urbino), dificilmente é menos implausível. Não apenas é a arte dos três painéis dificilmente reminiscente do *trompe-l'oeil*, em seus primeiros planos de técnica e ilusão; também é inequívoco que o detalhe e o refinamento da superfície pintada é de uma ordem inteiramente diferente daquela do virtuoso trabalho em madeira da marchetaria.

Damisch consegue, portanto, após muita discussão, livrar os três painéis destes três campos gravitacionais: teatro, arquitetura e decoração. Qual é então seu contexto alternativo? Que ele insiste na especificidade da pintura é desnecessário dizer. Mas seu modo de consolidar este propósito, contra esta formidável oposição, tem de ser não menos árdua e ambiciosa intelectualmente. Na verdade, ele persegue duas discussões, uma das quais se refere ao relacionamento dos painéis entre si mesmos e a outra, à questão ampla do desenvolvimento histórico. Em primeiro lugar, ele demonstra, com grande habilidade e atenção ao detalhe, que os três painéis formam um conjunto transformacional: quer dizer, o exame da distribuição dos elementos através das três superfícies ordenadas em perspectiva revela um uso sistemático de categorias alternativas, com (por exemplo) o painel de Urbino caracterizando um esquema de revestimento bicolor, o painel de Baltimore um esquema tricolor e o painel de Berlim *tanto* um esquema bicolor *como* um tricolor, de acordo com a divisão binária do espaço. Seria inútil tentar resumir as complexidades da demonstração de Damisch. É suficiente dizer que ela é, sem rodeios, uma interpretação estruturalista dos três painéis. Damisch cita aprovativamente a clássica observação de Lévi-Strauss de que o valor dos símbolos nunca é intrínseco e invariável, mas sempre posicional e relativo.[31]

Tendo completado este elaborado trabalho, Damisch está apto a formular a visão histórica revisionista que une sua discussão anterior sobre a "origem da perspectiva" a estes três exemplos concretos e relacionados. A curiosa simplicidade do painel de Urbino e de seus sucessores – traço que levou tantos comentaristas a tentar álibis engenhosos – pode ser atribuída ao fato de que ele é concebido tanto como uma "mostra" quanto como uma "demonstração" do poder da pintura como tal. A esse respeito, ele pode ser visto como representante (mais do que simplesmente influenciado pelo) do desvanecido mecanismo de Brunelleschi, que iniciou o processo da experiência com perspectiva. Como coloca Damisch:

> Tudo isso se combina para fazer você pensar que o painel de Urbino, na medida em que se é autorizado a levá-lo a uma relação com o protótipo perdido cujos dados ele reassume objetivamente, está propondo também, à maneira de uma repetição, e na intencional extravagância da afirmação perspectiva, um tipo de experiência, ou na verdade de demonstração, que tem uma relação com os poderes da pintura como tal: a poética específica da pintura sendo constituída pela tentativa combinada de superar a ideológica, na verdade metafísica ... oposição entre o componente gráfico da pintura e seu componente cromático, entre a cor e a arte do desenho, da qual Alberti sustenta que ela extraiu seu fundamento lógico.[32]

Uma vez tendo estabelecido essa ligação, Damisch acredita que é possível avançar mais. O efeito implícito da experiência de Brunelleschi no painel de Urbino, trabalhando para transformar a "poética" da pintura, pode ser detectado mais uma vez em obras subsequentes onde o artista, muito excepcionalmente, põe a nu os mecanismos de projeção ao mesmo tempo em que celebra as possibilidades do espaço em perspectiva. Damisch move-se do Renascimento para o debate que se desenvolveu nos anos em torno do *Las Meninas*, de Velásquez, e nos faz lembrar vigorosamente que se trata de um trabalho cuja permanente atração se deve ao encanto de dispor, lado a lado, em não coincidência, um espelho e um ponto de fuga. Ou melhor, tal característica sem dúvida responde pelo encanto da pintura sobre outros artistas, como vemos nas virtuosas variações sobre *Las Meninas*, feitas por Picasso, com as quais Damisch conclui seu estudo.

Eu não gostaria de fazer nenhuma outra comparação entre *Painting as an Art* e *L'Origine de la perspective*, exceto dizer que Wollheim e Damisch têm uma coisa, e talvez apenas uma, em comum. Suas amplas diferenças em método e orientação não impedem que se pense que aqui estão duas sábias e complexas argumentações que não hesitam, afinal, em confrontar a questão da especificidade da pintura – uma característica que as torna, se não singulares, pelo menos incomuns na ordem da história da arte contemporânea. Onde Wollheim se torna especialmente eloquente na transformação da superfície pintada em pele, Damisch reserva para nosso deleite um incidente que é quase o equivalente pictórico de Schliemann contemplando o rosto de Agamenon: quando o restaurador da *Città Ideale* fincou seu escalpelo na diminuta área coincidente com o ponto de fuga, revelou um orifício correspondente ao olhar não visto de uma figura de pé no vão da porta do templo central. Wollheim tem a seu favor argumentos poderosos, quando opta por ser conduzido pela leitura psicanalítica da natureza humana, e não pelas vis indicações do positivismo. Mas ele ainda não levou em conta o tipo de relato histórico e estrutural fornecido por Damisch, no qual a expressão pictórica não é meramente distorção subjetiva (como em sua leitura de Ingres) ou metáfora de corporeidade (como com Bellini), mas uma forma de *enunciação* (para usar o empréstimo de Damisch da linguística de Benveniste). Igualmente, Damisch não se engajou, em seu estudo,

AS INVENÇÕES DA HISTÓRIA

com o posterior desenvolvimento da poética de acomodação entre "cor e arte do desenho", que permanece como uma alusão tantalizante. Todos os seus trabalhos anteriores sugerem, entretanto, que ele voltará ao cultivo do que Alberti denomina "uma Minerva mais roliça".

Notas

1. Para os artigos mencionados aqui, ver "The New Art History", *History of Human Sciences*, v. 2, n. 1 (fevereiro de 1989): o artigo de Georges Didi-Huberman, "The art of not describing: Vermeer – the detail and the patch", foi adiado até o número subsequente (*History of Human Sciences*, v. 2, n. 2, [junho de 1989] p. 135-69).

2. Para uma útil, ainda que eclética, coletânea de artigos cobrindo muitos aspectos do debate, ver A. L. Rees e F. Borzello (Eds.), *The New Art History*, Londres, 1986.

3. Eu tive a oportunidade de ouvir um eminente professor britânico de história da arte aliando-se ativamente com o respeitável tema da história, enquanto contrário aos "temas de fanfarra de última hora", como Estudos de Cinema e Teatro. Este é, pode-se acrescentar, o fundamento lógico seguido pela antiga UGC em sua distribuição de temas em "centros de custos", com a história da arte sendo situada ao lado de história e filosofia, em vez de ao lado das "artes criativas".

4. Norman Bryson (Ed.), *Calligram*: Essays in New Art History from France, Nova York, 1988, p. xv.

5. Richard Wollheim, *Painting as an Art*, Londres, 1987, p. 9.

6. Idem, ibid.

7. Ibid., p. 8.

8. Hubert Damisch, *L'Origine de la perspective*, Paris, 1987, p. 9.

9. Por exemplo, ele escreve: "Com efeito, vocês não estão esperando que nossa demonstração convença muitos dos *connoisseurs* ou aqueles entre os historiadores da arte que se contentam com modos de raciocínio que são absolutamente opostos ... às mais elementares exigências a respeita de comprovação, e perderam todo o contato com os desenvolvimentos pelos quais passaram durante meio século ou mais a antropologia, a linguística e a própria história" (Idem, ibid., p. 288). A "Nova História" a que Damisch se refere é, claro, não a história mais frequentemente tomada como um modelo pelos historiadores da arte.

10. Wollheim, op. cit., 1987, p. 44.

11. Idem, ibid., p. 92.

STEPHEN BANN

12. Ver a resenha de Svetlana Alper de Masterpieces of 17th Century Dutch Genre Painting, *London Review of Books*, v. 6, n. 21 1984, p. 21-2.

13. Ver Michael Fried, *Absorption and Theatricality*: Painting and Beholder in the Age of Diderot, Berkeley, 1980.

14. Ver Wolfgang Kemp, "Death at work: a case study on constitutive blanks in nineteenth-century painting", *Representations*, v. 10, 1985 p. 102-23.

15. Wollheim, op. cit., 1987, p. 162.

16. Nicholas Penny, "Meltings", *London Review of Books*, v. 10, n.4, 1988, p. 19.

17. Wollheim, op. cit., 1987, p. 187.

18. Idem, ibid., p. 197.

19. Ibid., p. 220.

20. Ibid., p. 276.

21. Ibid., p. 336.

22. Ibid., p. 341.

23. Ibid., p. 348. Ver Penny, "Meltings", p. 20. Um correspondente escreveu em seguida, um tanto de má-fé, ao *London Review of Books*, para perguntar por que o artigo de Penny fora interrompido após a interessante citação sobre "pinturas e corpos como receptáculos". Evidentemente, como o correspondente bem compreendeu, o final abrupto destinava-se a transmitir que ninguém poderia supostamente tomar uma tal noção seriamente. Que outra necessidade nós temos de testemunha?

24. Wollheim, op. cit., 1987, p. 69.

25. Ver Randolph Starn e Loren Partridge, "Representing war in the Renaissance: the shield of Paolo Ucello", *Representations*, n. 5, 1984, p. 33-65.

26. Damisch, op. cit., 1987, p. 82.

27. Idem, ibid., p. 99.

28. Ibid., p. 209.

29. É importante reconhecer que a série está completa apenas para fins desta análise em particular. Damisch não exclui de modo algum a possibilidade de que poderiam existir outras obras, agora perdidas, no mesmo conjunto de transformações.

30. Idem, ibid., p. 198.

31. Ibid., p. 31.

32. Ibid., p. 296.

ÍNDICE ONOMÁSTICO

Acton, Lorde, p. 27-8, 48-9
Adam, Robert, p. 167
Adams, Marina, p. 16
Alpers, Svetlana, p. 239-40, 271
Análise histórica,
    ver também catarse, ironia
Annales, Escola, p. 13-4, 33-4, 61, 85
    ver também Braudel, Fernand; Le Roy
    Ladurie, Emmanuel
antiquariado, p. 18, 141-6, 157, 163-5
    ver também Bargrave, John; Faussett,
    Bryan; Stukeley, William

Barante, Prosper de, p. 247-54
Bargrave, John, p. 125, 183-4
Barham, Richard, p. 164-6
Barnett, Correlli, p. 65-85
Barrell, John, p. 154-6
Barthes, Roland, p. 56, 60, 75-88, 130,
    223, 229, 254-5
Baudrillard, Jean, p. 138
Bellotto, Bernardo, p. 278
Benjamin, Walter, p. 133
Berlin, Isaiah, p. 87

Bertram, Charles Julius, p. 21, 122-4,
    241-7
Bertram, Sir Roger, p. 244, 247
Brady, Mathew B., 221
Braudel, Fernand, p. 60, 85
Bryson, Norman, p. 267, 276
Burgin, Victor, p. 222
Burrell, Sir William, p. 153
Burrow, J. W., p. 41

Cabanis, José, 217-8
Carlyle, Thomas, p. 28-40
catacrese, p. 169
Cauquelin, Anne, p. 19
Certeau, Michel de, p. 32, 49
Charles, Michel, p. 56
Châteaubriand, Visconde de, p. 27
Clodion, p. 137, 149
Comolli, Jean-Louis, p. 231

Damisch, Hubert, p. 19, 225, 269-70,
    281-7
De Kooning, William, p. 279
Delaroche, Paul, p. 229, 235
De Quincey, Thomas, p. 256-7

Deschamps, Émile, p. 173
Didi-Huberman, Georges, p. 23
Doolitte, Hilda (H. D.), p. 259
Duccio, Agostino di, p. 133, 137
Duchamp, Marcel, p. 257
Durrell, Lawrence, p. 96-9

Eco, Umberto, p. 239-40, 244
English Historical Review, p. 29
Eusébio, p. 35-54
estruturalismo, p. 270, 285

Fabro, Luciano, p. 257-8
Faussett, Reverendo Bryan, p. 18, 141-6, 159-62, 166
Ferro, Marc, p. 14, 31-4
Flaubert, Gustave, p. 218, 255
Foucault, Michel, p. 34, 61, 68
Fried, Michael, p. 267
Frye, Northrop, p. 62
Fulton, Hamish, p. 240, 259-61

Gandelman, Claude, p. 121
Gay, Peter, p. 14
Gibbon, Edward, p. 43-4, 57
Girard, René, p. 104, 121
Gossman, Lionel, p. 51-3, 88
Gowing, Lawrence, p. 111
Goya, Francisco, p. 208-12, 215-18

Haig, Earl, p. 64-85
Hegel, G. W. F., p. 22
Heródoto, p. 33
Hill, Christopher, p. 201
História
    da arte, p. 18, 21, 263-87
    e fotografia, p. 220-3
    e historiografia, p. 51ss.
    e jornalismo, p. 36-7
    e medicina, p. 31-2
    e teologia, p. 42-9
    familiar, p. 120-3, 181-6, 244
    universal, p. 48
    Nova, p. 13, 29-30, 263-6

narrativa, p.14, 60, 89-90, 207
profissão, 27, 49
representação, 15-7
romance, p. 15
museus, p. 115
    ver também museus e galerias
    poetas, p.18
Hitler, Adolf, p. 84, 97-8
Hobsbawm, Eric, p. 20, 22
Horne, Donald, p. 186, 206
Hugo, Victor, p. 21, 109-27, 186
Huizinga, Johan, p. 22

Imaginação histórica, p. 115-7
Ingres, J. D., p. 276
ironia, p. 19, 166

Jameson, Frederic, p. 105
Jones, David, 132

Kellner, Hans, p.22
Kemp, Wolfgang, p. 236-7 n.12, 273
Kermode, Frank, p. 62, 88-90, 106
Klee, Paul, p. 133-7
Krautheimer, Richard, p. 283
Kristeva, Julia, p. 125, 267, 278

La Rochejaquelein, Marquesa de, p. 247-54
Lenin, V. I., p. 32
Lenoir, Alexandre, p. 170-1, 180 n. 28
Le Roy Ladurie, Emmanuel, p. 85
Levine, Philippa, p. 28-30, 38, 45
Lévi-Strauss, Claude, p. 285
Lutero, Martinho, p. 92

Mably, Abade de, p. 56-7
Macaulay, Lorde, p. 28, 40, 46, 197-200
McLuhan, Marshall, p. 147
Manet, Edouard, p. 212-31, 274
Maquiavel, N., p. 130
Marin, Louis, p. 206 n. 22
Meliès, Georges, p. 226
Michelet, Jules, p. 255

AS INVENÇÕES DA HISTÓRIA

Miller, J. Hillis,p. 95
Momigliano, Arnaldo, p. 34-5, 52-4
museus e galerias
Gabinete de Curiosidades de
Bargrave, p. 184-5
Galeria Newby Hall, p. 168
Museu de Cluny, p. 16, 147-8, 171-8
Musée des Monuments Français,
p. 170-1
Museu de Sir John Soane, p. 170-1
Museu da Imigração e Colonização,
p. 191-3
Museu Marítimo da Austrália do
Sul, p. 189, 194-5
Museus históricos, p. 115

Napoleão I, Imperador, p. 27, 137-8
Nares, Reverendo Edward, p. 43, 46-7
Narrativa histórica, p. 14, 60, 89-90, 207
National Trust, p. 16
Nietzsche, Friedrich, p. 130-1, 140
Nova História, ver História

Olafson, Frederick, p. 29
Orr, Linda, p. 61

Panofsky, Erwin, p. 154
Pasquier, Etienne, p. 36-7
Payne Knight, Richard, p. 168
Pellisson-Fontanier, p. 38
Penny, Nicholas, p. 268-9
Picasso, Pablo, p. 111
Pinget, Robert, p. 100-6
Poetas históricos, p. 18
Políbio, p. 33
positivismo, p. 90, 266
Poussin, Nicholas, p. 275
Profissão histórica, p. 27-49
Proust, Marcel, p. 116-8, 150-1

Quatremère de Quincy, p. 171

Ranke, Leopold von, p. 15, 57, 87, 92-3
Renoir, Jean, p. 227-30

Representação histórica, p. 15-7
Revolução Francesa, p. 19
Riegl, Alois, p. 140, 156-7, 187
Romance histórico, p. 15
Rossellini, Roberto, p. 235

Saint-Simon, Conde de, p. 112
Schefer, Jean-Louis, p. 219
Scott, Sir Walter, p. 18, 40, 61, 125,
145, 163, 197, 205 n. 15
Visão de Scott, p. 155
Searle, John, p. 88
semiótica, p. 18, 239-40
Serres, Michel, p. 99
Skidelsky, Robert, p. 13-5, 22
sítios históricos,
Abadia Minster, p. 164
Capela do Hôtel de Cluny, p. 176
Igreja de Letheringham, p. 158-9
Littlecote House, p. 197-203
Pavilhão Faussett, p. 141-6, 159-63,
167
Soane, Sir John, p. 169-170
Sollers, Philippe, p. 94
Sommerard, Alexandre du, p. 16, 18,
125, 148, 171-2, 183
Stokes, Adrian, p. 149, 267, 278
Stothard, Charles Alfred e Thomas,
p. 162
Stukeley, Willian, p. 123, 242 ss.

Taylor, A. J. P., p. 63-85
Thierry, Augustin, p. 52, 57
Tucídides, p. 33, 35, 37, 61, 67
Trevor-Roper, Hugh, p. 20-1

Valéry, Paul, p. 222, 233
Veyne, Paul, p. 34-7, 139
Vendée, Guerras na, p. 249-54
ver também Revolução Francesa
Virgílio, p. 102-3

Walpole, Horace, p. 158
Weber, Max, p. 14

White, Hayden, p. 14, 21, 60-4, 69, 88, 129
Williams, Gwyn, p. 208

Wollheim, Richard, p. 19, 266-9
Wright, Philip, p. 15, 186-9

SOBRE O LIVRO

Coleção: Biblioteca Básica
Formato: 14 x 21 cm
Mancha: 25 x 44 paicas
Tipologia: Goudy Old Style 12/14
Papel: Pólen 80 g/m^2 (miolo)
Cartão Supremo 250 g/m^2 (capa)
1^a *edição*: 1994
1^a *reimpressão*: 2012

EQUIPE DE REALIZAÇÃO

Produção Gráfica
Sidnei Simonelli (Gerente)
Edson Francisco dos Santos (Assistente)

Edição de Texto
Fábio Gonçalves (Assistente Editorial)
Maria Eugênia de Bittencourt Régis (Preparação de Original)
Thaís H. Fernandes dos Santos e
Nelson Luís Barbosa (Revisão)
Casa de Ideias (Atualização Ortográfica)

Editoração Eletrônica
Casa de Ideias (Diagramação)

Projeto Visual
Lourdes Guacira da Silva

Impressão e acabamento